国家教师资格考试指导教材

信息技术学科知识与教学能力

（初级中学）

主编　乔爱玲
参编　刘　菁　王　楠　吴　陶
陈　丝　尹阳春　石寅霞
安克艺　赵　宸　白月梅
罗海旭　杨　萍　张露尹
杨　玲　杜　晴　陈佳均
徐　婷　王　萍

北京大学出版社
PEKING UNIVERSITY PRESS

图书在版编目(CIP)数据

信息技术学科知识与教学能力. 初级中学/乔爱玲主编. —北京：北京大学出版社，2020. 7
国家教师资格考试指导教材
ISBN 978-7-301-31074-8

Ⅰ. ①信…　Ⅱ. ①乔…　Ⅲ. ①计算机课—教学法—初中—中学教师—资格考试—自学参考资料
Ⅳ. ①G633.672

中国版本图书馆 CIP 数据核字（2020）第 006443 号

书　　名	信息技术学科知识与教学能力（初级中学） XINXI JISHU XUEKE ZHISHI YU JIAOXUE NENGLI（CHUJI ZHONGXUE）
著作责任者	乔爱玲　主编
责任编辑	巩佳佳
标准书号	ISBN 978-7-301-31074-8
出版发行	北京大学出版社
地　　址	北京市海淀区成府路 205 号　100871
网　　址	http://www.pup.cn　　新浪微博：@北京大学出版社
电子信箱	zyjy@pup.cn
电　　话	邮购部 010-62752015　发行部 010-62750672　编辑部 010-62754934
印 刷 者	天津中印联印务有限公司
经 销 者	新华书店
	787 毫米 × 1092 毫米　16 开本　16 印张　490 千字
	2020 年 7 月第 1 版　2020 年 7 月第 1 次印刷
定　　价	45.00 元

前　言

中小学教师资格考试（以下简称“教师资格考试”）是评价申请教师资格的人员是否具备从事教师职业所必需的学科专业知识和教育教学基本素质及能力的考试，通过教师资格考试是教师职业准入的前提条件。申请各级各类学校教师资格的人员须分别通过相应类别的教师资格考试。教师资格考试坚持育人导向、能力导向、实践导向和专业化导向，坚持科学、公平、安全、规范的原则。目前，全国大部分省（自治区、直辖市）已经加入教师资格全国统考行列。

信息技术正驱动着社会各个领域发生深层次变革。飞速发展的信息技术加快了全球范围内的知识更新和技术创新。我们生活在信息的世界里，每天都通过各种各样的信息认识新事物、学习新知识。在信息社会中，人们不仅要掌握生产经营的知识和技能，还要掌握获取、加工、管理、表达、交流信息的基本方法，能根据需要选择适当的信息技术解决实际问题。这样，人们才能合理地使用信息技术为社会服务，成为信息社会的合格公民。

正因如此，信息技术在中学教学实践中越来越受到关注。中学信息技术课程的主要任务是培养学生对信息技术的兴趣和意识，让学生了解和掌握信息技术基本知识和技能，了解信息技术的发展及其应用对人类日常生活和科学技术的深刻影响。通过信息技术课程使学生掌握获取信息、传输信息、处理信息和应用信息的能力，教育学生正确认识和理解与信息技术相关的文化、伦理和社会等问题，负责任地使用信息技术。为培养学生具备良好的信息素养，信息技术作为支持终身学习和合作学习的重要手段，将为学生适应信息社会的学习、工作和生活打下必要的基础，这些都对中学信息技术教师提出了更高的标准与要求。

中学信息技术学科教师资格考试包括笔试和面试两部分。笔试主要考查考生对信息技术基础知识、基本教育教学能力等内容的掌握情况；面试则侧重考查考生实际教学能力，运用所学知识分析和解决教学实际问题的能力。考试既要求考生对信息技术学科有坚实的知识基础，也要求考生具备灵活扎实、随机应变的教学能力。

为了帮助广大考生巩固信息技术学科知识及信息技术课程、教育教学相关知识，提高教学能力，更有力地备战中学信息技术学科教师资格考试，我们根据信息技术课程标准和教师资格考试大纲，结合历年考试真题和考点编写了《信息技术学科知识与教学能力（高级中学）》《〈信息技术学科知识与教学能力（高级中学）〉练习册》《信息技术学科知识与教学能力（初级中学）》《〈信息技术学科知识与教学能力（初级中学）〉练习册》。

结合信息技术发展及教师资格考试要求，本系列丛书以现行考试大纲为编写依据，科学、系统、严谨地阐释了考试大纲所考核的知识体系与能力素养，希望能够帮助广大考生在较短时间内，全面提升解题能力，准确高效地备考，顺利通过考试。本系列丛书的编写特色如下：

第一，体系清晰，严谨规范

丛书在编写上注重结构设计。依据知识体系结构，丛书采用模块、章和节的三层结构，模块布局清晰合理，章节内容详略得当，有效突出知识性和实用性。同时，对于书中所涉及的概念、定义、公式等，我们都进行了严格把控，确保表述的规范性和严谨性。

第二，内容全面，与时俱进

丛书根据教师资格考试的特点和命题情况，按照考点总体设计，知识内容全面，设计符合考情。考虑信息技术学科自身特点，教材根据前沿教育理念和最新发展动态，更迭知识内容以凸显学科发展的前沿性，为考生能力发展提供支撑。

第三，重点突出，实效便捷

丛书以“依据考试大纲内容”和“紧扣历年真题”为编撰原则，梳理考试大纲中的题型类别、考查知识点以及能力要求；并对教师资格考试历年真题进行统计分析，梳理考点频率和难度分布。每章之初，都提供了考纲内容和考纲解读，帮助考生对整章学习重点做到“成竹在胸”；每章最后，对重难点提供备考指南，帮助考生深化梳理考试要点，做到“有备而战”。

第四，资源丰富，注重拓展

丛书不仅涵盖了考试大纲中涉及的全部内容，还针对基础知识提供了衍生拓展的学习内容，考生可以扫描书中“知识拓展”二维码，查看拓展知识，实现延伸学习。根据历年考试真题，高中和初中教材中设有“真题测试”二维码，考生扫码后即可查看针对本知识点的历年真题及参考答案和解析，有利于考生立足实战、充分备考。

最后，建议考生在备考过程中，依据教材中的指导，标记、理解并记忆核心考点知识，整体把握核心知识内容。在进行真题与模拟预测卷练习时，考生不仅要多加练习，更要理解题目所涉及的知识点，实现灵活运用。

“诗书勤乃有，不勤腹空虚。”希望本丛书能对考生备考带来帮助，也祝每一位考生都能获得理想的成绩。由于编者能力有限，书中定存在不足和疏漏之处，恳请读者批评指正。

编者

2020 年 3 月

目　录

模块一　信息技术学科知识

模块二 初中信息技术课程与教学的理论与实践

模块一　信息技术学科知识

第一章　信息与信息技术

考纲内容

本章内容属于信息技术学科专业知识，在考纲中要求如下：

1. 了解信息技术发展史及国内外的发展动态，掌握与初中信息技术相关的基础知识和基本理论；

2. 掌握与信息活动相关的法律法规、伦理道德；

3. 掌握信息技术学科的基本理论和基本方法，并能用于分析和解决相关问题。

考纲解读

对于信息技术学科的教学，首先，教师要了解信息技术发展历史以及现状，掌握与初中信息技术课程相关的知识和理论，这样才能有效地开展教育教学工作；其次，还要掌握与信息活动相关的法律法规、伦理道德，以保证教育教学工作的安全、正常进行。

第一节　信息与信息技术

一、信息的概念和基本特征

（一）信息的概念

人类的生活离不开信息，它无时不在、无处不有。信息既是人类生存的基本条件，也是人类生存的基本需求，不可或缺。对信息这个概念，从不同的学科与角度来看会有不同的解释。信息论奠基人香农认为“信息是用来消除随机不确定性的东西”。这一定义被人们看作是经典性定义并加以引用。从哲学角度讲，信息、物质与能量是构成客观世界的三大支柱，是反映一切事物属性以及动态的消息、指令、数据和信号中所包含的实际的内容。

信息是对客观世界中各种事物的运动状态和变化的反映，是客观事物之间相互联系和相互作用的表征，表现的是客观事物运动状态和变化的实质内容。

（二）信息的基本特征

一般而言，不管世界上的信息如何丰富，它们通常都具有如下一些基本特征。

1. 普遍性

信息是普遍存在的，只要有事物的地方就有信息的存在。

2. 载体依附性

知识拓展 1.1

信息是对事物运动的状态和方式的反映，而不是事物本身，它不能独立存在，需要依附于一定的载体。信息的载体可以是多种多样的，如语言、文字、图像、声波、光波、电磁波、纸张、胶片、磁带、磁盘等。

3. 价值性

信息是有价值的，可以为人类所用。人们接收信息后，经过大脑分析、抽象后产生印象，然后可以形成概念、做出判断、引起行动等。信息只有被选择和利用时才能体现其价值，信息价值的大小因人而异。

4. 时效性

信息在特定的时间范围内是有效的，否则是无效的，这是信息区别于物质与能量的特性。

5. 传递性

信息的传递是与物质和能量的传递同时进行的，离开了物质和能量等载体，信息的传递就不可能实现。

6. 共享性

与物质和能量不同，信息可以同时被多个接收者接收并被多次使用，而且在一般情况下，信息的传递对信息的持有者来说不会造成任何的损失，也不会改变信息的内容，即信息可以无损使用、公平分享。

7. 真伪性

真题测试 1.1

信息有真伪之分，即有些信息能真实地反映客观事物，有些信息则因各种原因与客观事物不相符。客观反映现实事物的程度是信息的准确性。

除此之外，信息还具有以下特征：信息可以被识别；信息可以被度量；信息可以从一种形态（如文字、语言等）转换成另一种形态（如音频、视频等）；信息可以被储存；信息可以被处理；信息可以再生成，等等。

二、信息采集及其原则

信息采集包括对信息的收集和处理。为了确保信息采集的质量，信息采集过程中需要遵循以下七项原则。

1. 可靠性原则

可靠性原则是指为了保证信息能够真实准确地反映情况，必须保证信息来源的可靠性。信息采集的可靠性是信息采集最基本的要求。

2. 完整性原则

完整性原则是指采集的信息在内容上必须是完整的，能够反映事物的全貌，不会导致断章取义的情况发生。信息采集的完整性是信息利用的基础。

3. 实时性原则

由于信息具有时效性，因此，应及时获取所需的信息。信息采集的实时性原则是信息时效性的保证。

4. 准确性原则

采集的信息与信息采集的目的关联性越强，采集的信息就越准确。信息采集的准确性原则可保证信息的价值。

5. 易用性原则

易用性原则是指采集的信息应按照一定的形式表示，便于加工使用。

6. 计划性原则

信息的采集并非一次性、临时性的，信息的采集既要满足当前的需要，也要为未来的发展做好准备。因此，信息采集要有计划。

真题测试 1.2

7. 预见性原则

预见性原则是指信息采集人员要开阔视野，掌握信息发展的动态，在满足当前需要的同时，为未来的发展做准备。

三、信息技术的概念

从狭义上说，信息技术是指获取信息、处理信息、存储信息、传输信息的技术。从广义上说，凡是与信息的获取、加工、存储、传递和利用等有关的技术都可以称为信息技术，它包括计算机和智能技术、感测技术、控制技术和通信技术。

四、信息获取

信息获取的一般过程是指从实际问题出发，分析问题中所包含的信息，确定解决问题所需要的信息，进而确定这些信息的来源，然后选择适当的方法来获取信息，并将这些信息存储下来，最后对获取的信息进行评价的过程。信息获取的一般过程如图 1.1 所示。

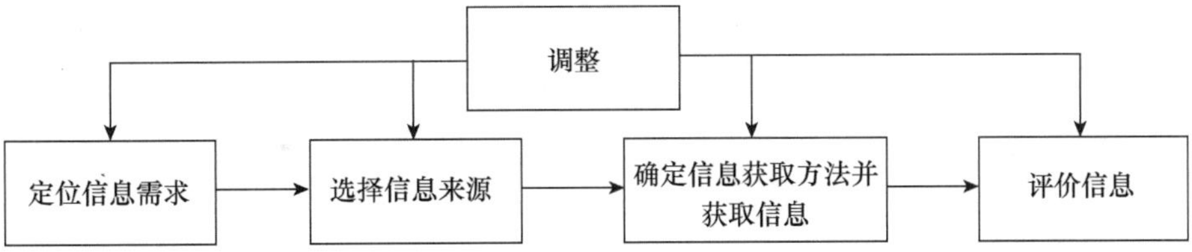

图 1.1 信息获取的一般过程

1. 定位信息需求

定位信息需求就是要确定获取什么时间、什么地点以及什么样的信息，具体要确定以下三点：

(1) 信息的时间范围；

(2) 信息的地域范围；

(3) 信息的内容范围。

2. 选择信息来源

选择信息来源是指确定从哪里可以搜寻到所需信息以及从哪里更容易搜寻到所需信息。按照不同的标准，信息来源可以分为不同的类型。这里具体介绍信息来源的两种分类情况，如表 1.1 和表 1.2 所示。

表 1.1 信息来源的第一种分类

类型	举例
媒体	报纸、图书、期刊、广播、电视、音像制品、互联网
他人	老师、父母、同学、朋友、专业人员
事物本身	动物、山河、风雨、表情、行为等

表 1.2　信息来源的第二种分类

类型	举例	优点	不足
文献型信息源	报纸、图书、期刊、公文、报表	全面、系统、可靠、清晰、明确	编辑、印刷、发行等需要较多时间
口头型信息源（个人信息源）	同学、朋友、亲戚、父母、老师	灵活、方便	信息带有主观成分
电子型信息源	广播、电视、电话、互联网	更新快、范围广、易复制、生动、直观	需要一定的设备
实物型信息源（现场信息源）	运动会、动物园、销售市场、各类公共场所及事件发生现场	直观、真切	信息零星、表面，往往稍纵即逝

3. 确定信息获取方法并获取信息

(1) 信息获取的方法。

由于信息来源具有多样性，因此，信息获取的方法也具有多样性。信息获取的方法主要有以下几种：

① 通过检索媒体收集信息，如通过互联网、广播、电视、书籍等收集所需信息；

② 通过与他人交流获取信息，如家长会时家长通过与老师交谈获取孩子在学校表现的相关信息；

③ 通过亲自探究事物本身获取信息，如通过亲临现场观察和体验，获取第一手信息。

(2) 信息获取的原则。

信息获取主要应遵循以下几个原则。

① 主动及时原则；

② 真实性原则；

③ 准确性原则；

④ 全面系统性原则。

(3) 信息获取的工具。

信息获取的工具主要有以下几种。

① 扫描仪，用于扫描图片、印刷体文字，并能借助文字识别软件自动识别文字；

② 照相机，主要可用于采集图像信息；

③ 摄像机，主要可用于采集视频信息；

④ 录音设备，可用于采集音频信息；

⑤ 计算机，通过多种软件工具，可以把来自光盘、网络等的多种类型的信息采集到计算机中。

(4) 保存信息。

若是纸质或其他实物信息载体，可通过整理，然后分类保存。现在大部分信息都可以保存到计算机中。计算机一般以文件的形式存储信息，不同文件格式可存储不同类型的信息。

4. 评价信息

评价信息是指以先前所确定的信息需求为依据，对获取的信息进行评价。

评价信息主要可依据以下标准：

(1) 信息的准确性，即信息涉及的事物是否是客观存在的，信息的各个要素是否接近真实情况，有无人为偏差；

(2) 信息的客观性，即信息是否能揭示事物的本来面目，不带偏见；

(3) 信息的权威性，即信息是否来自可靠渠道，是否能够令人信服；

(4) 信息的时效性，即信息在某段时间或某一时期内是否是有效的；

(5) 信息的适用性，即信息对于问题的解决是否是有用的，作用大小如何。

5. 调整

调整是对前面的过程进行反馈，是反馈信息的环节。信息获取是一个循环往复的过程，当反馈信息后，又可根据新产生的信息重新定位信息需求。

真题测试 1.3

五、信息安全

（一）信息安全的定义

信息安全是指信息系统（包括硬件、软件、数据、人、物理环境及其基础设施）受到保护，不因偶然的或恶意的原因被破坏、更改、泄露，系统连续、可靠、正常地运行，信息服务不中断，最终实现业务的连续性。

（二）信息安全三要素

1. 保密性

保密性即保证信息为获得授权者使用而不泄露给未经授权者。

2. 完整性

完整性即保证信息从真实的发送者传送到真实的获得授权者手中，传送过程中没有被非法用户添加、删除、替换等。

3. 可用性

可用性即保证信息和信息系统随时为获得授权者提供服务，保证合法用户对信息和资源的使用不会被不合理地拒绝。

（三）计算机病毒

1. 计算机病毒的含义

计算机病毒是指编制者在计算机程序中插入的破坏计算机功能或数据的，能影响计算机使用，并能够自我复制的一组计算机指令或者程序代码。计算机病毒对计算机的破坏如同“病毒”对生物体的摧毁一样，具有很强的感染性和破坏性。但是计算机病毒并不是天然产生的，它是人们利用自己掌握的计算机知识编制的针对计算机软硬件进行破坏的一种指令或者程序代码。在人们一般的观念中，只要引起计算机故障，破坏计算机数据的程序就是“计算机病毒”。

2. 计算机病毒的特点

计算机病毒具有隐蔽性、潜伏性、传染性、寄生性、可激发性、破坏性等特点。

(1) 隐蔽性。

隐蔽性是指计算机病毒可以在人们毫无感觉的情况下感染计算机，而且不容易被发现，时隐时现，变化无常，处理起来比较麻烦。

(2) 潜伏性。

潜伏性是指计算机病毒是提前设计好的，一般不会马上发作，而是会隐藏在系统中，一旦满足触发条件就会四处扩散，破坏系统。

(3) 传染性。

传染性是指计算机病毒会通过各种渠道从被感染的计算机扩散到未被感染的计算机，计算机病毒一旦被复制或产生变种，其传播速度之快难以想象，通常会造成整个系统的瘫痪。

（4）寄生性。

寄生性是指计算机病毒一般是寄生在其他程序中的，被寄生的程序一旦启动，计算机病毒就开始起破坏作用。

（5）可激发性。

可激发性是指计算机病毒是因某个事件或数值出现的诱发才实施感染或进行攻击的。计算机病毒具有预定的触发条件，这些条件可能是时间、文件类型或特定数据等。

（6）破坏性。

计算机病毒最大的特点除了传染性，就是破坏性。计算机一旦“中毒”，不仅会导致计算机里的文件被无故删除或损坏，同时还会导致很多程序无法启动，甚至会使计算机瘫痪，无法运行。

3. 计算机病毒的防治

在日常生活中，要防治计算机病毒，一般需要注意以下几点。

（1）养成良好的使用计算机的习惯，树立计算机病毒防范意识。例如，对一些来源不明的邮件和附件不要下载和打开，不要随便登录不明网站；对网上下载的文件及时地查杀病毒，并定期对计算机进行病毒查杀等。

（2）安装正版的杀毒软件和防火墙，并及时升级到最新版本；及时升级系统和应用程序，利用安全卫士对计算机进行定期检查。

（3）对重要的文件和数据进行备份，以防止计算机在感染病毒时数据使用受到影响。

（4）使用复杂的密码，提高安全系数。

（5）适当了解一些计算机病毒的知识，做好预防措施。

（6）不使用来历不明的U盘和移动硬盘，使用U盘和移动硬盘时先进行杀毒处理。

真题测试 1.4

第二节　信息技术的发展历史和发展趋势

一、信息技术的发展历史

自从有了人类就有信息技术，信息技术在发展过程中共经历了五次革命。每一次信息技术的变革都对人类社会的发展产生了巨大的推动力。

（1）第一次信息技术革命是语言的产生和应用。语言的产生是人类历史上最伟大的信息技术革命，它成为人类社会化活动的首要条件。

（2）第二次信息技术革命是文字的发明和使用。没有文字，人类文明就不能很好地流传下来。

（3）第三次信息技术革命是造纸术和印刷术的发明和应用。造纸术和印刷术的发明，解脱了古人手抄多遍的辛苦，同时也避免了因传抄多次而产生的各种错误。

真题测试 1.5—1.6

（4）第四次信息技术革命是电报、电话、广播、电视的发明和普及应用。它使人类进入利用电磁波传播信息的时代。

（5）第五次信息技术革命是计算机的普及应用及计算机与现代通信技术的结合。它使得信息的传递更加快捷，是人类历史上最为重要的科技成果之一。

二、信息技术的发展趋势

现代信息技术出现至今仅有短短的几十年，但已被看作是科技发展史上发展最迅速、对人类影响最深刻的技术。未来，信息技术还将沿着个人化、网络化、智能化、数字化、高速化、虚拟化的方向继续多元发展。

1. 个人化

个人化即个人可移动性和全球性地使用信息技术。一个人在世界任何一个地方都可以拥有同样的通信手段，可以利用同样的信息资源和信息加工处理的手段。

2. 网络化

通信技术与计算机技术将进一步交融，人们随时随地都能够安全、快捷、高效地享受信息服务。现有的各种信息网络也将不断融合，各种媒体信息的传播、处理、存储将整合到一个功能强大的信息网络之中。

3. 智能化

智能化的应用体现在利用计算机模拟人的智能，例如，机器人、医疗诊断专家系统、智能化的CAI软件、自动考核与评价系统、视听教学媒体以及仿真实验等。而未来，信息技术还将向着智能化继续发展，将出现更多以“智能制造”为标签的各种软硬件应用。

4. 数字化

数字化最主要的优点就是便于大规模生产和便于综合。过去生产一台模拟设备需要花很多时间，模拟电路每一个单独部分都需要进行单独设计、单独调测。而数字设备是单元式的，设计简单，成本较低，有助于大规模生产。另外，数字电路由二进制电路组成，便于综合。将来，数字化发展将更加迅速，各种说法也很多，如数字化世界、数字化地球等。

5. 高速化

高速率、大容量是计算机和通信技术的发展追求。目前，每秒能运算千万次的计算机已经进入普通家庭。在现代技术中，我们迫切需要解决的涉及高速化的问题是：抓住世界科技迅猛发展的机遇，重点在带宽“瓶颈”上取得突破，加快建设具有大容量、高速率、智能化及多媒体等基本特征的新一代高速带宽信息网络和高性能计算机等。

6. 虚拟化

信息技术的虚拟化主要体现在虚拟现实技术之中。虚拟现实技术是一种可以创建和体验虚拟世界的计算机仿真系统，它利用计算机生成一种模拟环境，是一种多源信息融合、交互式的三维动态视景和实体行为的仿真系统，可使用户沉浸到该环境中。目前，虚拟现实技术可应用在医学、教育、工业、地理等多个领域，未来它将会成一种改变我们生活方式的新突破。

第三节　信息技术活动的伦理道德与法律法规

一、信息技术活动的伦理道德

当前，以互联网、大数据、人工智能为代表的新一代信息技术日新月异，为各国的经济发展、国家管理、社会治理、人民生活带来了重大而深远的影响。现代信息技术的深入发展和广泛应用，深刻改变着人类的生存方式和社会交往方式，深刻影响着人们的思维方式、价值观念和道德行为。

（一）信息技术活动的伦理道德原则

随着信息技术的迅猛发展，信息技术活动愈发频繁，我们每天都离不开对信息技术的应用。在繁复多样的信息技术活动中，人们也难免遇到各种各样的问题。因此，人们在使用信息技术或参与信息技术活动时，一定要遵守以下信息技术活动的伦理道德原则。

1. 诚信原则

在信息技术活动中，虽然网络用户可以选择匿名，但要本着诚信原则，真诚待人，不传播虚假信息，不利用网络手段骗取他人信任或钱财等。

2. 安全原则

在信息技术活动中，要保证自身的安全，同时也要确保自己的行为不给他人带来危险。例如，不泄露个人或他人信息，不提供个人或他人位置、银行卡信息等。

3. 互助原则

通过网络，我们可以接触各种各样的人，信息技术的存在使得人与人彼此间的时空距离缩短，在信息技术活动中，我们应当互帮互助，尽可能地帮助有需要的人。

4. 以人为本原则

信息技术的发展以为广大人民带来便利为目标。信息技术是满足人们基本需求、维护人们根本利益、促进人们长远发展的重要手段。因此，在信息技术活动中，我们要时刻坚持以人为本原则，不应沉迷网络，而应将信息技术作为为人服务的重要工具。①

（二）信息技术活动的伦理道德规范

在信息技术活动中，我们应注意遵守以下伦理道德规范。

（1）不访问含有不健康信息的网站，不下载含有不健康信息的内容（如含有不健康信息的图片、动画、视频等）。

（2）不访问、下载和传播有反动思想的内容。

（3）不传播病毒或获取制作病毒程序的各种代码。

（4）尊重他人的隐私，例如，不窃取他人的账号密码，不阅读他人收到的电子邮件等。

（5）未经许可不使用他人的计算机系统。

二、信息技术活动的法律法规

信息技术的飞速发展使得信息安全方面的法律法规的地位和作用日益凸显。

真题测试 1.7—1.8

1996 年 2 月 1 日，中华人民共和国国务院第 195 号令发布了《中华人民共和国计算机信息网络国际联网管理暂行规定》，该规定共有十七条，用于加强对计算机信息网络国际联网的管理，保障国际计算机信息交流的健康发展。2013 年 9 月 2 日最高人民检察院第十二届检察委员会第 9 次会议、2013 年 9 月 5 日最高人民法院审判委员会第 1589 次会议通过了《最高人民法院、最高人民检察院关于办理利用信息网络实施诽谤等刑事案件适用法律若干问题的解释》，该司法解释共有十条，对办理利用信息网络实施诽谤、寻衅滋事、敲诈勒索、非法经营等刑事案件适用法律的若干问题做出了解释。2014 年 6 月 23 日，最高人民法院审判委员会第 1621 次会议通过了《最高人民法院关于审理利用信息网络侵害人身权益民事纠纷案件适用法律若干问题的规定》，该规定共有十九条，为审理利用信息网络侵害人身权益民事纠纷案件提供了法律依据。

这些法律法规可以帮助我们更好地了解如何开展信息技术活动。我们应该严格遵守相关法律法规，自觉用这些法律法规约束自己的信息技术活动，做一名遵法守法的合格公民。作为信息技术教师，我们在合法开展信息技术活动的同时，也要在日常的教育教学活动中引导学生遵守相关法律法规，自觉合法合规地使用信息技术，营造风清气正的网络环境。

① 曾建平. 人民观察：信息时代的伦理审视[N]. 人民日报，2019-7-12[2019-7-24].

本章知识结构

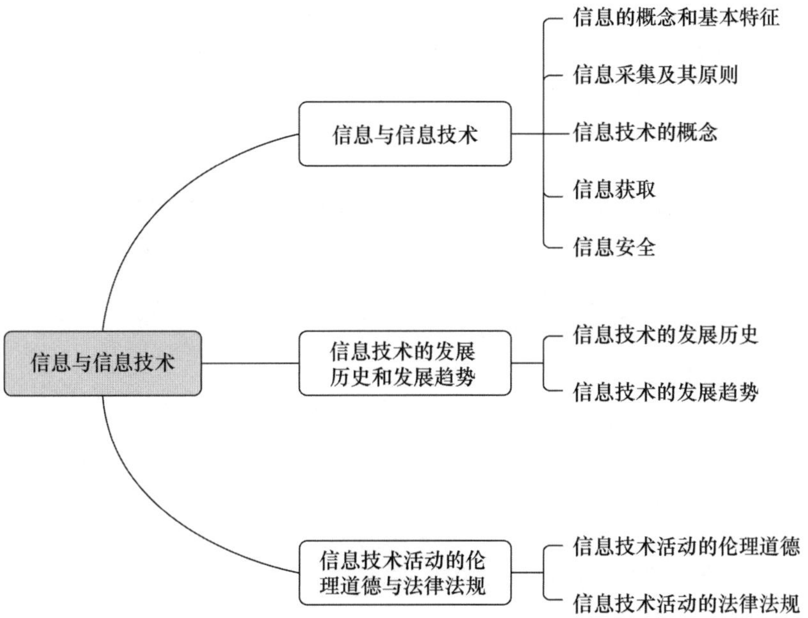

本章小结

(一) 本章重难点

本章的重点是信息的特征和信息技术活动的伦理道德与法律法规;难点是灵活判断生活中信息的特征,以及依据法律法规、伦理道德判断信息技术活动行为的正误。

(二) 学习时要注意的问题

学习本章时考生需要熟记一些概念,如信息、信息技术、信息的特征、信息技术发展的历史等,除此之外,考生还要能运用所学概念进行相关判断,能通过案例加深对相应概念的理解,并能运用相关原理对生活中的信息活动、现象进行解释。

备考指南

本章分为三节,分别介绍了信息与信息技术、信息技术的发展历史和发展趋势、信息技术活动的伦理道德与法律法规。本章内容在考试中多以单项选择题、简答题的形式出现。学习时应重点掌握信息技术相关概念和信息安全相关知识,能够运用与信息技术活动相关的伦理道德、法律法规判断生活中与信息活动相关行为的正误。

自测训练

一、单项选择题

1. 信息的传播需要借助一定的物质,说明信息具有(　　)。

A. 载体依附性　　B. 传递性

C. 可加工处理性　　D. 共享性

2. 天气预报会随着时间的推移而变化，这说明信息具有（　　）。

A. 时效性　　B. 可加工处理性

C. 普遍性　　D. 价值性

3. 保证信息从真实的发信者传送到真实的收信者手中，传送过程中没有被非法用户添加、删除、替换，这说明了信息安全的三要素之（　　）。

A. 完整性　　B. 保密性

C. 可用性　　D. 可靠性

4. 某公司内部网站被黑客攻击，首页遭到黑客篡改。关于黑客，下列说法错误的是（　　）。

A. 黑客的攻击会造成数据的丢失

B. 黑客是指利用不正当手段窃取计算机网络系统的密码，非法进入计算机网络的人

C. 黑客攻击会危害社会秩序和国家安全

D. 经常进行病毒查杀可以完全避免黑客的攻击

5. 下列有关计算机病毒与防治的说法错误的是（　　）。

A. 只要定期进行病毒查杀，就可以杜绝计算机病毒的侵入

B. 使用来历不明的 U 盘会危害计算机安全

C. 计算机中病毒时应迅速隔离，立刻断网

D. 为了防止计算机被病毒入侵，应经常对重要文件进行备份

6. 上网过程中，下列行为恰当的是（　　）。

A. 在交友网站上发布个人信息

B. 在论坛中讨论破解密码的方法

C. 在微信群中发布不知真假的传言

D. 在网站上共享自己制作的风景相册

7. 人类发展的历史中已经历了五次信息技术革命，第一次信息技术革命是（　　）。

A. 语言的产生和应用

B. 印刷术的使用

C. 文字的使用

D. 电报、电话、广播、电视的使用

8. 丁某在网站上散布某地近期即将地震的谣言，引起了市民的恐慌。对于丁某的做法，下列说法正确的是（　　）。

A. 属于个人行为，无所谓

B. 网络言论自由，不用干涉

C. 属于违法行为，应予以处罚

D. 只是为了引起大家的关注，不必在意

9. 下列说法错误的是（　　）。

A. 某组织每月将本月组织中发生的大事件以文字或照片的形式记录下来，体现了信息的载体依附性

B. 交通广播同时被许多人收听，体现了信息的时效性

C. 李某将他人的原始信息内容篡改为损害他人名誉的事实，属于违法行为

D. 安装杀毒软件并定时对电脑进行病毒查杀可以有效地防治计算机病毒

10. 下列哪种行为符合使用计算机的道德规范（　　）。

A. 在网上发布个人制作的宣传视频

B. 在网上散布不真实的信息

C. 利用网络公布他人信息

D. 利用网络侵入他人计算机

二、简答题

1. 请简述信息采集的原则。

2. 请简述信息安全的三要素。

参考答案及解析

一、单项选择题

1.【参考答案】A。解析：信息不是事物本身，而是对事物运动状态和方式的反映，它不能独立存在，需要依附于一定的载体，信息具有载体依附性。故选 A。

2.【参考答案】A。解析：信息在特定的时间范围内是有效的，超过这一范围，信息就可能失去原来的作用，本题例子说明信息具有实效性。故选 A。

3.【参考答案】A。解析：信息安全的三要素分别是完整性、保密性和可用性。本题说的是信息安全三要素中的完整性。故选 A。

4.【参考答案】D。解析：经常进行病毒查杀可以有效地防止黑客的攻击，但并不能完全避免黑客的攻击，D 项错误。故选 D。

5.【参考答案】A。解析：经常进行病毒查杀可以有效地防治计算机病毒，但并不能完全杜绝计算机病毒的侵入，A 项错误。故选 A。

6.【参考答案】D。解析：在交友网站上发布个人信息不安全，容易暴露个人隐私，A 项错；在论坛中讨论破解密码的方法和在微信群中发布不知真假的传言均是不恰当行为或是违法行为，B 项和 C 项错；D 项正确。故选 D。

7.【参考答案】A。解析：五次信息技术革命分别是语言的产生和应用，文字的发明和使用，造纸术和印刷术的发明和应用，电报、电话、广播、电视的发明和普及应用，计算机的普及应用及计算机与现代通信技术的有机结合。故选 A。

8.【参考答案】C。解析：散布谣言属于违法行为，应予以处罚。故选 C。

9.【参考答案】B。解析：交通广播同时被许多人收听体现了信息的共享性，B 项错误；其他三项均正确。故选 B。

10.【参考答案】A。解析：在网上发布个人制作的宣传视频属于个人行为，不违反法律法规和道德规范，A 项正确；在网上散布不真实的信息属于造谣，B 项错；公布他人信息、侵入他人计算机侵犯了他人的权利，不符合使用计算机的道德规范，C 项和 D 项错。故选 A。

二、简答题

1.【参考答案】信息采集应遵循以下七个原则：① 可靠性原则；② 完整性原则；③ 实时性原则；④ 准确性原则；⑤ 易用性原则；⑥ 计划性原则；⑦预见性原则。

2.【参考答案】

（1）保密性：即保证信息为授权者享用而不泄露给未经授权者。

（2）完整性：即保证信息从真实的发信者传送到真实的收信者手中，传送过程中没有被非法用户添加、删除、替换等。

（3）可用性：即保证信息和信息系统随时为授权者提供服务，保证合法用户对信息和资源的使用不会被不合理地拒绝。

第二章　信息技术基础知识

考纲内容

本章内容属于信息技术学科专业知识，在考纲中要求如下：

1. 了解信息技术发展史及国内外的发展动态，掌握与初中信息技术相关的基础知识和基本理论；

2. 掌握与信息活动相关的法律法规、伦理道德；

3. 掌握信息技术学科的基本理论和基本方法，并能用于分析和解决相关问题。

考纲解读

对于信息技术学科的教学，掌握信息技术学科基本知识与技能是基础，在掌握学科知识的基础上才能实施教学；还要熟悉信息技术学科的特征和应用领域，有整体的学科观，这样才能更有针对性地开展教学。在本章的知识点中，Windows 系统操作、数制间的转换是易出的考点，也是考生的易错点。Word、Excel、PowerPoint 部分知识是必出考点，考生要能够对软件进行熟练操作。

第一节　计算机基础知识

一、计算机概述

（一）计算机发展概述

20 世纪最重要的科学技术大事件之一就是计算机的产生。世界上第一台电子计算机名叫埃尼阿克(ENIAC)，于 1946 年诞生于美国宾夕法尼亚大学。根据所采用的物理器件不同，计算机的发展主要经历了以下四个阶段。

1. 第一代(1946—1959 年)：电子管计算机

电子管计算机诞生于 1946 年，结构上以 CPU 为中心，特点是使用机器语言、速度慢、存储容量小，主要用于科学研究与数值计算。

2. 第二代(1960—1964 年)：晶体管计算机

晶体管计算机诞生于 1960 年，结构上以存储器为中心，开始使用磁盘和磁带作为辅助存储器，使用高级语言，应用范围扩大到数据处理和工业控制，主要应用于商业、大学教学和政府机关。

3. 第三代(1965—1970 年)：中小规模集成电路计算机

中小规模集成电路计算机诞生于 1965 年，结构上仍以存储器为中心，增加了多种外部设备，软件得到一定发展，处理图像、文字和资料的功能加强。相比于前两代计算机，体积更小、价格更低、可靠性更强、运算速度更快是第三代计算机的特点。

4. 第四代(1971 年至今)：大规模、超大规模集成电路计算机

大规模、超大规模集成电路计算机又称电子计算机，其应用更加广泛，并出现了微型计算机。第四代电子计算机使用的元件同样是集成电路，但是其集成电路已经得到了大大改善，可以包含几十万到上百万的晶体管，被称为大规模、超大规模集成电路。

知识拓展 2.1

(二) 计算机的特点

计算机的特点主要包括：运算速度快、计算精确度高、逻辑运算能力强、存储容量大和自动化程度高。

(三) 计算机的性能指标

计算机功能的强弱或性能的好坏，是由它的系统结构、指令系统、硬件组成、软件配置等多方面决定的。计算机主要包括以下几个性能指标。

1. 运算速度

运算速度是衡量计算机性能的一项重要指标。通常所说的计算机的运算速度(平均运算速度)是指计算机每秒钟所能执行的指令条数，一般用“百万条指令/秒”(Million Instruction Per Second，MIPS)来描述。

2. 字长

计算机在同一时间处理的一组二进制数称为一个计算机的“字”，而这组二进制数的位数就是“字长”。字长越大，计算机的处理速度越快，早期的字长多是 8 位、16 位，后来大多是 32 位、64 位等。

3. 内存储器的容量

内存储器是 CPU 直接访问的存储器，内存储器的容量反映了计算机即时存储信息的能力(速度)。运行 Windows 95 或 Windows 98 操作系统至少需要 16 MB 的内存容量，Windows XP 则需要 128 MB 以上的内存容量。内存容量越大，计算机的系统功能就越强大，能同时处理的数据量就越庞大。

4. 外存储器的容量

外存储器的容量通常是指硬盘容量(包括内置硬盘和移动硬盘)，计算机可存储的文件的多少由硬盘的容量决定，常见的硬盘容量有 500 GB、640 GB、800 GB、1 TB 等。

(四) 计算机的工作原理

计算机在运行时，先从内存中取出第一条指令，通过控制器的译码，按指令的要求，从存储器中取出数据进行指定的运算和逻辑操作等，然后再按地址把结果送到内存中去。接下来，再取出第二条指令，在控制器的指挥下完成规定操作。依此方式进行下去，直至遇到停止指令。程序与数据一样存储，按程序编排的顺序，一步一步地取出指令，自动地完成指令规定的操作是计算机最基本的工作原理。这一原理最初是由美籍匈牙利数学家冯·诺依曼于 1945 年提出来的，故又称冯·诺依曼原理。

二、计算机系统

完整的计算机系统包括硬件系统和软件系统两部分。

（一）计算机硬件系统

计算机系统中由电子、机械和光电元件组成的各种计算机部件和设备的总称叫作计算机硬件系统，计算机硬件系统是计算机完成各项工作的物质基础。计算机硬件系统是计算机系统中的实际装置，它是看得见、摸得着的物理部件，也是计算机的“躯壳”。

计算机硬件系统主要由五部分构成：运算器、控制器、存储器、输入设备和输出设备，如图 2.1 所示。

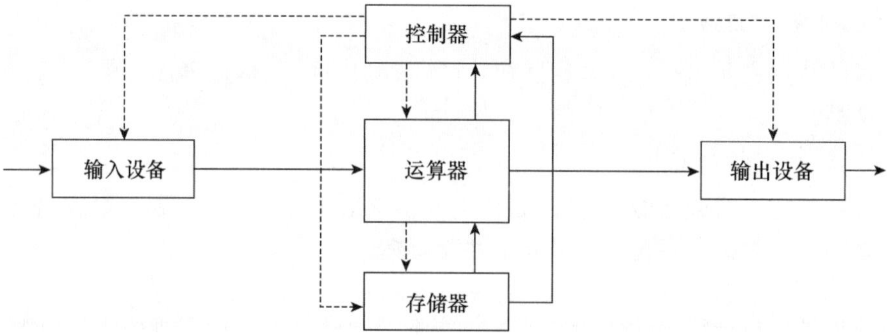

图 2.1　计算机硬件系统

1. 运算器

运算器是指在控制器控制下完成加、减、乘、除运算和逻辑判断的计算机部件。运算器是计算机的核心装置之一。在计算过程中，运算器不断从存储器中获取数据，经计算后将结果再返回存储器。

2. 控制器

控制器是整个计算机的指挥中心。它负责从存储器中取出指令并对指令进行分析判断，然后产生一系列的控制信号，以控制计算机各部件自动连续地工作。

3. 存储器

存储器是指计算机系统中具有记忆能力的部件，用来存放程序和数据。存储器分为内存储器和外存储器。

（1）内存储器。

内存储器又称为主存储器，简称内存，一般只存放急需处理的数据和正在执行的程序。内存又分为随机存储器（RAM）和只读存储器（ROM）。RAM 用于存储用户信息，可读可写，断电后信息丢失，不可恢复；ROM 用于存储系统信息，只可读不可写，断电后信息不丢失。

内存的存储容量一般有 256 MB、512 MB、1 GB、2 GB、4 GB 等。一般而言，内存的存储容量越大，越有利于系统的运行。存储容量和存取时间是反映内存优劣的两个重要指标。

（2）外存储器。

外存储器也称辅助存储器，简称外存，用来存储大量的暂不参加运算或处理但又需要长期保留的数据和程序。现在常用的外存有硬盘、光盘、U 盘和移动硬盘等。

4. 输入设备

输入设备是指向计算机输入各种信息(如程序、文字、数据、图像等)的设备。常用的输入设备有键盘、鼠标、扫描仪、条形码输入器等。

5. 输出设备

输出设备是指用来输出计算机处理结果的设备。常用的输出设备有显示器、打印机、绘图仪等。

(1) 显示器。

显示器是用来显示计算机输入输出信息的屏幕设备,又称监视器或显示终端。计算机的显示系统由显示器和显卡构成。显示器按其原理可分为阴极射线管显示器和液晶显示器两大类,这两类都有单色和彩色之分。分辨率是显示器最重要的性能指标,分辨率越高,显示器的清晰度越高,显示效果就越好。常见的分辨率 1024×768 的含义是:在水平方向上有 768 行扫描线,每条扫描线上有 1024 个像素点。

(2) 打印机。

打印机是从计算机获得硬拷贝的输出设备,它将计算机的信息打印到纸张或其他特殊介质上,以供阅读和保存。按打印原理不同,打印机可以分为击打式打印机(如针式打印机)和非击打式打印机(如喷墨打印机、激光打印机)。打印机的主要性能指标有分辨率、打印速度、噪声等。

(3) 绘图仪。

绘图仪是一种能按照人们的要求自动绘制图形的设备。它可将计算机的输出信息以图形的形式输出。绘图仪主要可绘制各种管理图表和统计图、大地测量图、建筑设计图、电路布线图、各种机械图与计算机辅助设计图等。

(二) 计算机软件系统

计算机软件系统包含了计算机所需的各种程序及有关资料。计算机软件系统总体上分为系统软件和应用软件两大类,如表 2.1 所示。

表 2.1 计算机软件系统的分类

分类	说明
系统软件	负责管理计算机系统中各种独立的硬件,使这些独立的硬件得以协调工作。系统软件是计算机系统必备的软件,主要包括操作系统、语言处理程序、支撑服务程序和数据库管理系统等
应用软件	为了某种特定的用途而被开发的软件称为应用软件,如图像浏览器、Office 系列软件、数据库应用系统等都属于应用软件。应用软件可以是一个特定的程序,也可以是一组功能紧密联系、可以相互协作的程序的集合,还可以是由众多独立程序组成的庞大的软件系统

三、计算机数制与编码

(一) 计算机数制

1. 数制的概念

数制也称计数制,是用一组固定的符号和统一的规则来表示数值的方法。通常采用的数制有十进制、二进制、十六进制和八进制。

为了达到减低成本的目的,计算机利用电子器件的“开”和“关”两个物理状态来表示二级制数的 0 和 1 这两个基本数码，所以，计算机内部进行存储数据和运算时用的都是二进制。除此之外，二进制的逻辑运算和算术运算是最可靠的，因为只有两个状态时，系统的稳定性较高，也更容易控制。

（1）数码：一组用来表示某种数制的符号。例如，十进制的数码是 0，1，2，3，4，5，6，7，8，9；二进制的数码是 0，1。

（2）基数：某数制可以使用的数码个数。例如，十进制的基数是 10，二进制的基数是 2。

（3）位权：我们把数码在一个数中所处的位置称作数位；权是基数的幂，基数和权合称位权，表示数码在不同数位上的数值。例如，八进制的 125，1 的位权是 8^2，2 的位权是 8^1，5 的位权是 8^0。

2. 几种常用的数制

常用的数制有十进制、二进制、十六进制和八进制。

（1）十进制。

十进制数的基数为 10，共有 10 个数码，它们分别是 0，1，2，3，4，5，6，7，8，9。十进制采用逢十进一的进位规则。十进制数常用 $(N)_D$ 或 $(N)_{10}$ 表示，可以用公式表示为：

$$(N)_D = \sum_{i=-\infty}^{+\infty} K_i \times 10^i$$

式中，10 为基数；10^i 为第 i 位的位权；K_i 为基数“10”的第 i 次幂的系数。

例如，$(143.75)_{10}=1\times10^2+4\times10^1+3\times10^0+7\times10^{-1}+5\times10^{-2}$

（2）二进制。

二进制数的基数为 2，共有两个数码，它们分别是 0 和 1。二进制采用逢二进一的进位规则。二进制数常用 $(N)_B$ 或 $(N)_2$ 表示，可以用公式表示为：

$$(N)_B = \sum_{i=-\infty}^{+\infty} K_i \times 2^i$$

式中，2 为基数；2^i 为第 i 位的位权；K_i 为基数“2”的第 i 次幂的系数。

例如，$(101.11)_2=1\times2^2+0\times2^1+1\times2^0+1\times2^{-1}+1\times2^{-2}$

（3）十六进制。

十六进制数的基数为 16，共有 16 个数码，它们分别是 0，1，2，3，4，5，6，7，8，9，A，B，C，D，E，F。十六进制采用逢十六进一的进位规则。十六进制数常用 $(N)_H$ 或 $(N)_{16}$ 表示，可以用公式表示为：

$$(N)_H = \sum_{i=-\infty}^{+\infty} K_i \times 16^i$$

式中，16 为基数；16^i 为第 i 位的位权；K_i 为基数“16”的第 i 次幂的系数。

例如，$(2A.7F)_{16}=2\times16^1+10\times16^0+7\times16^{-1}+15\times16^{-2}$

（4）八进制。

八进制数的基数为 8，共有 8 个数码，它们分别是 0，1，2，3，4，5，6，7。八进制采用逢八进一的进位规则。八进制数常用 $(N)_O$ 或 $(N)_8$ 表示，可以用公式表示为：

$$(N)_O = \sum_{i=-\infty}^{+\infty} K_i \times 8^i$$

式中，8 为基数；8^i 为第 i 位的位权；K_i 为基数"8"的第 i 次幂的系数。

例如，$(732)_8=7\times8^2+3\times8^1+2\times8^0$

（二）数制间的转换

1. 二进制数、八进制数及十六进制数转换为十进制数

将二进制数、八进制数、十六进制数按位权进行多项式展开，然后将二进制数、八进制数、十六进制数的数码乘以与其对应的位权，再将之相加，即可得到转换后的十进制数。

例如，将 $(110101.11)_2$ 转换成十进制数的过程为：

$(110101.11)_2=1\times2^5+1\times2^4+0\times2^3+1\times2^2+0\times2^1+1\times2^0+1\times2^{-1}+1\times2^{-2}=(53.75)_{10}$

将 $(54.21)_8$ 转换成十进制数的过程为：

$(54.21)_8=5\times8^1+4\times8^0+2\times8^{-1}+1\times8^{-2}=(44.265625)_{10}$

将 $(6FC1)_{16}$ 转换成十进制数的过程为：

$(6FC1)_{16}=6\times16^3+15\times16^2+12\times16^1+1\times16^0=(28609)_{10}$

2. 十进制数转换成二进制数、十六进制数及八进制数

(1) 十进制数转换为二进制数。

① 整数部分的转换。

"连续除以 2 取余，逆序排列"是十进制数的整数部分转换为二进制数的办法。具体来说，就是将十进制数的整数部分不断除以 2，并记下余数，直至商为 0。每次得到的余数(必定是 0 或 1)就是对应二进制数的各位数码，最后将所得的余数由低位到高位逆序排列即可。

例如，将 $(87)_{10}$ 转化为二进制的过程如下：

87÷2=43，余 1

43÷2=21，余 1

21÷2=10，余 1

10÷2=5，余 0

5÷2=2，余 1

2÷2=1，余 0

1÷2=0，余 1

由下往上数(逆序排列)，结果为：$(87)_{10}=(1010111)_2$

② 小数部分的转换。

采用"连续乘 2 取整，顺序排列"的方法可将十进制数的小数部分转换为二进制数。具体来讲，就是用十进制的小数部分不断乘 2，并记录其整数部分，直到结果的小数部分为 0 或达到要求的精度为止，最后将所得到的整数由高位到低位顺序排列即可。

例如，将 $(87.6875)_{10}$ 的小数部分转化为二进制数的过程如下：

0.6875×2=1.3750，小数点前多出一个 1

0.3750×2=0.7500，小数点前多出一个 0

0.7500×2=1.5000，小数点前多出一个1

0.5000×2=1.0000，小数点前多出一个1

由上往下数（顺序排列），结果为：$(0.6875)_{10}=(0.1011)_2$，最后结果为：$(87.6875)_{10}=(1010111.1011)_2$

（2）十进制数转换为十六进制数。

十进制数转换为十六进制数的方法与十进制数转换为二进制数的方法非常类似，同样要将整数部分和小数部分分别进行转换。

① 整数部分的转换。

十进制数的整数部分转换为十六进制数可采用"连续除以16取余，逆序排列"的方法，具体换算过程与十进制数转换为二进制数相同，即用十进制数的整数部分不断除以16，每次得到的余数就是对应十六进制数的各位数码，最后将所得的余数由低位到高位逆序排列即可。

② 小数部分的转换。

采用"连续乘16取整，顺序排列"的方法可以将十进制数的小数部分转换为十六进制数。具体来说，就是用十进制数的小数部分不断乘16，并记录其整数部分，直到结果的小数部分为0或达到要求的精度为止，最后将所得到的整数从高位到低位顺序排列即可。

（3）十进制数转换为八进制数。

十进制数转换为八进制数同样需要将整数部分和小数部分分别转换，方法与十进制数转换为二进制数、十六进制数一样，这里不再赘述。

3. 二进制数和十六进制数及八进制数之间的转换

（1）二进制数与十六进制数之间的转换。

① 二进制数转换为十六进制数。

二进制数转换为十六进制数时，先将二进制数以小数点为界，分别向左、向右每四位分为一组，不足四位时用0补足（整数部分在高位补0，小数部分在低位补0），然后将每组的四位二进制数等值转换成对应的十六进制数。

例如，将$(110111000111.1011101)_2$转换成十六进制数的过程如下：

1101	1100	0111.	1011	1010
D	C	7.	B	A

得到结果为：$(110111000111.1011101)_2=(DC7.BA)_{16}$

② 十六进制数转换为二进制数。

十六进制数转换为二进制数时，只要把十六进制数的每一位用四位二进制数表示，便可得到对应的二进制数了。

例如，将$(894A.24)_{16}$转换成二进制数的过程如下：

8	9	4	A.	2	4
1000	1001	0100	1010.	0010	0100

得到结果为：$(894A.24)_{16}=(1000100101001010.001001)_2$

(2) 二进制数与八进制数之间的转换。

① 二进制数转换为八进制数。

二进制数转换为八进制数时，先将二进制数以小数点为界，分别向左、向右每三位分为一组，不足三位时用 0 补足(整数部分在高位补 0，小数部分在低位补 0)，然后将每组的三位二进制数等值转换成对应的八进制数。

例如，将$(11001010010.10111)_2$ 转换成八进制数的过程如下：

011	001	010	010.	101	110
3	1	2	2.	5	6

得到结果为：$(11001010010.10111)_2=(3122.56)_8$

② 八进制数转换为二进制数。

八进制数转换为二进制数时，只要把八进制数中的每一位用三位二进制数表示，便可得到对应的二进制数了。

例如，将$(157.64)_8$ 转换成二进制数的过程如下：

1	5	7.	6	4
001	101	111.	110	100

得到结果为：$(157.64)_8=(1101111.1101)_2$

4. 二进制数的算术运算

二进制数的算术运算与十进制数的算术运算的运算规则是相似的，但是它们的进位和借位规则不同。二进制数在算术运算中逢二进一，借一当二。

(1) 二进制数的加法运算。

运算规则：0+0=0，0+1=1，1+1=0(向高位进一)。

例如，计算二进制数 1010 和 0101 的和的过程如下：

$$\begin{array}{r} 1010 \\ +\ 0101 \\ \hline 1111 \end{array}$$

(2) 二进制数的减法运算。

运算规则，0−0=0，1−1=0，1−0=1，0−1=1(向高位借一)。

例如，计算二进制数 1010 和 0111 的差的过程如下：

$$\begin{array}{r} 1010 \\ -\ 0111 \\ \hline 0011 \end{array}$$

注意：由于无符号减法运算中无法表示负数，因此，减数一定小于被减数。在带符号二进制数的减法运算中，二进制数的正、负号也是用 0 和 1 表示的。带符号的二进制数的最高位为符号位(0 为正，1 为负)，如$(+89)_{10}=(01011001)$，$(-89)_{10}=(11011001)$。

（3）二进制数的乘法运算。

运算规则：由左移被乘数与加法运算构成。

例如，计算二进制数 1010 和 0101 的积的过程如下：

```
    1010
 ×  0101
 -------
    1010
   0000
  1010
 0000
 -------
  110010
```

（4）二进制数的除法运算。

运算规则：由右移被除数与减法运算构成。

例如，计算二进制数 11010110 和 101 之商的过程如下：

```
       101010
101√11010110
    101
    ------
    00110
      101
    ------
      00111
        101
    ------
        0100
```

（三）数据编码

数据是指能够输入到计算机，并能被处理的数字、字母和符号等的集合。

1. 数值数据在计算机中的表示

（1）数据单位。

① 位：位(bit)，也译为比特，是计算机存储的最小单位，是二进制数中的一位数，一位表示二进制信息的 0 或 1。

② 字节：字节(Byte)，简记为 B，1 B＝8 bit。字节是计算机处理数据的基本单位，如 10101011 是一个字节。通常一个字节存放一个 ASCII 码，两个字节可以存放一个汉字国标码。

③ 字：字至少由一个以上的字节组成，是计算机进行数据处理时一次存取、加工和传送的数据长度。字长体现了计算机一次所能处理信息的实际长度，字长越长，计算机的性能就越好。

（2）数值数据的编码。

机器数是指一个数在计算机中的二进制表示形式，机器数中存在符号的，计算机用二进制数的最高位来表示符号，这个数若为正数，则最高位为 0，若为负数，则最高位为 1。例如，十进制数＋5，计算机字长为 8 位，转换成二进制数就是 00000101。如果是十进制数－5，就是 10000101。此时 00000101 和 10000101 分别是＋5 与－5 的机器数。因为机器数的第一位用来代表符号，所以机器数的形式值不等于其真正的数值。比如刚刚举例的机器数 10000101，其最高位上的 1 代表数值的符号，数值是－5，而不是直接将 10000101 转换为十进制的 133。因此，为了区别符号数和形式数，我们用真值来表示带符号位的机器数对应的真正数值。

常用的机器数的表示法有原码、反码和补码三种。

① 原码：原码表示法是一种最简单的机器数表示法，其最高位为符号位，符号位为 0 时表示该数为正，符号位为 1 时表示该数为负，数值部分与其值相同。

例如，当机器字长为 8 位二进制数时：

X＝＋1000101　　[X]原码＝01000101

Y＝－1000101　　[Y]原码＝11000101

[＋127]原码＝01111111　　[－127]原码＝11111111

因此，原码表示的整数范围是 $-(2^{n-1}-1)\sim+(2^{n-1}-1)$，其中 n 为机器字长。由此可以得到：8 位二进制原码表示的整数范围是－127～＋127，16 位二进制原码表示的整数范围是－32767～＋32767。

② 反码：人们为了解决原码在计算异号数相加时的不足，提出了反码表示法。在求反码时，需要注意的是：正数的反码与原码相同，但是负数的反码是它的原码除符号位以外的其余位的按位取反。

例如，当机器字长为 8 位二进制数时：

M＝＋1000101　[M]原码＝01000101　[M]反码＝01000101

N＝－1000101　[N]原码＝11000101　[N]反码＝10111010

[＋1]反码＝00000001　　[－1]反码＝11111110

[＋127]反码＝01111111　　[－127]反码＝10000000

负数的反码与原码之间存在很大的区别，在求补码过程中，反码通常被作为中间形式。反码表示的整数范围与原码相同。

③ 补码：补码是一种用二进制表示有号数的方法，也是一种将数字的正负号变号的方式。正数的补码与其原码相同，但是在求负数的补码时需要在其反码的最低位上进行加 1 操作。引入补码以后，计算机中的加减运算都可以统一化为补码的加法运算，其符号位也参与运算。

例如，X＝＋1010111，Y＝－1010111

(1) 根据定义有：[X]原码＝01010111　　[X]补码＝01010111

(2) 根据定义有：[Y]原码＝11010111　　[Y]反码＝10101000

[Y]补码＝10101001

需要注意的是，补码表示的整数范围是 $-2^{n-1}\sim+(2^{n-1}-1)$（n 为机器字长）。

因此，－128～＋127（－128 表示为 10000000，无对应的原码和反码）是 8 位二进制补码表示的整数范围，－32768～＋32767 是 16 位二进制补码表示的整数范围。当运算结果超出这些范围时，数得不到正常的表示，此时会产生溢出。设计补码的目的是简化运算规则，因为使符号位能与有效值部分一起参加运算，减法运算可以变为加法运算，从而使计算机中运算器的线路设计得到进一步的简化。

知识拓展 2.2

2. 字符编码——ASCII 码

字符的编码采用国际通用的 ASCII 码（American Standard Code for Information Interchange，ASCII），又称为美国信息交换标准代码。由于计算机中基本的处理单位是字节（Byte，1Byte＝8bit），因此，尽管标准 ASCII 码是 7 位编码，一般情况下我们仍然使用一个字节存放一个 ASCII 字符，我们通常将多出来的最高位保存为 0，可以在数据传输时作奇偶校验位，其余 7 位存放编码值。所以共有 2^7 个（即 128 个）不同的编码值，相应可以表示 128 个不同字符的编码。ASCII 码字符集和编码如表 2.2 所示。

表 2.2　ASCII 字符集和编码

ASCII 值	控制字符	ASCII 值	控制字符	ASCII 值	控制字符	ASCII 值	控制字符
0	NUT	32	(space)	64	@	96	`
1	SOH	33	!	65	A	97	a
2	STX	34	"	66	B	98	b
3	ETX	35	#	67	C	99	c
4	EOT	36	$	68	D	100	d
5	ENQ	37	%	69	E	101	e
6	ACK	38	&	70	F	102	f
7	BEL	39	,	71	G	103	g
8	BS	40	(	72	H	104	h
9	HT	41	)	73	I	105	i
10	LF	42	*	74	J	106	j
11	VT	43	+	75	K	107	k
12	FF	44	,	76	L	108	l
13	CR	45	-	77	M	109	m
14	SO	46	.	78	N	110	n
15	SI	47	/	79	O	111	o
16	DLE	48	0	80	P	112	p
17	DCI	49	1	81	Q	113	q
18	DC2	50	2	82	R	114	r
19	DC3	51	3	83	S	115	s
20	DC4	52	4	84	T	116	t
21	NAK	53	5	85	U	117	u
22	SYN	54	6	86	V	118	v
23	TB	55	7	87	W	119	w
24	CAN	56	8	88	X	120	x
25	EM	57	9	89	Y	121	y
26	SUB	58	:	90	Z	122	z
27	ESC	59	;	91	[	123	{
28	FS	60	<	92	\	124	|
29	GS	61	=	93	]	125	}
30	RS	62	>	94	^	126	~
31	US	63	?	95	_	127	DEL

第二节　操作系统

一、操作系统概述

（一）操作系统的概念

管理和控制计算机硬件与软件资源的计算机程序被称为操作系统（Operating System，OS），任何软件的运行都需要操作系统的支持，操作系统是直接运行在“裸机”上的最基本的系统软件。

值得注意的是，计算机必须安装操作系统才能正常工作，其他软件必须有操作系统的支持才能运行。

（二）操作系统的功能

操作系统位于底层硬件与用户之间，是两者沟通的桥梁。用户可以通过操作系统的用户界面，输入命令，操作系统则对命令进行解释，驱动硬件设备，实现用户的要求。操作系统的功能模块主要有以下五个部分。

1. 处理器管理

处理器管理最基本的功能是处理中断事件。处理器只能发现中断事件并产生中断而不能进行处理。配置了操作系统后，处理器就可对各种事件进行处理。处理器管理的另一功能是处理器调度。处理器可能是一个，也可能是多个，不同类型的操作系统将针对不同情况采取不同的调度策略。

2. 存储器管理

存储器管理主要是指针对内存储器的管理。主要任务是：分配内存空间，保证各作业占用的存储空间不发生矛盾，并使各作业在自己所属存储区中不互相干扰。

3. 设备管理

设备管理是指管理各类外围设备，包括分配、启动和故障处理等。主要任务是：当用户使用外部设备时，必须提出要求，待操作系统进行统一分配后方可使用；当用户的程序运行到要使用某外设时，由操作系统负责驱动外设。操作系统还具有处理外设中断请求的能力。

4. 文件管理

文件管理是指操作系统对信息资源的管理。在操作系统中，人们将负责存取的管理信息的部分称为文件系统。文件是在逻辑上具有完整意义的一组相关信息的有序集合，每个文件都有一个文件名。文件管理支持文件的存储、检索和修改等操作，以及文件的保护功能。操作系统一般都提供功能较强的文件系统，有的还通过提供数据库系统来实现信息的管理工作。

5. 作业管理

每个用户请求计算机系统完成的一个独立的操作称为作业。作业管理包括作业的输入和输出、作业的调度与控制（根据用户的需要控制作业运行的步骤）等。

（三）操作系统的分类

按照不同的标准，操作系统可分为不同的种类，如表 2.3 所示。

表 2.3 操作系统的分类

分类标准	种类
按操作系统的硬件结构来分类	网络操作系统（如 NetWare、Windows NT）、多媒体操作系统（如 Amiga）和分布式操作系统等
按操作系统的应用领域来分类	桌面操作系统、服务器操作系统、嵌入式操作系统
按操作系统的所支持用户数来分类	单用户操作系统（如 MSDOS、Windows）、多用户操作系统（如 UNIX、Linux、MVS）
按操作系统的源码开放程度来分类	开源操作系统（如 Linux、Free BSD）和闭源操作系统（如 Mac OS X、Windows）
按操作系统的环境来分类	批处理操作系统（如 MVX、DOS/VSE）、分时操作系统（如 Linux、UNIX、XENIX、Mac OS X）、实时操作系统（如 IRMX、VRTX）

二、文件与文件夹

（一）文件与文件夹的概念

文件与文件夹是操作系统组织信息资源的基本形式。信息以文件的形式存在，文件存放到文件夹中。

1. 文件

文件是用户赋予了名字并存储在某种外部存储介质（如磁盘、光盘、磁带等）上的一组相关信息的有序集合。文件可以是文本文档、图片、视频、程序等。

2. 文件夹

为了分门别类地有序存放文件，操作系统把文件组织在若干目录中，这些目录也称文件夹。

文件夹一般采用多层次结构（树状结构），在这种结构中，每一个磁盘有一个根文件夹，它包含若干文件和文件夹。文件夹不但可以包含文件，而且可包含下一级文件夹，这样类推下去就形成多级文件夹结构。这既帮助了用户将不同类型和不同功能的文件分类储存，又方便文件查找，还允许不同文件夹中文件拥有同样的文件名。

（二）文件名的组成与文件类型

在文件或文件夹的名字中，最多可使用 255 个字符。用汉字命名，最多可以有 127 个汉字，组成文件名或文件夹名的字符可以是空格，但不能使用下列字符：+、*、/、?、"、<、>、|，在同一文件夹中不能有同名文件。

文件名通常由主文件名和扩展名组成，主文件名和扩展名之间用“.”分隔，如果文件名中出现多个“.”分隔符，以最后一个“.”后的字符作为扩展名。常见的文件扩展名及其含义如表 2.4 所示。

表 2.4 常见的文件扩展名及其含义

扩展名	含义	扩展名	含义
.txt	纯文本文件	.tiff	标记图像文件格式的图片文件
.doc	Word 文档	.bmp	位图格式的图片文件
.xls	Excel 工作簿	.ico	Windows 图标文件
.ppt	PowerPoint 演示文稿	.wav	声音文件
.bak	备份文件	.mp3	压缩的音乐文件
.exe	可执行文件	.bin	二进制文件
.bat	批处理文件	.htm .html	超文本文档
.png	便携网络图形格式的图片文件	.c	C 语言源程序文件
.gif	图形交换格式的图片文件	.bas	Basic 语言源程序文件
.jpg	联合图片专家组（JPEG）格式图片文件	.cpp	C++语言源程序

（三）管理文件与文件夹

资源管理器是对连接在计算机上全部外存储设备、外部设备、网络设备（包括局域网和国际互联网络）资源和计算机配置系统进行管理的集成工具。

资源管理器窗口由浏览导航按钮、地址栏、智能菜单栏、搜索框、导航窗格、细节窗格、预览窗格、状态栏组成。

Windows 7 提供了超大图标、大图标、中等图标、小图标、列表、详细信息、平铺和内容八种文件查看方式。Windows 7 默认的查看文件和文件夹的方式是列表方式。

第三节 字处理软件 Word

一、Word 简介

(一) Word 概述

Microsoft Word (以下简称“Word”)是微软公司开发的一个文字处理应用程序，它是 Office 套件中的核心程序，不仅提供了很多方便的文档创建工具，还为创建复杂文档提供了丰富的功能集。

(二) Word 窗口的组成

启动 Word 应用程序后，屏幕上会出现 Word 工作窗口，如图 2.2 所示，这里以 Word 2003 为例。它主要由标题栏、菜单栏、工具栏、标尺、状态栏、工作区等部分组成。Word 窗口各组成部分的位置及具体介绍如表 2.5 所示。

表 2.5 Word 窗口各组成部分的位置及具体介绍

组成	所在位置	具体介绍
标题栏	Word 窗口的最上方	标题栏左侧显示了当前被编辑的文档名(如文档 1)和应用程序名(Microsoft Word) 标题栏的右侧有最大化/还原、最小化、关闭三个系统控制按钮。双击标题栏的中部，窗口可在还原和最大化之间进行切换
菜单栏	标题栏的下方	由“文件”“编辑”“视图”“插入”“格式”“工具”“表格”“窗口”和“帮助”等多个具有智能化、个性化管理功能的菜单项和“关闭窗口”按钮组成 标题栏中的“关闭”按钮和菜单栏中“关闭窗口”按钮的控制对象是不同的。标题栏中的三个按钮用于控制 Word 应用程序，而菜单栏中的“关闭窗口”按钮只是用于关闭当前文档(当前正处于编辑状态的文档)窗口
工具栏	菜单栏的下方	Word 可同时显示并使用多个工具栏。首次运行 Word 时，系统默认会显示“常用”和“格式”工具栏。在工具栏处右击鼠标，在快捷菜单中选择“自定义”，用户便可在对话框中设置自己需要的工具栏。用户也可以通过单击“视图”菜单中的“工具栏”命令，然后在子菜单中选择某一工具栏来实现显示或隐藏工具栏的操作，在已经显示的工具栏名称前有复选标记“√”
标尺	工具栏的下面，工作区的上侧和左侧	用于调整页边距、文本的缩进、快速调整段落的编排和精确调整表格等。Word 有水平和垂直两种标尺，水平标尺中包括左缩进、右缩进、首行缩进、悬挂缩进、制表符等标记。用户可以通过单击“视图”菜单中的“标尺”命令来设置标尺的显示或隐藏
状态栏	Word 窗口的底部	显示当前文档的页码，节号，当前页数/总页数，插入点所在的行、列位置等信息。用户可以通过使用“工具”→“选项”命令，再选择“视图”选项卡来设置状态栏的隐藏或显示
工作区	中间空白区域	文本区是 Word 中面积最大的区域，是用户的工作区，可用于显示编辑的文档和图形

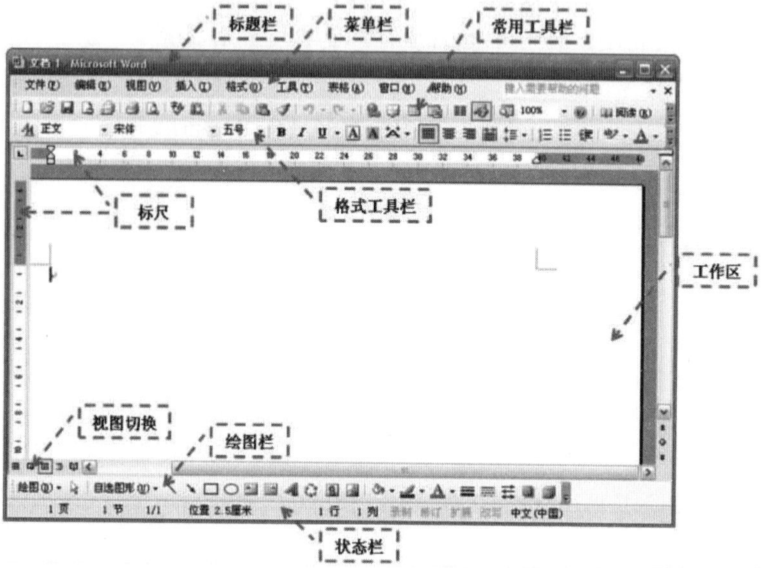

图 2.2　Word 工作窗口

二、Word 的基本操作

（一）新建文档

创建一个新文档时，如果不进行特别的指定，Word 都将使用 normal. dot 模板作为新文档的基础。新建 Word 文档的几种方法如表 2.6 所示。

表 2.6　新建 Word 文档的几种方法

方法	具体操作步骤
方法一	打开 Word，启动之后自动建立了一个新文档，这个文档的名称是“文档 1. doc”
方法二	在“文档 1. doc”窗口单击工具栏上的“新建空白文档”按钮，就又新建了一个空白文档，名称为“文档 2. doc”，再单击这个按钮，就出现了“文档 3”。这是新建文档最常用的方法
方法三	依次选择“开始”→“所有程序”→“Microsoft Office”→“Microsoft Word”。将新建一个新的 Word 文档
方法四	使用快捷键来新建文档，即在 Word 中通过按 Ctrl＋N 键，可以建立一个新的 Word 文档
方法五	在 Word 中使用“文件”菜单的“新建”命令可以建立新的 Word 文档
方法六	在“我的电脑”和“资源管理器”中通过使用“新建”命令可以建立新的 Word 文档
方法七	在桌面或某文件夹的空白处右击鼠标，在快捷菜单中单击“新建”项，从弹出的子菜单中选择“Microsoft Word 文档”，桌面或该文件夹中会出现一个新建文档图标，双击此图标，就会出现一个新 Word 文档

（二）保存文档

在编排文档的过程中，我们应该养成随时保存文档的好习惯，以避免因突然停电、机器故障、死机或者误操作而引起的数据丢失。

1. 人工保存

保存 Word 文档的操作是很简单的，常用的保存 Word 文档的几种方法如表 2.7 所示。

表 2.7　常用的保存 Word 文档的几种方法

方法	具体操作步骤
方法一	在“文件”菜单中单击“保存”命令
方法二	单击常用工具栏下的“保存”按钮
方法三	在“文件”菜单中选择“另存为”命令，打开“另存为”对话框。此时，在“保存位置”下拉列表框中选定存放该文件的文件夹，在“保存类型”下拉列表框中选择合适的文档类型，并在“文件名”框中输入该文档的文件名，最后单击“保存”按钮
方法四	使用组合键 Ctrl+S 进行保存

2. Word 自动保存

为了减少或避免因忘记保存文档而带来的损失，Word 提供了自动保存 Word 文档的功能。用户可以根据实际情况，设定自动保存文档的时间间隔，时间间隔可以是 1～120 分钟之间的任意值。

具体操作为：在“工具”菜单中选择“选项”命令后，屏幕显示“选项”对话框，激活“保存”选项。在“保存选项”框中选中“自动保存时间间隔”复选框，并在其后的“分钟”框中设置具体的自动保存时间间隔，最后单击“确定”按钮。Word 的自动保存功能会将所有打开的文档保存在临时的副本中。启动了自动保存功能后，当在工作过程中突然出现电源故障或死机事件时，系统就可以还原到上次自动保存时的工作状态。当下次打开 Word 时，临时副本就出现在窗口中，标题栏中的文档名旁边将显示“恢复”，用户可将其保存起来，以减少损失。

正如在 Word 中可以打开非 Word 格式的文档，并对其进行编排一样，在 Word 中用户也可以将一个 Word 文档保存为非 Word 格式的文档，以便提供给其他文字处理软件编辑使用。Word 文档保存为非 Word 格式文档的种类主要包括文档模板、纯文本和 rtf 格式文档等。如果关闭文档之前尚未保存文档，则系统会给出提示，询问是否保存对该文档的修改。

3. 文档加密

通过 Word 的文档加密功能，用户可以为文档加密，这样可以保护个人隐私，防止他人恶意查看与修改文档。具体操作步骤如图 2.3 所示。

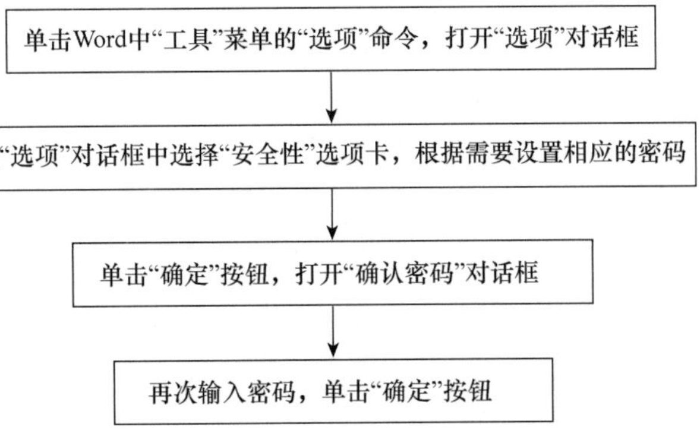

图 2.3　Word 文档加密的操作步骤

（三）打开文档

想要在Word中进行内容的输入或编辑等操作，首先需要打开Word文档。常用的打开Word文档的几种方法如表2.8所示。

表2.8 常用的打开Word文档的几种方法

方法	具体操作步骤
方法一	启动Windows后，单击桌面上的“开始”按钮，显示“开始”菜单，将光标移到“所有程序”处，弹出“所有程序”子菜单，选择“Microsoft Word”命令
方法二	双击“我的电脑”或“资源管理器”中的Word可执行文件或与Word关联的文档
方法三	双击Windows桌面上的Word图标

三、文档的编辑和排版

（一）文档的编辑

1. 光标定位

用户在进行文本的输入等操作前，必须要先将光标定位到所需的位置。定位光标的方法有两种：一是使用鼠标，用户可以通过单击鼠标来定位光标的位置；二是利用键盘，用户可以通过使用键盘上的编辑键来定位光标。

2. 输入文字

在Word文档中，英文和数字可以直接输入。如果输入汉字，应选择一种中文输入法。用键盘输入内容时，用户可以使用快捷键切换各种输入法、中英文标点符号以及全角和半角字符。

（1）按Ctrl+Space组合键可以在英文和当前中文输入法之间进行切换；按Ctrl+Shift组合键可以在英文和中文各种输入法之间进行切换。

（2）按Shift+Space组合键可以在全角和半角之间进行切换。

（3）按Ctrl+.组合键可以在中英文标点符号之间进行切换。

Word具有自动换行的功能，输入文本到达一行的末尾时，不必按Enter键，系统会进行自动换行。

3. 输入符号

在Word文档编辑过程中，人们常常需要使用一些键盘上没有的符号。遇到这种情况时，用户可利用Word中的符号和特殊符号来进行输入。具体方法：选择“插入”→“符号”命令，出现“符号”对话框，“符号”对话框有两个选项卡，“符号”选项卡可以插入各种符号，“特殊字符”选项卡可以插入一些常用的印刷符号，如商标符、注册符等。

4. 插入与改写

Word的默认状态是插入方式，没有改变这种状态时，输入的内容将被插入到插入点所在位置，原位置的字符向后移动。如果要在插入方式和改写方式之间切换，可以双击状态栏的“改写”图标或按键盘上的Insert键。在改写状态下，新输入的字符将会覆盖后边的字符，实现改写的效果。

5. 删除与撤销

当删除文字较少时，用户可直接使用Del键或Backspace键进行删除。当删除的文本较多时，用户需先选中要删除的文本，再使用Del键或Backspace键来进行删除，还可使用常用工具栏中的“剪切”按钮或编辑菜单中的“剪切”命令。特别需要说明的是，按 Del 键后，选定的内容被删除并且也不送入剪贴板中；而用“剪切”按钮或“剪切”命令后，选定的内容被删除，但同时被送入剪贴板中。如果出现了误删情况或者想恢复之前删除的文字，用户可以单击常用工具栏中“撤销”按钮或使用编辑菜单中的“撤销(U)键入”命令，还可使用组合键 Ctrl+Z 来撤销之前的删除操作。

6. 剪切、复制和粘贴

在进行剪切操作前，用户须先选定内容，再用“编辑”菜单中的“剪切”命令或单击常用工具栏中的“剪切”按钮，还可以直接按下 Ctrl+X 组合键，剪切后，文本将被存放在剪贴板中。

复制文本的操作与剪切类似，只是将“剪切”换成“复制”，复制操作的组合键是 Ctrl+C。

在进行粘贴操作之前，用户须先定位粘贴位置。粘贴操作与剪切和复制类似，可使用“粘贴”命令或“粘贴”工具按钮，粘贴操作的组合键是 Ctrl+V。粘贴操作后，剪切板中的内容将被粘贴到指定位置。

7. 查找与替换

如果在一篇很长的文档中查找某个字符或使用新的字符替换原来的字符，用人工来完成既费力又费时。Word 提供了自动查找和替换功能，能够很方便地解决这个问题。

查找：单击“编辑”→“查找”菜单命令，在“查找和替换”对话框中单击“查找”选项卡，输入要查找的文本(查找内容最多为 255 个字符)，然后单击“查找下一个”或“查找全部”按钮，即可快速查找到输入的内容。用户也可以使用组合键 Ctrl+F 打开“查找和替换”对话框。

知识拓展 2.3

替换：先在“查找和替换”对话框中选择“替换”选项卡，然后在“查找内容”框中输入要被替换 的目标文本，在“替换为”框中输入用来替换的新文本，然后单击“替换”或“全部替换”按钮，即可快速完成替换操作。用户也可以使用组合键 Ctrl+H 打开已切换为替换状态的“查找和替换”对话框。

8. 修订

修订可以将用户的修改痕迹记录下来。修订操作可以通过“审阅”菜单中的相关操作实现。打开修订功能后，用户所有的更改，包括插入、删除、格式修改等都会被标记。

(二) 文档的排版

1. 字符格式

Word 中的字符包括字母、空格、标点符号、数字和符号(如 &、@、# 等)及汉字等。字符格式主要包括设置不同的字体、字号、字形、修饰、颜色和字符间距等。

(1) 设置字体、字号和字形。

在向 Word 中键入新文本时，中文是以默认字体(宋体)、字号(五号)和常规字形显示的。英文字体默认为 Times New Roman，字号也为五号。常用的设置字体、字号和字形的方法如表 2.9 所示。

表 2.9 常用的设置字体、字号和字形的方法

方法	具体操作步骤
方法一	使用“字体”对话框：选择“格式”→“字体”命令或右击鼠标，在弹出的快捷菜单中选择“字体”选项，出现“字体”对话框，选择“字体”选项卡，即可在对话框中设置字体、字号和字形，每设置一种参数后，在下方的预览框中将显示其效果

续表

方法	具体操作步骤
方法二	使用“格式”工具栏上的按钮：在“格式”工具栏的“字体”下拉列表框中显示了各种字体的名称和实际外观，用户可在“字体”下拉列表框中选择所要使用的字体，在“字号”下拉列表框中选择所要使用的字号或字体点阵大小；“加粗”按钮、“倾斜”按钮可用来设置字形
方法三	复制字符格式：用户可以利用工具栏上的“格式刷”按钮来复制字符格式，具体操作方法为：选定要复制的已设置格式的文字，若要将格式复制到一个位置，单击工具栏中的“格式刷”按钮；若要将格式复制到多个位置，双击工具栏中的“格式刷”按钮，当鼠标指针变为格式刷形状时，选择要格式化的文字即可实现复制格式的操作。完成复制字符格式操作后，单击“格式刷”按钮或按 Esc 键释放“格式刷”按钮

(2) 设置字符底纹、边框和字符缩放。

选定要格式化的内容，使用格式工具栏中相应按钮即可实现字符底纹、边框和字符缩放的设置。其中，字符缩放可以确定字符水平缩放的比例。单击“字符缩放”按钮右侧的下拉箭头时，会显示缩放比例列表，用户可根据需要从中选择一个比例。

2. 段落格式

段落是指以段落结束标记结束的文字、图形、对象或其项目的集合。要改变一个文档的外观，可以从文本的段落缩进、段落间距、行间距、对齐方式等方面来进行设置。

(1) 段落缩进。

段落缩进可以将段落和其他内容分开。段落边界和页边距的距离是缩进值，页边距规定文本的总宽度和总长度，而段落缩进是使段落文本从左、右边距缩进去或突出来。Word 可以设置正文段落的首行缩进、悬挂缩进，以及左缩进或右缩进。

① 首行缩进，只缩进一个段落的首行，这是一般文档的使用格式，中文排版习惯是首行缩进两个汉字。其效果如图 2.4 所示。

样例：

北京故宫是中国明清两代的皇家宫殿，旧称为紫禁城，位于北京中轴线的中心，是中国古代宫廷建筑之精华，是世界上现存规模最大、保存最为完整的木质结构古建筑之一。北京故宫被誉为世界五大宫之首（北京故宫、法国凡尔赛宫、英国白金汉宫、美国白宫、俄罗斯克里姆林宫），是国家 AAAAA 级旅游景区。

图 2.4 首行缩进效果

② 悬挂缩进，即文档除首行外，其余各行均缩进，使其他行文档悬挂于第一行之下。这种方式一般用于参考条目、词汇表项目等。其效果如图 2.5 所示。

③ 左缩进或右缩进，即从左(右)边缩进文档，也可以从左、右两边同时缩进文档，使文档与页边距之间留有空白。

设置段落缩进的三种方法如表 2.10 所示。

样例：

北京故宫是中国明清两代的皇家宫殿，旧称为紫禁城，位于北京中轴线的中心，是中国古代宫廷建筑之精华，是世界上现存规模最大、保存最为完整的木质结构古建筑之一。北京故宫被誉为世界五大宫之首（北京故宫、法国凡尔赛宫、英国白金汉宫、美国白宫、俄罗斯克里姆林宫），是国家 AAAAA 级旅游景区。

图 2.5 悬挂缩进效果

表 2.10 设置段落缩进的三种方法

方法	具体操作步骤
方法一	用标尺和鼠标设置缩进：通过拖动标尺上的 4 个标记快速设置文档的缩进量
方法二	使用“格式”工具栏设置缩进：要快速为当前段落或被选定的段落增加或减少缩进量时，可以单击“格式”工具栏上的“增加缩进量”或“减少缩进量”按钮，直到满足缩进量的要求为止
方法三	用“段落”对话框设置缩进：这种方法不仅可以设置任何形式的缩进，而且可输入精确的缩进值

（2）段落间距。

段落间距分为“段前距”和“段后距”两种，用户可在段落选项卡中进行具体数值的设置，也可以选中某段，使用“缩进和间距”选项卡中的“段前”或“段后”按钮进行微调。

（3）行间距。

在“段落”对话框中选择“缩进和间距”选项卡，单击“行距”框右侧的箭头，用户可在下拉列表框中选择所需行距。若选择“最小值”“固定值”“多倍行距”中的一种，则用户还需要输入具体的数值。

（4）对齐方式。

文本有两种对齐方式：水平对齐和垂直对齐。

① 水平对齐。Word 共提供了左对齐、右对齐、居中对齐、两端对齐、分散对齐五种水平对齐方式。Word 默认的水平对齐方式是左对齐，这时左缩进与左边界相同。用户可通过对齐按钮或段落对话框进行水平对齐方式的设置。

② 垂直对齐。垂直对齐方式包括靠页面顶端对齐、在上下页宽之间均匀分布的两端对齐、居中对齐和底端对齐。在 Word 中，只有菜单命令可以设置文档的垂直对齐方式。具体方法：在“文件”→“页面设置”命令中选择“版式”，单击“垂直对齐方式”框右侧的下拉箭头，在列出的垂直对齐方式中进行选择，然后单击“应用于”框右侧的下拉箭头，在列表中选择该对齐方式的应用范围，最后单击“确定”即可。

3. 符号与编号

用户在编写文档时经常会用到条目性文本。为使文档条理清晰，阅读时一目了然，用户可以为这些项目添加符号或编号。在 Word 中选择了添加“项目符号和编号”格式后，Word 将设置 0.75cm 的悬挂缩进，项目符号或编号将出现在选定的段落及新输入的段落前。

（1）建立项目符号。

选定要设置项目符号的段落或将插入点插入到要输入列表的位置，选择“格式”→“项目符号和编号”命令，在弹出的“项目符号和编号”对话框中选择“项目符号”选项卡，用户可从列表框中选择自己所需的项目符号样式。

（2）设置项目编号。

编号列表是按编号的顺序排列的，给编号列表添加的每个段落都会根据前一个段落的编号按序排号。具体方法：选定要设置编号的段落或将插入点插入到该段落中；在“项目符号和编号”对话框中选择“编号”选项卡，用户可从列表框中选择自己所需的项目编号样式。其中，按“起始编号”按钮可设置起始编号，在“编号位置”区域可设置编号对齐方式和对齐位置，按“文字位置”按钮可调节文字的缩进位置。

4. 分隔符

Word 的分隔符用来在插入点位置插入换行符、分页符、分栏符或分节符。单击“插入”→“分隔符”命令，弹出“分隔符”对话框，用户可在此设置分隔符。

(1) 设置、删除分节符。

节是 Word 用来格式化文档的 4 层结构(字符、段落、页面和节)中的重要的一层。用户可以将文档分成任意几节并且分别格式化每一节。不同的节可以有不同的页面设置。最小的节为一个段落，最大的节为整个文档。在用 Word 建立新文档时，默认情况下整个文档为一个节，用户可以根据需要用分节符将文档分成任意几个节，并确定每个节开始和结束的位置。

设置分节符的方法为：将插入点定位到要分节的位置，使用“插入”→“分隔符”命令，在打开的对话框的分节符设置区中，按照需要选择新节开始的位置，然后单击“确定”即可。若要删除分节符，应在普通视图下将插入点定位到分节符上，按删除键即可。

(2) 设置分页符。

Word 中有软分页符和硬分页符两种。默认情况下，当前页文本内容已满时，系统将自动插入分页符，开始新的一页，这种分页符为软分页符，在普通视图中以单点线表示。用户按需要可以在特殊位置人工插入分页符，这种分页符为硬分页符，在普通视图中以包含“分页符”字样的横跨屏幕的单点线表示。插入硬分页符时，用户须先将插入点移到分页位置，选择“插入”→“分隔符”命令，在对话框中单击“分页符”选项，然后单击“确定”即可。

5. 脚注和尾注

文档中的脚注和尾注是一种解释性或说明性的文本，是提供给文档正文的参考资料。一般情况下，脚注作为对正文的说明，出现在文档中每一页的末尾；尾注作为整个文档的引用文献，位于整篇文章的末尾。

脚注和尾注由相互连接的注释引用标记和其对应的注释文本两个部分组成。引用标记由 Word 自动编号，也可以创建自定义标记。脚注和尾注的标记是连续编号的，在添加、删除或移动自动编号的注释时，Word 将自动对引用注释标记重新编号。

(1) 设置脚注和尾注。

将插入点移到要插入脚注或尾注的位置，选择“插入”→“引用”→“脚注和尾注”命令，打开对话框。选择“脚注”或“尾注”选项及“编号方式”栏中的“连续”选项，这样就以“1，2，3，…”进行编号。如果选择“自定义标记”，应在该项右面的方框中输入自定义的标记；也可以单击“符号”按钮，打开“符号”对话框，从中选择需要的符号，然后单击“确定”按钮。

(2) 查看文档中的脚注和尾注。

选择“编辑”→“定位”命令，打开“查找和替换”对话框中的“定位”选项卡，在“定位目标”框中单击“脚注”或“尾注”项，在“请输入脚注编号”或“请输入尾注编号”框中输入脚注或尾注的编号。输入编号后，“下一处”按钮已变为“定位”按钮，单击此按钮，用户就能很快找到相应的脚注或尾注的标记了。

(3) 删除脚注和尾注。

选定要删除的引用标记，然后按下 Del 键即可。

6. 分栏

Word 一般默认将文本设置为单栏格式。根据需要，用户还可以将整个文档或部分文档设置成板报样式的多栏，以改变文档的外观。用户可通过“分栏”对话框实现分栏的操作。如果系统预定的分栏类型都不符合要求，则可以在“分栏”对话框中进行自定义设置。若要把多栏正文转换成一栏正文，可在选中多栏正文后，在“分栏”对话框中的“预设”框中，选择“一栏”命令，再单击“确定”按钮，多栏正文就变成一栏了。

7. 样式

样式是存储在 Word 中的段落或字符的一组格式化命令，可改变文本的外观。用户可在格式工具栏中的“样式”列表框中预览样式的外观。

(1) 应用默认样式。

Word 包含有预定义的内部样式，并提供了多种方法将已定义的样式应用于文档中的段落或字符中。在“格式”工具栏中的“样式”框或通过“格式”→“样式和格式”命令弹出的“样式和格式”对话框中，用户都可以选择应用默认样式。用户还可以通过“常用”工具栏的“格式刷”按钮复制段落或字符样式，以便连续多次应用相同的样式。

(2) 建立新样式。

如果在当前使用的模板或文档中没有需要的样式，用户可以创建自己喜欢的样式。自定义样式的方法有以下两种。

① 根据已有段落建立新样式。具体操作为：选定一个段落，对该段落进行字符格式化或段落格式化设置，将插入点移到该段落中，然后单击“格式”工具栏上的“样式”框，在“样式”框中删除原有的样式名，输入新的样式名称，即可完成新段落样式的设置。

② 使用样式对话框建立新样式。具体操作为：A. 选择“格式”→“样式”命令，在打开的对话框中单击“新建”按钮，弹出“新建样式”对话框；B. 在“名称”文本框中输入新建的样式名，新名应与原有的样式名相区别；C. 在“基准样式”框中，选择基准样式的样式名，如果不需要基准样式，则选择“无样式”；D. 在“样式类型”下拉列表中选择需要新建样式的类型：段落样式或字符样式；E. 单击“格式”按钮，打开格式设置列表，可从字体、段落、边框等方面对新样式的格式进行定义；F. 若要把新样式添加到当前文档使用的模板中，使得基于同样模板的文档都能使用，应选定“添加到模板”复选框，否则新样式仅在当前文档中存在；G. 完成新样式的各项设置后，在“预览”栏中显示出当该样式用于当前文档中的选定段落时所呈现的外观；H. 在“说明”栏中，可给出新建样式格式选项的说明；I. 单击“确定”按钮完成新样式的创建，返回到“样式”对话框；J. 如果要将最后创建的样式应用于当前段落，则单击“应用”按钮；K. 单击“关闭”按钮，关闭“新建样式”对话框。

8. 首字下沉

首字下沉是将段落中第一行第一个字变大，并且向下延伸一定的距离，与后面段落对齐，其他部分字体样式保持不变的一种格式效果，具体分为下沉与悬挂两种样式。

下沉的效果如图 2.6 所示，悬挂的效果如图 2.7 所示。

样例：

北京故宫是中国明清两代的皇家宫殿，旧称为紫禁城，位于北京中轴线的中心，是中国古代宫廷建筑之精华，是世界上现存规模最大、保存最为完整的木质结构古建筑之一。北京故宫被誉为世界五大宫之首（北京故宫、法国凡尔赛宫、英国白金汉宫、美国白宫、俄罗斯克里姆林宫），是国家 AAAAA 级旅游景区。

图 2.6　首字下沉效果

样例：

北京故宫是中国明清两代的皇家宫殿，旧称为紫禁城，位于北京中轴线的中心，是中国古代宫廷建筑之精华，是世界上现存规模最大、保存最为完整的木质结构古建筑之一。北京故宫被誉为世界五大宫之首（北京故宫、法国凡尔赛宫、英国白金汉宫、美国白宫、俄罗斯克里姆林宫），是国家 AAAAA 级旅游景区。

图 2.7　首字悬挂效果

9. 文档目录

目录显示整个文档的结构和分布，具有导读的作用，可方便读者查阅和浏览文档内容。Word 最多可提供九级标题和目录，用户可先设置好标题，然后再给文档插入目录。

10. 页眉和页脚

页眉和页脚分别处于每一页的顶端和底端，可以包含文字、图形、日期、单位地址和页码等信息。

11. 页码

Word 提供多种不同编码的页码格式，用户可以根据需要将页码插在页眉或页脚的不同位置，也可以将页码从某节文档或整篇文档中删除。

12. 页边距

页边距指的是页面四周的空白范围，是页面边线到文字的距离。

四、表格的处理操作

（一）插入表格

在 Word 中，有多种方法可以插入表格，常用的方法包括：① 使用“插入”菜单；② 使用工具栏中的“插入表格”按钮；③ 使用工具栏中的“表格与边框”按钮。

（二）编辑表格

1. 选定表格

对表格进行编辑之前，需要先选定操作目标，操作目标可以是某个单元格、某行、某列或整个表格。

2. 行、列的添加和删除

在往表格中添加行（列）时，需要先选定目标行（列），再执行“表格”菜单中的“插入”命令，选择“行（在上方）[列（在左侧）]”或“行（在下方）[列（在右侧）]”，即可在目标行（列）的上方（左侧）或下方（右侧）添加行（列）。在删除表格中的行（列）时，需要先选定目标行（列），再执行“表格”菜单中的“删除”命令。

3. 单元格的合并和拆分

在 Word 中，用户可以通过使用菜单命令或工具栏中的按钮将两个或多个单元格合并成一个单元格，也可以将一个单元格根据需要拆分成多个单元格。

五、图形图像的处理操作

（一）图形图像的插入

1. 插入图片

Word 文档中可以插入“来自文件”“在线图片”“来自扫描仪”“来自手机”的各种图片，将图片插入到文档之后，用户可以根据需要对图片进行缩放、裁剪以及其他效果的处理。

2. 插入文本框

Word 文档中可以插入横排或竖排的文本框，文本框虽然用于输入文字，但它是一个整体，它是可移动和可改变大小的，用户也可以将文本框与文档中的原有文字按不同方向排列，以呈现出用户想要的效果。

3. 插入艺术字

艺术字是具有特殊效果的文字，在 Word 中插入艺术字后，用户还可以对其进行阴影、拉伸、变形及形状颜色和三维效果的设置，使文档呈现出一定的美观度。

4. 插入自选图形

Word 中除了可以插入图片外，还可以插入各种图形，如箭头、星形、梯形等。用户也可以用“绘图”工具栏中的各种图形工具自行绘制各种图形。

5. 插入符号和公式

用户在编辑文档时，如编辑数学、物理等内容时，往往需要输入一些特殊的符号和公式，由于键盘上的字母和符号有限，故 Word 向用户提供了插入复杂符号和公式的功能，此功能在数学、物理、化学等领域应用广泛。

6. 插入水印

用户可以在 Word 文档的背景中插入一些半透明的文字或图案，我们把这些文字或图案称为水印。水印一般不影响主体内容的正常显示和使用，能起到保护版权等作用。

（二）图形图像的处理

对图形图像进行处理之前用户须先选中要操作的对象。若选中单个对象，可以用鼠标单击该对象的任意部位进行选中；若需要选中多个对象，则应按住 Shift 键不放，然后依次单击多个对象，这样被单击过的对象将同时被选中。

1. 移动、复制和删除图形图像

移动操作很简单，选中操作对象，直接拖拽到目标位置即可，也可以用键盘上的方向键进行移动。复制和删除之前也须先选中操作对象，然后使用菜单命令进行复制或删除，也可以使用键盘进行操作，复制的组合键为 Ctrl＋C，删除可用 Del 键。

2. 设定图形图像的格式

根据需要，用户可以对图形图像进行各种格式设置和排版操作，例如，可以对图形图像的大小、颜色、亮度、对比度等参数进行设置。设置图形图像格式的一般方法是：右击操作对象，使用菜单命令或调出相应工具栏使用工具按钮。

第四节　电子表格系统 Excel

一、Excel 概述

Microsoft Excel（以下简称“Excel”）是微软公司设计的一款电子表格软件。直观的界面、出色的计算功能和图表工具，使 Excel 成为最流行的个人计算机数据处理软件之一。

Excel 的工作窗口如图 2.8 所示，这里以 Excel 2003 为例。它与 Word 的工作窗口最大的不同之处就在于 Excel 的编辑栏，行号、列标、工作表选项卡也是 Excel 工作窗口不同于 Word 之处。

二、公式及函数的使用

（一）公式的使用

1. 公式

Excel 中的公式由“＝”、运算项和运算符组成。公式以“＝”开头，运算符连接各种数据、函数、区域和地址等运算项。Excel 中公式的运算符包括算术运算符、比较运算符、文本运算符、引用运算符四大类。

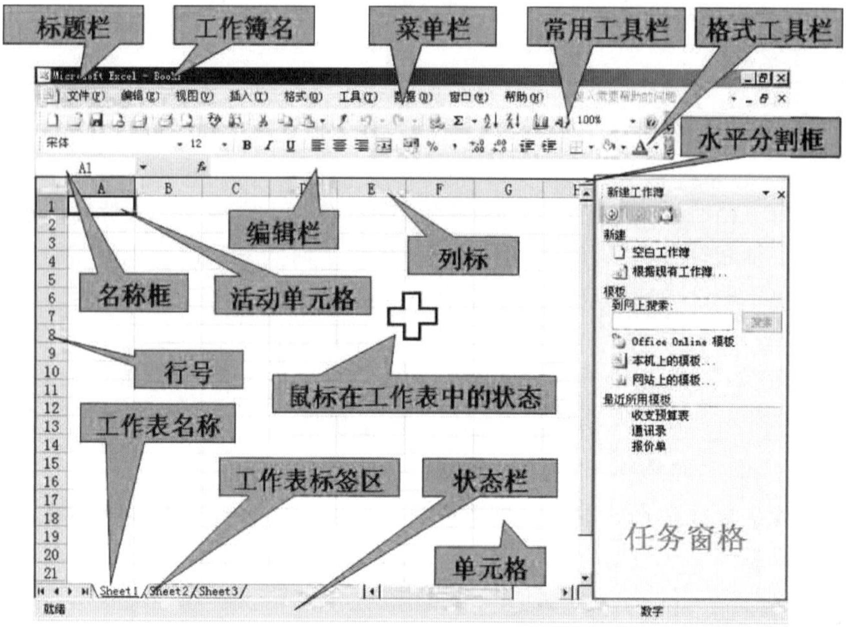

图 2.8　Excel 的工作窗口

2. 引用

Excel 工作表中每个单元格都有自己唯一的标识（由行号和列标组成），叫作单元格地址，如“A1”“B5”等。单元格地址若出现在公式中，我们称为单元格引用，引用的目的在于计算时告诉系统到哪个单元格去抓取数据。单元格的引用分为相对引用、绝对引用和混合引用三种。

（1）相对引用。

相对引用时，若公式所在单元格的位置发生变化，则相对引用的单元格也随着变化，复制公式时相对应用会自动改变。

（2）绝对引用。

绝对引用时，若公式所在单元格的位置发生变化，绝对引用的单元格不变，复制公式时绝对引用不做改变。

（3）混合引用。

混合引用有绝对行和相对列、绝对列和相对行两种。混合引用时，若公式所在单元格的位置发生变化，则其中的相对引用随之变化，绝对引用不变，复制公式时相对引用自动改变，绝对引用不做改变。

（二）函数的使用

为了便于计算、统计、汇总和处理数据，Excel 提供了大量函数。下面介绍一下 Excel 中函数的语法及常用的函数。

1. 函数的语法

在 Excel 中使用函数时，以“=”开始，后面接函数名称，函数名称后接“(　　)”，括号内是函数的参数，以逗号分隔多个参数。例如，=SUM(number1,number2,…)。

2. 常用函数

Excel 中的常用函数如表 2.11 所示。

表 2.11　Excel 中的常用函数

函数名	格式	功能	举例
SUM	SUM（number1，number2，…）	计算所有参数值的和	=SUM(1,2,3)
AVERAGE	AVERAGE(number1,number2,…)	计算所有参数的算术平均值	=AVERAGE(1,2,3)
COUNT	COUNT（number1，number2,…）	计算参数列表中的数字项的个数	=COUNT(1,2,3,"hello")
MAX	MAX（number1，number2，…）	求出一组数中的最大值	=MAX(1,2,3)
MIN	MIN（number1，number2，…）	求出一组数中的最小值	=MIN(1,2,3)
ABS	ABS(number)	求出相应数字的绝对值	=ABS(－3)
INT	INT(number)	将数值向下取整为最接近的整数	=INT(8.56)
IF	IF(Logical,Value_if_true,Value_if_false)	对指定条件的逻辑判断,结果为真或假,返回对应判断结果	=IF(2>5,1,0)

三、数据的输入

在 Excel 的单元格中用户可以输入多种类型的数据,如文本、数值、公式、日期、时间等。输入数据前,需要先选中目标单元格,然后输入数据,编辑完之后按 Enter 键确认。如果一个单元格内需要输入多行内容,则使用“Alt+Enter”组合键可在同一个单元格内强制换行,而编辑栏中仅显示首行文字。

（一）常量的输入

1. 字符型数据的输入

字符型数据是由汉字、英文字母或其他字符开头的数据,默认为在单元格内左对齐。如果字符型数据全部由数字组成,也就是要把一串数字作为文本保存,比如学号、身份证号等,输入时可以在前面先输入一个英文状态的单引号,这样系统会将输入内容认定为字符型数据。

2. 数值型数据的输入

数值型数据可以由数字(0～9)、正号、负号、小数点、分数号(/)、百分号(%)、指数符号(E 或 e)、货币符号(¥或 $)和千位分隔号(,)等组成。数值型数据默认在单元格内右对齐。当数据长度超过单元格宽度时,系统会自动将数据以科学计数法形式表示。

（二）自动填充数据

1. 使用填充柄

填充柄是 Excel 中提供的快速填充单元格工具。在选定的单元格右下角,会看到方形点,当鼠标指针移动到上面时,此方形点会变成细黑十字形,向下或向右拖拽它即可完成对单元格的数据、格式、公式的填充。需要注意的是:

① 如果被复制的是公式,公式中“相对引用”的单元格地址在复制过程中会智能化地发生相对变化,而“绝对引用”的单元格地址在复制过程中不发生变化。

② 如果被复制的是字符,则在拖拉填充过程中,只是简单的复制而已。但是,如果字符

中含有数值(如“5”)，则在快速填充过程中，该数据会呈递增形式(6，7，…)改变。

2. 填充序列

自动填充还可以实现等差、等比等多种填充形式。具体操作方法是：选中要填充的单元格，单击“编辑”菜单，然后选择“填充”→“序列”命令。

四、数据处理及图表

（一）数据清单

数据清单可以看作是包含相关数据的具有行列的二维表。与数据库相对应，数据清单中的一行代表一个记录，一列代表一个字段。这里需要注意的是：数据清单中不允许有空行或空列；同列中的数据类型应该一致；由于数据清单的某些处理功能，应避免在一个工作表上建立多张数据清单。

（二）数据排序

对数据进行排序是数据分析过程中不可或缺的一个环节，是指按照一定规则对表格中的数据进行升序或降序的整理。排序包括简单排序和复杂排序。

1. 简单排序

简单排序是指对单一字段按升序或降序进行排列，用户可通过菜单命令或工具按钮对数据进行简单排序。

2. 复杂排序

当排序的要求比较复杂时，用户就要通过设置“主关键字”“次要关键字”和“第三关键字”等对数据进行排序，我们把这种排序称为复杂排序。

（三）数据筛选

数据筛选是指当设定一个筛选条件时，在表格中显示满足该条件的数据，隐藏不满足条件的数据的操作。当筛选条件被删除时，隐藏的数据会重新显示出来。Excel中数据筛选分两种：自动筛选和高级筛选。

1. 自动筛选

自动筛选一般用于简单条件的筛选，用户可通过使用“数据”→“筛选”→“自动筛选”菜单命令对数据进行简单筛选。

2. 高级筛选

高级筛选用于复杂条件的筛选，筛选结果既可以显示在原始表格中，也可以显示在新的指定位置。用户可通过使用“数据”→“筛选”→“高级筛选”菜单命令对数据进行高级筛选。

（四）分类汇总

分类汇总是指按某字段对数据进行分类，字段值相同的记录则作为一类，再对各类中的数据进行求和、计数、求平均等汇总运算的操作。同一个分类字段，可进行多种汇总操作。

特别需要注意的是：分类汇总之前，要先对数据按分类的列进行排序，并且保证数据中不能有空列或空行。

（五）数据透视表

数据透视表是将排序、筛选、分类汇总等功能集成，生成一个汇总表格，是Excel强大数据处理能力的具体体现。比如要统计各系男女生的人数，则既要按“专业”分类，也需要按“性别”分类，这时可以用数据透视表来解决。

（六）图表操作

图表可以用来更加形象、直观地表示数据本身的特点和数据之间的某种关系，是 Excel 的重要组成部分。Excel 提供了多种数据图表类型，每种图表各有其优势。例如，柱形图能更好地比较数据之间的多少关系；折线图能更好地反映数据之间的趋势关系；饼图能更好地表示数据之间的比例分配关系等。用户可根据需要选择建立相应的图表，以更加形象直观地表达数据信息。

1. 图表的建立

建立图表之前，需要先选中要分析的数据区域，然后通过“插入”→“图表”菜单命令或使用工具栏上的“插入图表”按钮来建立图表。

2. 图表的编辑

图表建立之后，用户可以对图表的类型、图表中的元素（如图表标题、坐标轴、网格线、图例、数据标志等）、图表大小和格式等进行重新设置，也可以对图表进行复制、移动、缩放、删除等操作。

第五节 PowerPoint 演示文稿

一、PowerPoint 概述

（一）PowerPoint 介绍

PowerPoint 属于制作演示文稿的软件，用于制作、维护以及播放幻灯片。PowerPoint 可以用来辅助教学、演讲、汇报、展示产品和推销等。PowerPoint 中常用术语包括演示文稿、幻灯片、模板、幻灯片版式等。

（二）PowerPoint 的窗口组成

PowerPoint 工作窗口如图 2.9 所示，这里以 PowerPoint 2003 为例。它主要由标题栏、菜单栏、工具栏、幻灯片编辑窗格、状态栏等组成。

知识拓展 2.4

图 2.9 PowerPoint 工作窗口

（三）PowerPoint的视图方式

为满足用户建立、编辑、浏览、放映幻灯片的需要，PowerPoint提供了以下六种视图方式。

1. 普通视图

普通视图是默认视图，分为大纲窗格、幻灯片窗格、备注窗格和任务窗格四个部分。大纲窗格为组织内容、编写大纲提供了简明环境；幻灯片窗格以便制作者查看幻灯片的整体和布局效果；备注窗格中可以输入幻灯片的备注信息；任务窗格作为操作的快速向导，不用时可以关闭。

2. 大纲视图

大纲视图具有较宽的窗口，以便制作者输入和编辑内容，以及进行符号、项目编号等的设置。

3. 幻灯片视图

幻灯片视图是缩略图的呈现效果，以便制作者观看幻灯片的设计效果。幻灯片视图通常用于添加、删除和移动幻灯片等。

4. 幻灯片浏览视图

幻灯片浏览视图便于制作者直观查看全部幻灯片的总体情况，在此视图中，用户也可进行移动、复制、删除幻灯片等操作。

5. 幻灯片放映视图

在幻灯片放映视图下，用户可以预览幻灯片的放映效果。

6. 备注页视图

在备注页视图中，用户可以输入备注。在幻灯片演示过程中，备注通常不显示，如需要查看，可右击鼠标激活快捷菜单，使用“备注及选项”命令即可。

二、PowerPoint的基本操作

（一）PowerPoint的启动和退出

1. 启动

用户可通过使用“开始”→“程序”→“Microsoft Office”→“Microsoft PowerPoint”命令或双击桌面上已有的快捷方式图标启动PowerPoint。

2. 退出

用户可通过下列方式之一退出PowerPoint：① 单击标题栏右端的“关闭”按钮；② 使用“文件”→“退出”命令；③ 双击标题栏的控制图标；④ 按Alt＋F4组合键。

（二）幻灯片的基本操作

1. 插入幻灯片

插入幻灯片的方法有三种：① 使用“插入”→“新幻灯片”菜单命令；② 直接在格式工具栏中单击“新幻灯片”按钮；③ 在“幻灯片”窗格中，右击需要插入幻灯片的位置，然后执行“新幻灯片”命令。

2. 移动、复制和删除幻灯片

(1) 移动。

在幻灯片浏览视图下将鼠标指针指向需要移动的幻灯片，按下左键进行拖动操作，到达

目标位置后，释放鼠标即可实现幻灯片的移动操作。

(2) 复制。

在做上述移动操作时，若同时按下 Ctrl 键，所做的就是复制操作。

(3) 删除。

在幻灯片视图下，用户可以将鼠标放在要删除的幻灯片上，然后右击，选择“删除”来删除幻灯片；也可以选中幻灯片，按下 Del 键删除幻灯片。

3. 在幻灯片中加入内容

若要在幻灯片中输入文字、需要先通过“插入”→“文本框”菜单命令在幻灯片上插入文本框，然后将文字输入文本框内。幻灯片中除了可以输入文本信息外，还可以插入图片、艺术字、表格、超链接和音频、视频等多媒体对象，具体操作可通过在“插入”菜单命令中选择相关命令来实现。

三、幻灯片格式的设置

用户不仅可以往幻灯片中插入文字、图片、音频、视频等，为了使幻灯片具有整体效果，用户还可对幻灯片进行格式设置。

（一）应用模板

用户可根据审美与用途的不同，为幻灯片选择合适的模板，通过“设计”→“主题”→“应用于选定幻灯片”命令，即可设置应用模版。

（二）应用版式

PowerPoint 提供了数十种幻灯片版式，每种版式用于在幻灯片上安排标题、正文、图片、表格或剪贴画等的相对位置。使用设计模板改变演示文稿的整体布局后，用户还可以应用版式来设计某张幻灯片的效果。

（三）添加配色方案

配色方案是指一组可以应用到所有幻灯片、个别幻灯片、备注页或听众讲义的均衡颜色。

（四）设置幻灯片背景

用户可以设置一张或多张幻灯片的背景，设置方法为：右击幻灯片，选择“设置背景格式”。幻灯片的背景既可以是单色、渐变色、线条图案等，也可以是来自文件的图片。

（五）备注和讲义的应用

PowerPoint 提供了讲义的制作功能，用户可以将幻灯片的内容以多张幻灯片为一页的方式打印成讲义，直接发给听众。

四、PowerPoint 的放映

（一）动画效果

设置演示文稿中各个对象(图片、文字等)播放时的动画效果一般有两种方法：一是预设动画方案；二是自定义动画。

1. 预设动画方案

PowerPoint 预设了许多现成的动画方案，可以快速地设置幻灯片中各个对象播放时的动画效果。具体操作方法为：先选中要进行预设动画操作的幻灯片，然后使用“选择幻灯片放映/动画方案”→“幻灯片设计”菜单命令，在打开的窗口中选择相应的动画方案，此动画方案可以应用到当前幻灯片中，也可以应用到所有幻灯片中。

2. 自定义动画

在普通视图中，选中幻灯片，然后使用“幻灯片放映”→“自定义动画”菜单命令，在打开的对话框中，用户可进行进入、退出、强调及动作路径的不同动画效果的设置。

（二）切换效果

PowerPoint 提供从一张幻灯片到另一张幻灯片的切换效果，并且可以搭配声音。具体操作方法为：在普通视图下，选中幻灯片，使用“幻灯片放映”→“幻灯片切换”菜单命令，在打开的对话框中可进行切换效果的设置，还可以设置切换的时间、速度等。

（三）超链接技术

一般情况下，PowerPoint 会依次放映演示文稿中的幻灯片，但有时根据实际情况的需要，用户需要从一张幻灯片直接跳转到另外一张幻灯片，这时可以使用超链接，也可以使用动作按钮。

1. 插入超链接

在普通视图下，选中要进行超链接设置的对象（可以是文字、图像等），然后使用“插入”→“超链接”菜单命令，在打开的对话框中，可以选择不同的链接目标（链接目标可以是原有文件或网页、本文档中位置、新建文档和电子邮件等）。

2. 使用动作按钮

在幻灯片上添加动作按钮可以帮助用户控制演示文稿的放映。具体操作方法为：在普通视图下，选择要设置动作按钮的幻灯片，然后使用“幻灯片放映”→“动作按钮”菜单命令，在打开的对话框中可以进行插入动作按钮的各种设置，包括按钮样式、目标对象等。

（四）演示文稿的放映

PowerPoint 中提供的演示文稿的放映方式有以下三种。

1. 演讲者放映

演讲者放映是常规的放映方式，在放映过程中，用户可控制幻灯片的放映进度和动画效果。若要自动放映幻灯片，用户可使用“幻灯片放映”→“排练计时”菜单命令，通过设置幻灯片放映的时间，实现幻灯片自动播放。

2. 观众自行浏览

如果演示文稿在小范围内放映，同时又允许观众手动操作，可选择“观众自行浏览”命令。在这种情况下，演示文稿呈现在小窗口上，放映时可通过命令实现移动、编辑、复制和打印等操作，从一张幻灯片到另一张幻灯片的切换可通过移动滚动条来实现。

知识拓展 2.5

3. 在展台浏览

如果演示文稿在展台、摊位等无人看管的地方放映，可以选择“在展台浏览”的放映方式。采用该方式时，PowerPoint 将自动设定“循环放映、ESC 停止”的复选框。

本章知识结构

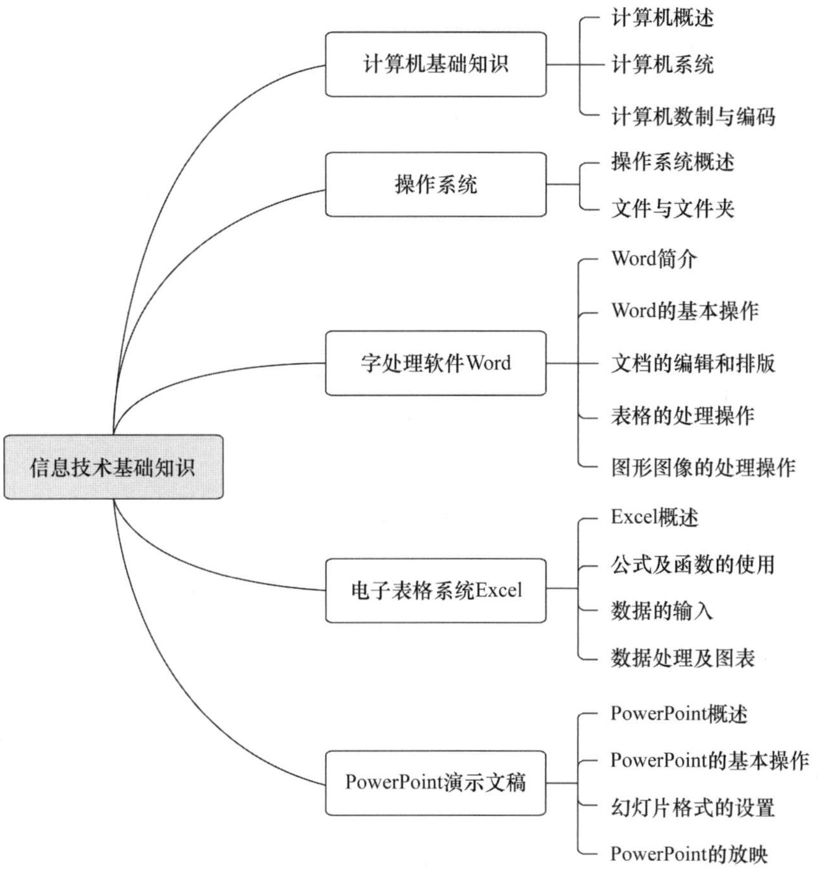

本章小结

（一）本章重难点

本章的重点是初中信息技术课程基础知识，概念性的知识需要考生记忆。难点集中于计算机结构与工作原理，数制的运算，操作系统，Word、Excel、PowerPoint 的基本操作等内容，需要考生能熟练地运算或操作。

（二）学习时要注意的问题

本章知识点非常基础，但本章知识是历年考试的必考知识点，意在考查考生的信息技术基础知识。在本章的学习中，考生需要进行一些必要的理解和记忆，应做到能够灵活进行数制之间的相互转换，并且通过上机操作，熟练地操作 Word、Excel、PowerPoint 等软件。

备考指南

本章分为五节，计算机基础知识，操作系统，Word、Excel、PowerPoint 的基本操作相关知识。在历年考试中，本章内容主要以单项选择题的形式出现。在复习本章内容时，考生应多上机实践，熟练掌握 Word、Excel、PowerPoint 的基本操作，并且能够运用到实际中去。

自测训练

一、单项选择题

1. 下列不属于传播病毒的载体的是（　　）。

A. 显示器　　B. 软盘

C. 硬盘　　D. 网络

2. 计算机可直接识别与执行的是（　　）。

A. 汇编语言　　B. 机器语言

C. Basic 语言　　D. C 语言

3. 与 10 进制数 20 等值的二进制数是（　　）。

A. 10110　　B. 10100

C. 11110　　D. 10010

4. 计算机中信息处理的核心部件是（　　）。

A. VCD　　B. ROM

C. CPU　　D. DVD

5. 一张容量为 640 MB 的光盘，可以存储（　　）张分辨率为 1024×768 的真彩色（24 位）相片。

A. 568　　B. 284

C. 1137　　D. 以上都不是

6. 在 Word 中，可以同时显示水平标尺和垂直标尺的视图方式是（　　）。

A. 页面视图　　B. Web 版式视图

C. 普通视图　　D. 大纲视图

7. 在 Word 文档中有一个段落的最后一行只有一个字符，想把该字符合并到上一行，下述方法中哪一个无法达到该目的（　　）。

A. 减小文档的左右边距　　B. 减小该段落的字体的字号

C. 减小该段落的字间距　　D. 减小该段落的行间距

8. 在 Word 的页眉和页脚中，不能插入（　　）。

A. 字符　　B. 日期

C. 图片　　D. 声音

9. Word 中，最方便的调整图片的版式为（　　）。

A. 嵌入型选择　　B. 紧密型

C. 浮于文字上方　　D. 四周型

10. 在 Excel 中，存储和处理数据的文件是（　　）。

A. 工作簿　　B. 工作表

C. 单元格　　D. 活动单元格

11. 在 Excel 中输入一个身份证号码，先输入下列哪一个符号可以使系统将身份证号码当作字符进行处理？（　　）

A. ”　　B. '

C. ；　　D. .

12. 若在数值单元格中出现一连串的“＃＃＃”，若要正常显示则需要（　　）。

A. 重新输入数据　　B. 调整单元格的宽度

C. 删除这些符号　　D. 删除该单元格

13. 在 Excel 中，当 C7 单元格中有公式＝SUM(C3：C6)，把它复制到 E7 单元格后，双击 E7 单元格将显示出(　　)。

A. ＝SUM(C3：C6)　　B. ＝SUM(C4：C7)

C. ＝SUM(E3：E6)　　D. SUM(E3：E7)

14. (　　)不是合法的“打印内容”选项。

A. 讲义　　B. 幻灯片

C. 备注页　　D. 幻灯片浏览

15. 在幻灯片母版中插入的对象，只能在(　　)可以修改。

A. 幻灯片视图　　B. 幻灯片母版

C. 讲义母版　　D. 大纲视图

16. 在用 Word 编辑文档的过程中，要完成图 2.10 所示的选择，需要配合鼠标使用的键是(　　)。

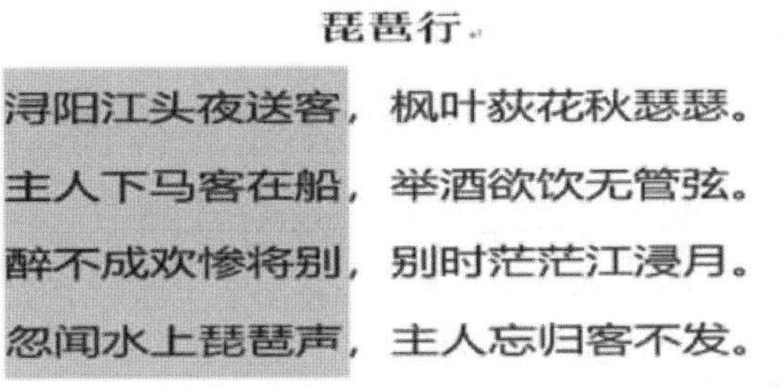

图 2.10　某 Word 编辑文档界面

A. Alt　　B. Tab

C. Ctrl　　D. Shift

17. 某 Excel 文件中的部分数据如图 2.11 所示，若复制 F3 单元格的内容，粘贴到 F6 单元格中，则公式编辑栏内显示的内容为(　　)。

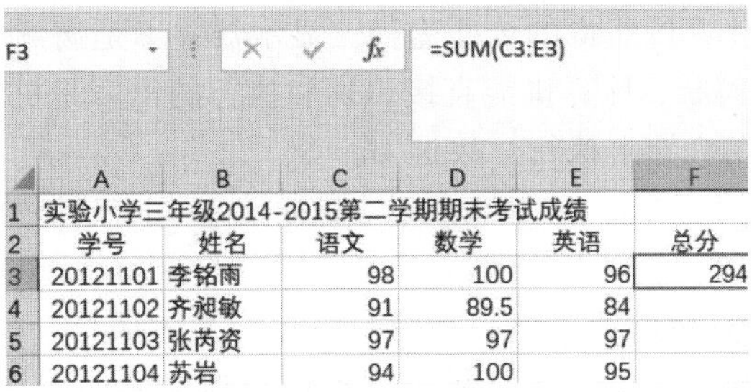

F3　=SUM(C3:E3)

	A	B	C	D	E	F
1	实验小学三年级2014-2015第二学期期末考试成绩					
2	学号	姓名	语文	数学	英语	总分
3	20121101	李铭雨	98	100	96	294
4	20121102	齐昶敏	91	89.5	84	
5	20121103	张芮资	97	97	97	
6	20121104	苏岩	94	100	95	

图 2.11　某 Excel 文件中的部分数据

A. 289　　B. 294

C. ＝SUM(C3：E3)　　D. ＝SUM(C6：E6)

18. 在某 PowerPoint 演示文稿中，幻灯片的“页眉和页脚”对话框如图 2.12 所示，下列说法正确的是(　　)。

A. 幻灯片的日期和时间始终显示为 2018-11-4

B. 幻灯片的页眉页脚设置只能应用于所选幻灯片

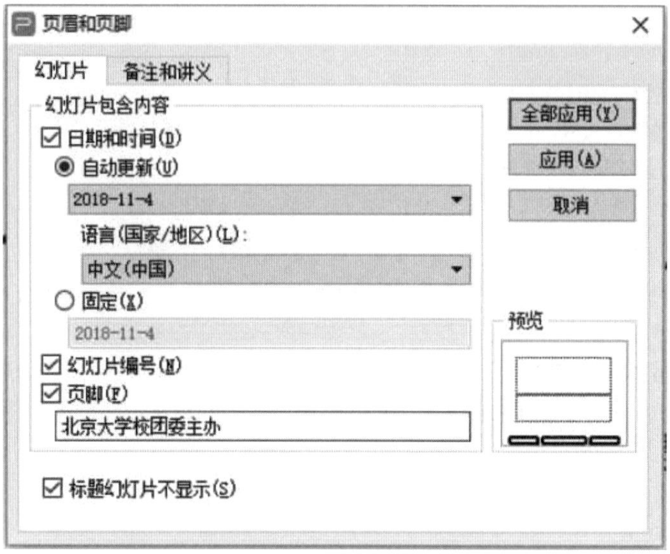

图 2.12　某幻灯片的“页眉和页脚”对话框

C. 幻灯片页眉页脚的设置会显示在每页幻灯片上

D. 幻灯片页脚设置的内容是“北京大学校团委主办”

二、简答题

1. 分类汇总时首先要做什么操作？怎样进行分类汇总操作？

2. 请简述计算机输入设备的功能，并列举出常见的输入设备。

参考答案及解析

一、单项选择题

1.【参考答案】A。解析：本题考查计算机病毒的主要传播途径：网络、移动存储设备、盗版光盘和软盘等都是计算机病毒的传播途径。显示器并不是病毒的传播途径。故选 A。

2.【参考答案】B。解析：计算机能直接识别和执行的语言是机器语言。其他语言编写的程序必须经编译才能在机器上执行。故选 B。

3.【参考答案】B。解析：20=4+16，所以十进制数 20 用二进制数表示为 10100。故选 B。

4.【参考答案】C。解析：中央处理器(Central Processing Unit，CPU)也称微处理器或中央处理单元，是一台计算机的运算核心和控制核心。故选 C。

5.【参考答案】B。解析：图像数据量＝图像的总像素×图像深度/8(Byte)，所以一张相片的文件大小为 1024×768×24/8=2.25 MB，容量为 640 MB 的光盘可以存储的照片数量为 640/2.25≈284 张。故选 B。

6.【参考答案】A。解析：Word 具有页面视图、Web 版式视图、普通视图、大纲视图四种视图方式，其中，可以同时显示水平标尺和垂直标尺的视图方式是页面视图。故选 A。

7.【参考答案】D。解析：减少行间距不能改变每行的字符数，只能影响该页的行数；其他三个选项均可达到目的。故选 D。

8.【参考答案】D。解析：Word 是一款功能强大的文字处理软件，用户可在 Word 文档中插入图片、图表等对象，但不能插入声音和视频等对象。故选 D。

9.【参考答案】C。解析：在 Word 中，最方便的调整图片的版式为浮于文字上方。故选 C。

10.【参考答案】A。解析：我们将在 Excel 环境中用来存储并处理工作表数据的文件称为工作簿。故选 A。

11.【参考答案】B。解析：在 Excel 中，输入身份证号时可以设单元格格式为文本再输入，也可以先输入一个英文单引号再输入。故选 B。

12.【参考答案】B。解析：数值单元格中出现一连串的“＃＃＃”时表明单元格的宽度不能完整地显示出该单元格中的数值，若要正常显示，就需要调大单元格的宽度。故选 B。

13.【参考答案】C。解析：因为是相对地址引用，且从 C7 复制到 E7 移动了两列，所以 C3：C6 变成了 E3：E6。故选 C。

14.【参考答案】D。解析：幻灯片浏览不是一种打印内容，而是一种视图模式。故选 D。

15.【参考答案】B。解析：在幻灯片母版中插入的对象只能在幻灯片母版中进行修改。故选 B。

16.【参考答案】A。解析：文档中选择了矩形区域，所以应该按住 Alt 键后用鼠标左键框选矩形区域，Tab 键是制表符，不能框选矩形区域，Ctrl 键可用于选择不连续的多个区域，Shift 键可用于选取连续的文段区域。故选 A。

17.【参考答案】D。解析：这道题考查的是 Excel 公式的相对引用，F3 单元格中输入的是一个求和函数，函数区间是相对引用，所以复制到 F6 之后会变成＝SUM(C6：E6)。故选 D。

18.【参考答案】D。解析：幻灯片的日期和时间设置为自动更新，每次对该演示文稿进行操作时，时间都会更新为当下的时间，A 项错；幻灯片的页眉页脚设置可以应用到所有幻灯片中，不只是所选幻灯片，B 项错；图中的设置显示为“标题幻灯片不显示”，所以标题幻灯片不显示页脚，C 项错；D 项正确。故选 D。

二、简答题

1.【参考答案】

分类汇总是指按某字段对数据进行分类，字段值相同的记录作为一类，再对各类中的数据进行求和、计数、求平均等汇总运算的操作。分类汇总之前，要先对数据按分类的列进行排序，并且保证数据中不能有空列或空行。

对数据进行分类汇总的操作步骤如下：单击数据工作表中的任意单元格→单击“数据”菜单中的“分类汇总”选项→在“分类汇总”对话框的“分类字段”框中选择进行分类汇总的字段→在“汇总方式”框中选择汇总方式→在“选定汇总项”框中选择要汇总的字段→单击“确定”按钮。

2.【参考答案】

输入设备是指向计算机中输入各种信息（如程序、文字、数据、图像等）的设备。常用的输入设备有键盘、鼠标、扫描仪、摄像头、语音输入装置、条形码输入器等。

第三章　多媒体技术应用

考纲内容

本章内容属于信息技术学科专业知识，在考纲中要求如下：

1. 了解信息技术发展史及国内外的发展动态，掌握与初中信息技术相关的基础知识和基本理论；

2. 掌握与信息活动相关的法律法规、伦理道德；

3. 掌握信息技术学科的基本理论和基本方法，并能用于分析和解决相关问题。

考纲解读

多媒体技术应用在考纲中要求考生掌握多媒体技术应用的基本知识和基本理论，并能够用于分析和解决相关问题，还要求考生熟悉信息技术学科的特征和应用领域，有整体的学科观，更要能有针对性地开展教学。

第一节　多媒体技术基础

一、多媒体概述

（一）媒体

媒体在计算机领域有两种含义。第一种是指用以存储信息的实体，如磁带、磁盘、光盘和半导体存储器等。第二种是指承载信息的载体，如文本、图像、声音、动画等。多媒体技术中的媒体指的是后者。

（二）多媒体

一般来说，多媒体指两种或两种以上媒体的组合。多媒体可以分为感知媒体、表示媒体、表现媒体、存储媒体和传输媒体五类。

（三）多媒体技术

多媒体技术是利用计算机对文本、图形、图像、声音、动画、视频等多种信息进行综合处理、建立逻辑关系和进行人机交互的技术。

（四）多媒体技术的特征

多媒体技术主要有七个特征：多样性、数字化、集成性、交互性、非线性、实时性和协同性。

1. 多样性

多样性是指多媒体技术具有集文字、图像、声音、视频等多种媒体信息于一体的特点。针对多样性的信息，信息载体也随之多样化。

2. 数字化

各种媒体信息被处理为数字信息后，计算机就能对数字化的多媒体信息进行存储、加工、控制、编辑、交换、查询和检索，所以多媒体信息必须是数字信息。

3. 集成性

集成性是指多媒体技术是以计算机为中心综合处理多媒体信息的，包括信息的集成和处理这些信息的设备的集成。

4. 交互性

交互性是指多媒体技术能够通过各种媒体信息，使参与的各方都可以对媒体信息进行编辑、控制和传递。多媒体技术的最大特点是交互性，通过交互，可以实现人对信息的主动选择和控制。多媒体技术的交互性将向用户提供更加有效的控制和使用信息的手段和方法，同时也为多媒体技术的应用开辟了更加广阔的领域。

5. 非线性

多媒体的信息结构形式一般是一种超媒体的非线性网状结构。非线性网状结构不仅为用户浏览信息、获取信息带来极大的便利，也为多媒体的制作带来了极大的便利。

6. 实时性

实时性是指在人的感官系统允许的情况下，人们通过多媒体技术进行交互，就像面对面一样，图像和声音都是连续的。例如，实时多媒体分布系统就是把计算机的交互性、通信的分布性和电视的真实性有机地结合在一起的。

7. 协同性

协同性是指每一种媒体都有其自身规律，各种媒体之间必须有机地配合才能协调一致。多种媒体之间的协调以及时间、空间的协调是多媒体的关键技术之一。

知识拓展 3.1

（五）多媒体技术的发展趋势

计算机技术和网络通信技术的结合为多媒体技术的进一步应用和发展提供了巨大的可能性，目前这种可能性已经逐渐变成现实。多媒体技术的未来将朝着智能化和三维化等方向发展。

二、多媒体的关键技术

（一）数据压缩技术

1. 数据压缩技术的定义

数据压缩技术是指按照一定的算法对数据进行重新组织，减少数据的冗余和存储空间，即在不丢失信息的前提下缩减数据量，以减少存储空间，提高信息的传输、存储和处理效率的一种技术方法。

2. 数据压缩技术的原理

事实上，多媒体信息存在许多数据冗余。例如，一幅图像中的静止建筑背景、蓝天和绿地，其中许多像素是相同的，如果逐点存储，就会浪费许多空间，这称为空间冗余。又如，在动画的相邻序列中，只有运动物体有少许变化，仅存储差异部分即可，如果不变的事物也按时间存储，就会产生时间冗余。此外还有结构冗余、视觉冗余等，这就为数据压缩提供了条件。

数据压缩的理论基础是信息论。从信息论的角度来看，压缩就是去除信息中的冗余，即去除确定的或可推知的信息，而保留不确定的信息，也就是用一种更接近信息本质的描述来代替原有的冗余的描述，这个本质的东西就是信息量。

3. 数据压缩的类型

数据压缩可分成两种类型，一种是无损压缩，另一种是有损压缩。

（1）无损压缩。

无损压缩是指使用压缩后的数据进行重构（或者叫作还原、解压缩），重构后的数据与原来的数据完全相同。无损压缩用于要求重构的信息与原始信息完全一致的场合。一个很常见的例子是磁盘文件的压缩。根据目前的技术水平，无损压缩算法一般可以把普通文件的数据量压缩到原来的1/2～1/4。

（2）有损压缩。

有损压缩是指使用压缩后的数据进行重构，重构后的数据与原来的数据有所不同，但不会使人们对原始资料表达的信息产生误解。有损压缩适用于重构信息不一定非要和原始信息完全相同的场合。例如，图像和声音的压缩就可以采用有损压缩，因为其中包含的数据往往多于我们的视觉系统和听觉系统所能接收的信息，丢掉一些数据而不至于使人们对图像或者声音所表达的信息产生误解，而且可大大提高传输速率。

（二）音频技术

1. 音频概述

声音是连续的声波经介质传输，引起耳膜振动，振动经转换为相应的信号传输给大脑，让人“听”到的。

（1）声音的特性。

声音有三个最基本的参数：一是响度，即音量的大小，由声波振动的幅度大小决定；二是音调，即声调高低，由声波每秒钟的振动次数决定；三是音色，振动波不同，音色就不同。人们通过响度、音调和音色来区分声音。

（2）音频文件的存储容量公式。

音频文件的存储容量公式为：

$$存储容量(B)=(采样频率\times采样位数\times声道数\times时间)/8$$

真题测试 3.1—3.2

例如，某音频文件的采样频率为44.1 kHz，采样位数为16位，声道数为2，时间为180秒，则该音频文件的存储容量＝44100×16×2×180/8＝31752000 B≈31008 KB。

表3.1为常见数字音频的音质与数据量情况。

表3.1　常见数字音频的音质与数据量情况

采样频率/kHz	数据位数/bit	声道形式	数据量/(KB/S)	音频质量
11.025	8	单声道	11	电话音质
22.05	8	单声道	22	收音音质
44.1	16	立体声	172	CD音质

（三）视频技术

视频是连续画面组成的动态场景，这些画面是实际拍摄而来的，如电视、电影等都是真实的现场记录。视频文件的存储容量公式为：

存储容量(B)=(画面尺寸×色彩位数×帧频×时间)/8

例如，一个非压缩的无声视频的画面尺寸为 800×480，色彩位数为 24 位，帧数为 25，时间为 60 秒，则该视频文件的存储容量=800×480×24×25×60/8=1.728×10^9 B=1687500 KB。

第二节　计算机图像处理

本节以图像处理软件 Adobe Photoshop 为例介绍计算机的图像处理。

一、图像处理概述

（一）图像处理的基本概念

1. 图像的类型

在计算机中，图像是以数字方式来记录、处理和保存的，故图像也可以说是数字化图像。图像可以分为两种，分别为矢量图和位图。

(1) 矢量图。

矢量图也称向量图，它是用一系列计算机指令来描述和记录的图像。矢量图可以分解为一系列子图，如点、线、面等，矢量图就是利用子图来直接描述图像的。例如，直线或曲线子图先是由端点的节点控制得到的，再赋予直线或曲线各种颜色等属性。当编辑矢量图时，实际上是在修改描述图形形状的直线和曲线的属性。人们可以对矢量图进行移动、改变大小和改变颜色等操作，但是这些操作不会损害矢量图的质量。需要指出的是，矢量图和分辨率无关，这意味着用户可以在不同分辨率的输出设备上显示它们。

(2) 位图。

位图也称点阵图。它是用带颜色的小点(像素)来描述图像的。位图创建图像的方式就像用一个个像素来拼图，当编辑位图图像时，修改的是像素，而不是直线和曲线。位图和分辨率有关，分辨率越高，图像越精细，处理起来也越方便。由于位图是利用许多颜色以及色彩间的差异来表现图像的，所以在表现色彩的差异性方面位图会很精细。

矢量图和位图的区别如表 3.2 所示。

表 3.2　矢量图和位图的区别

项目	矢量图	位图
特征	可展示清楚的线条和文字	能较好地表现色彩浓度与层次
用途	文字、logo 等	照片或复杂图像
缩放结果	不易失真	易失真
制作 3D 影像	可以	不可以
文件大小	较小	较大
格式	ESP、DXF、WMF、SWF	BMP、JPEG、GIF、PNG

2. 像素

像素是组成图像的基本单位。它是一个具有一定面积的颜色块。位图图像通常是由很多像素组成的，当位图图像被放大到足够大的倍数时，人们就可以很清晰地看到图像是由一个个不同颜色的方块排列而成的。这一个个颜色方块就是一个个像素，文件包含的像素越多，所存储的信息就越多，图像自然也就越清晰，文件也就越大。

3. 分辨率

图像的分辨率是指图像在一个单位长度内所包含的像素个数，分辨率的单位为像素/英寸或者像素/厘米，一般以每英寸含多少像素(pixel/inch)来计算，简称 PPI(pixel per inch)。假如某图像的分辨率是 96 ppi，意思是指在一平方英寸的图像中有 9216(96×96)个像素。分辨率越高，图像存储的信息量就越大，图像也就越清晰，相应的文件也就越大。需要注意的是，图像的像素总数也影响图像的清晰度。图像尺寸、像素数目和分辨率有如下关系：图像尺寸=像素数目/分辨率。如果像素固定，那么提高分辨率虽然可以使图像变清晰，但尺寸却会变小；反之，降低分辨率，图像会变大，但画质会变粗糙。

4. 常用的图像文件格式

文件格式主要用于标识文件类型。图像的文件格式指的是计算机中存储图像的方法，不同文件格式代表不同的图像信息。图像的文件格式对其最终的应用领域起着决定性的作用。这里我们介绍几种常用的图像文件格式。

(1) JPEG 格式。

JPEG 文件的扩展名为.jpg 或.jpeg，它的压缩技术很先进，它用有损压缩的方式去除冗余的图像和彩色数据。此格式适用于大尺寸的图像文件以及网络图像文件的传输与保存。

(2) TIFF 格式。

TIFF 是一种比较灵活的图像格式，文件扩展名为.tif 或.tiff。TIFF 格式是一种无损压缩格式。在 Photoshop 中将图像保存为 TIFF 格式时，可以选择保存为 PC 机可读的格式或苹果机可读的格式，还可以制定压缩算法。几乎所有的绘画图像编辑和页面排版应用程序都支持 TIFF 格式，而且几乎所有的桌面扫描仪都可以生成 TIFF 图像。

(3) BMP 格式。

BMP 是最普通的位图图像文件格式，也是 Windows 操作系统中的标准图像文件格式。此格式采用位映射存储方式，除了图像深度可选之外，不采用其他任何压缩，所以其文件所占空间很大。以 BMP 格式存储图像时，使用 RLE 压缩格式可以节省空间，同时不会破坏图像细节，唯一的缺点是存储及打开的速度较慢。

(4) GIF 格式。

GIF 格式用于显示超文本标记语言 HTML 文档中的索引颜色图形和图像。GIF 文件的数据是一种基于 LZW 算法的连续色调的无损压缩格式，其压缩率一般在 50%左右，目的在于最小化文件大小和电子传输时间。GIF 格式保留索引颜色图像中的透明度，但不支持 Alpha 通道。GIF 格式文件的优点是可以极大地节省存储空间，缺点是最多只能处理 256 种颜色。

(5) PNG 格式。

便携式网络图形 PNG 格式是一种无损压缩格式，是由 Adobe 公司针对网络用图开发的新格式，企图取代当今被广泛应用的 GIF 格式和 JPEG 格式。它是一种功能非常强大的网络文件格式，但是某些 Web 浏览器不支持 PNG 图像。目前最常使用 PNG 的情况就是将去除背景的图像格式存成 PNG 格式，然后置入 Flash 中来制作 Flash 文件。

5. 图像的色彩模式

图像的色彩模式主要有以下几种。

(1) Lab(标准色模式)。

Lab(标准色模式)是一种与设备无关的颜色模型，使用不同的显示器或打印设备时所显示的颜色都是相同的,也是一种基于生理特征的颜色模型。Lab 颜色模型由三个要素组成,L 代表亮度,a 和 b 分别代表两个颜色通道,但这两个颜色通道不能转换,是位图双色调和索引模式。

(2) RGB(光色模式)。

RGB(光色模式)是工业界的一种颜色标准。是目前运用最广的颜色系统之一。R 表示红色,G 表示绿色,B 表示蓝色。

(3) CMYK(四色印刷模式)。

CMYK(四色印刷模式)中的四个字母分别指青(Cyan)、洋红(Magenta)、黄(Yellow)和黑(Black),在印刷中代表四种颜色的油墨。

(4) Grayscale(灰色模式)。

Grayscale(灰色模式)的图像没有色彩成分,没有彩色信息,只有灰色信息。

(5) Indexed Color(索引模式)。

Indexed Color(索引模式)是网上和动画中常用的图像色彩模式,其图像最多只有 256 种颜色。

(二) 图像大小的计算

图像尺寸=高×宽,高和宽一般以像素为单位(如 1280 像素×720 像素、1920 像素×1080 像素)。图像占用存储空间大小的计算公式为:

图像占用存储空间大小=高×宽×位深/8

其中,位深一般为 8 位、16 位、24 位,这里的数字是字节数。

真题测试 3.3

二、图像处理工具

(一) 常用选区工具

常用选区工具包括规则选框工具、不规则选框工具、魔棒工具和调整选区工具,具体如图 3.1 所示。

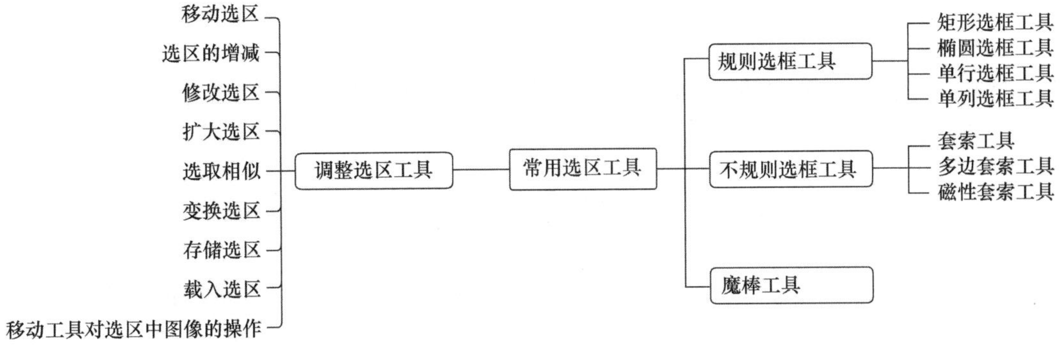

图 3.1 常用选区工具

1. 规则选框工具

规则选框工具共有四种:矩形选框工具、椭圆选框工具、单行选框工具和单列选框工具。

2. 不规则选框工具

不规则选框工具主要有套索工具、多边套索工具和磁性套索工具,这三种套索工具及其适用情况和特点如表 3.3 所示。

表 3.3　不规则选框工具及其适用情况和特点

工具名称	适用情况	特点
套索工具	适用于边缘为曲线的图形，通过用手控制鼠标选择选区	可以用手画出任意形状的选区，但是操作难度较高
多边套索工具	适用于边缘为直线的图形，可以创建不规则多边形选区	轮廓清晰，选区边缘均为直线线条
磁性套索工具	适用于对比强烈、轮廓清晰、线条复杂的区域	可根据画面的颜色自动识别选区

3. 魔棒工具

真题测试 3.4

魔棒工具可以选取颜色相近的区域，使用魔棒工具单击图像上的某个点时，系统会自动将附近与该点颜色相同或相近的部分作为一个选区。

4. 调整选区工具

调整选区工具主要包括以下几个功能模块。

（1）移动选区。

具体操作方法：确定选区→鼠标指针移动到选区内部→移动。

（2）选区的增减。

具体操作方法：确定选区→按住 Shift 键拖动鼠标选择多个选区，或者使用选区属性栏的四种模式。

（3）修改选区。

修改选区支持用户对选区进行扩边、平滑、扩展和收缩操作。

① 扩边：用于给选区的边缘加上一定的宽度。

② 平滑：可以使选区边界变得平滑。

③ 扩展：可将选区由中心往外均等地放大。

④ 收缩：可将选区由外向内均等地缩小。

（4）扩大选区。

此功能可扩大选区，但扩大的区域是与当前选区的颜色相近而且位置相连的区域，扩大的范围与容差密切相关。

（5）选取相似。

此功能也可扩大选区，扩大的区域是与当前选区的颜色接近的区域，但不管是否连续。

（6）变换选区。

此功能可以对选区进行移动、旋转、缩放和斜切操作。用户可以直接用鼠标进行操作，也可以通过在选项栏中输入数值进行控制。

（7）存储选区。

此功能可将选区存起来，以备下次调用。用户可以通过执行“选择”→“存储选区”命令来实现此功能。

（8）载入选区。

此功能可将存起来的选区调出来使用。通过使用“选择”→“载入选区”命令，用户可将已存储的选区或通道载入到当前的图像中。

（9）移动工具对选区中图像的操作。

知识拓展 3.2

移动工具可将选区或图层移动到同一图像的新位置或其他图像中。用户可以使用移动工具在图像内对齐选区和图层，并分布图层。当视图中有选区存在时，用户还可以使用移动工具移动或复制选区内的图像。

（二）图像绘制工具

1. 画笔工具

画笔分为尖角、柔角、喷枪硬边、喷枪软边、粉笔、星形和干画笔等。

画笔设置方法：在工具箱中选中画笔工具，单击工具属性栏右侧按钮或单击“窗口”→“画笔”命令，在打开的“画笔”面板中进行设置。设置内容包括以下几个方面：

① 画笔基本特征：包括直径、角度、圆度、硬度、间距等；

② 动态画笔特征：包括动态形态、散布、双重画笔、动态颜色等；

③ 画笔透明度：透明度值越大，颜色越深，反之颜色越浅。

2. 颜色取样工具

颜色取样工具主要有拾色器、吸管工具和颜色取样器工具三种。

（1）拾色器。

拾色器的使用方法：单击工具箱的颜色按钮或任意窗口中的颜色块，都会弹出“拾色器”对话框，选择相应颜色，然后单击“确定”按钮即可。

（2）吸管工具。

吸管工具的使用方法：选择吸管工具，在图像上某点单击，该点颜色将被作为前景色；按住 Alt 键的同时在图像上单击，该点颜色将被作为背景色。

（3）颜色取样器工具。

颜色取样器工具的使用方法：在图像上的适当位置单击可以创建一个颜色采样点，最多可在图像中创建四个采样点；单击属性栏的“清除”按钮，所有采样点将被删除；按住 Alt 键的同时单击某一采样点，该采样点被删除。

3. 颜色填充工具

图像的填充方式有两种：一种是内部填充，另一种是边框填充。

（1）内部填充。

内部填充又分为单色填充和渐变填充。

① 单色填充。

单色填充的方法是：选中工具箱中的油漆桶工具，在工具属性栏中设置填充的颜色、图案、色彩混合模式、不透明度、是否消除锯齿和容差等属性，然后即可进行填充。

② 渐变填充。

渐变填充可创建多种颜色间的逐渐过渡效果。具体操作方法：先确定一点，然后按住鼠标左键拖动颜色，可以从已有的渐变选框中选取，也可以自己编辑。渐变分为五种类型：线性渐变、径向渐变、角度渐变、对称渐变和菱形渐变。

（2）边框填充。

通过使用“编辑”→“描边”命令，用户可在选区、图层周围绘制彩色边界，这被称为边框填充。

（三）图像修复工具

1. 修补工具

（1）污点修复画笔工具。

污点修复画笔工具可以快速移去照片中的污点和其他小斑点，如脸上的痘痘等。

（2）修复画笔工具。

修复画笔工具用于修复图像中的缺陷，能使修复结果自然溶入周围图像。具体操作方法：按 Alt 键取样，到目标点拖动鼠标即可。用户还可以在属性栏上设置画笔的直径、硬度、模式等属性。

（3）修补工具。

修补工具用于从图像的其他区域或使用图案来修补当前选中的区域。修补工具中的两个关键概念是源和目标。

① 源：将源图像选区拖到目标区，则源区域图像将被目标区域的图像覆盖。

② 目标：将选定区域作为目标区，用其覆盖其他区域。

（4）红眼工具。

红眼工具可以快速修改图像中人物的红眼。

2. 图章工具

图章工具包括仿制图章工具和图案图章工具两种。

（1）仿制图章工具。

仿制图章工具能将一幅图像的全部或部分复制到同一幅图像或其他图像上。仿制图章工具可以复制位图图像的一部分。具体操作方法：选中该工具之后，按住 Alt 键，然后在将要被复制的图像位置单击鼠标，在要粘贴的位置按下鼠标左键绘制，就可以把复制的图像绘制到鼠标拖拽的位置。另外，按住 Shift 键，仿制图章将以直线方式复制。

（2）图案图章工具。

图案图章工具能将用户自定义的图案内容复制到同一幅图像或其他图像上。同样，按住 Shift 键，图案图章将以直线方式复制。

（四）图像色彩的调整

使用菜单栏的“图像”→“调整”命令，选择各种调整命令即可对图像的色彩进行相应调整。对图像色彩进行的调整主要包括以下几个方面。

① 亮度/对比度：可以直观地调节图像的亮度及对比度。

② 色阶：用于较精确地调整图像的中间色及对比度等。

③ 曲线：用于调整照片的亮度、对比度及纠正偏色等，该命令比较精确。

④ 色彩平衡：可以在照片原色彩的基础上根据需要来添加其他颜色，从而改变图像原色彩。

⑤ 色相/饱和度：用于调整图像单一或整体颜色。

⑥ 色调：用于将图像的颜色在各颜色之间进行调整。

⑦ 去色：可将彩色图像转换为灰度图像，图像的原色彩模式不改变。

（五）图层的使用

1. 图层简介

图层是 Photoshop 最为核心的功能之一，它承载了几乎所有的编辑操作，如果没有图层，所有的图像都将处在同一个平面上。图层就如同堆叠在一起的透明纸，每一张纸（图层）上都保存着不同的图像，我们可以透过上面的图层的透明区域看到下面图层中的图像。

2. 图层的基本操作

（1）创建图层。

方法一：在图层面板上单击“创建新图层”按钮，可以建立一个空白图层；

方法二：使用“图层”→“新建”→“图层”菜单命令；

方法三：使用新建图层组合键 Shift＋Ctrl＋N。

(2) 复制图层。

方法一：在图层面板上选择要复制的图层，拖动到复制图标上；

方法二：使用“图层”→“复制图层”菜单命令；

方法三：单击图层面板右上角的三角形，通过下拉菜单复制图层；

方法四：使用复制图层组合键 Ctrl＋J；

方法五：右击图层进行复制。

(3) 删除图层。

方法一：将图层拖动到删除按钮上；

方法二：单击图层面板右上角的三角形，通过下拉菜单删除图层；

方法三：使用“图层”→“删除”菜单命令；

方法四：右击图层进行删除。

(4) 填充图层。

方法一：使用“图层”→“新填充图层”菜单命令；

方法二：单击图层面板上“创建新的填充”或“调整图层”按钮，可选三种填充方式：纯色、渐变、图案。

(5) 合并可见图层。

方法一：单击图层面板右上角的小三角，在下拉菜单中选择“合并可见图层”；

方法二：选中要合并的图层，右击鼠标，然后选择“合并图层”；

方法三：使用合并可见图层组合键 Shift＋Ctrl＋E。

(6) 显示和隐藏图层。

显示：图层缩略图左边的眼睛图标处于开启状态时，图像显示。

隐藏：图层缩略图左边的眼睛图标处于关闭状态时，图像隐藏。

(7) 图层顺序的调整。

方法一：在图层面板上拖动某图层到其他图层间，当出现一条黑线时松开鼠标，即可实现图层顺序的调整；

方法二：使用“图层”→“排列”菜单命令，在其后的子菜单中选择“改变图层顺序”。

(8) 添加图层样式。

使用“图层”→“图层样式”→“混合选项”菜单命令，在弹出的“图层样式”对话框中进行样式设置。图层样式主要有以下几种。

① 阴影效果。

阴影效果分为投影和内阴影两种。投影将在图层上的对象、文本或形状后面添加阴影效果；内阴影将在对象、文本或形状的内边缘添加阴影，让图层产生一种凹陷外观，内阴影效果对文本对象效果更佳。

② 发光效果。

发光效果包括外发光和内发光两种。外发光样式能够使图像外部边缘产生光照效果；内发光样式可使图像内部边缘产生发光效果。

③ 描边效果。

用户可以通过设置描边的大小、位置、模式和不透明度来调节描边效果，使图像和文字变得更加美观。

3. 文字操作

（1）创建文字层。

通过“横排/直排”文字工具，用户可建立横排/竖排文本，并创建一个单独的文本层；通过“横排/直排”文字蒙版，可制作文字形状的选区，但是不创建文字图层；通过“创建变形文本”，可制作如扭曲、透视、旗帜、鱼眼等变形效果。

（2）编辑文字格式。

① 设置字符格式，用户可通过使用“窗口”→“字符”菜单命令，对行距和字距等格式进行设置。

② 设置段落格式，用户可通过使用“字符”面板上的“段落”标签，打开“段落”面板进行段落格式方面的设置。

（六）路径的概念及其绘制

1. 路径

路径是由线条及其包围的区域组成的图形，分为开放路径和闭合路径两种。

2. 绘制路径

（1）钢笔工具创建路径，钢笔工具可创建精确的直线和平滑流畅的曲线路径。

（2）绘制形状路径，使用矩形工具、圆角矩形工具、椭圆工具和自定义形状工具可绘制形状路径。

（七）滤镜的使用

1. 关于滤镜

滤镜主要是用来实现图像的各种特殊效果的。它在 Photoshop 中具有非常神奇的作用，可用于调节光线、修改色调等。滤镜可以轻松地改变图像的色彩和形状，这极大地丰富了处理图像效果的手段。

2. Photoshop 中滤镜的分类及效果

用户可通过单击“滤镜”菜单命令，在下拉列表中选择滤镜类型进行效果编辑。Photoshop 中常用滤镜及其作用如表 3.4 所示。

表 3.4 Photoshop 中常用滤镜及其作用

常用滤镜	作用
扭曲	可以使图像实现各种扭曲的效果
像素化	可将图像转换成平面色块组成的图案
杂色	可为图像添加杂色，让图像粗糙化
模糊	可模拟各种镜头景深产生的模糊效果
锐化	可使图像产生锐化边缘的效果
风格化	可对图像边缘进行特殊效果的处理

第三节　动画制作

一、Flash 动画概述

Flash 是 Macromedia 公司出品的一款多媒体矢量动画软件。作为一种创作工具，设计人员和开发人员可以使用它来创建演示文稿、应用程序和其他允许用户交互的内容。它包含简单的动画、视频内容、复杂演示文稿和应用程序，以及介于它们之间的任何内容。

Flash 采用矢量图格式，支持多种文件导入，可以导入音频、视频，使用流式下载，Flash 具有交互性强、平台支持广泛、文件数据量小、以插件方式工作等特点。Flash 动画的制作原理是在时间轴的不同帧上放置不同的对象或设置同一对象的不同属性，如形状、位置、大小、颜色和透明度等，当播放指针在这些帧之间移动时，便形成了动画。

（一） Flash 动画的分类

Flash 动画一般分为三种，即逐帧动画、动作补间动画、形状补间动画。逐帧动画就像电影院放电影，每秒钟播放固定的胶片数，每张胶片都单独制作，最后连在一起播放，达到动画效果。动作补间动画通过设置首尾两个关键帧的对象属性，让系统自动生成中间的“补间”。形状补间动画可以使整个对象的形状都以动画的方式发生变化。

（二） Flash 常用动作命令

Flash 常用动作命令有以下几种。

1. 在当前帧停止播放

```
on(release){
stop();
}
```

2. 从当前帧开始播放

```
on(release){
play();
}
```

3. 跳到第 10 帧，并且从第 10 帧开始播放

```
on (release){
gotoAndPlay(10);
}
```

4. 跳到第 15 帧，并且停止在该帧

```
on (release){
gotoAndStop(15);
}
```

5. 跳到下一个场景，并且继续播放

```
on (release){
NextScene(N);
Play();
}
```

6. 跳到上一个场景，并且继续播放

```
on (release){
prevScene();
Play();
}
```

7. 跳到指定的某个场景，并且开始播放

```
on (release){
gotoAndPlay("场景名",1);
}
```

8. 播放器窗口全屏显示

```
on (release){
fscommand("fullscreen",true);
}
```

9. 取消播放器窗口的全屏

```
on (release){
fscommand("fullscreen",false);
}
```

10. 播放的画面，随播放器窗口大小的改变而改变

```
on (release){
fscommand("allowscale",true);
}
```

11. 播放的画面，不论播放器窗口有多大，都保持原尺寸不变

```
on (release){
fscommand("allowscale",false);
}
```

二、Flash 动画的相关概念

1. 图形

图形是组成 Flash 动画的基本元素。制作动画时，用户可利用 Flash 工具箱提供的工具绘制出动画需要的任何图形。

2. 元件

元件是指可以在动画场景中反复使用的一种动画元素。它可以是一个图形，也可以是一个小动画或者是一个按钮。

3. 图层

图层就像好多透明的纸，在舞台上一层层地向上叠加。图层用以帮助用户组织文档中的插图，用户可以在图层上绘制和编辑对象，而不会影响其他图层上的对象。如果一个图层上没有内容，那么就可以透过它看到下面的图层。

4. 舞台

舞台是编辑动画的窗口，也就是文件窗口，用户可以在上面作图或编辑图像，也可以测试播放动画。

5. 时间轴

时间轴是安排并控制帧的排列及将复杂动作组合起来的窗口。时间轴上最主要的部分是帧、层和播放指针。

6. 帧

帧是时间轴上的一个小格，是舞台内容中的一个片段。帧分为关键帧、空白关键帧和普通帧三种类型。关键帧是可以直接在舞台上编辑内容的帧，它可以记录动画内容发生根本性变化的画面，只有关键帧才能进行编辑；空白关键帧内没有内容，帧标识是空心小圆圈；普通帧的作用是延续关键帧上的内容。

真题测试 3.5

7. 帧频

每秒钟播放的帧数称为帧频，默认的帧频为 12 fps(每秒播放 12 帧)，一般认为这是网页上最合适的速度。

8. 分辨率

分辨率是衡量图像细节表现能力的一个尺度。Flash 中分辨率的设置决定了动画最后显示的区域大小。

9. 标尺单位

标尺单位是影片的尺寸单位，包括像素、英寸、磅、厘米、毫米等，其中像素是最常用的单位。

10. 库

库是用来存储和组织 Flash 中创建的各种元件的，还可以用于存储和组织导入的文件。

真题测试 3.6

本章知识结构

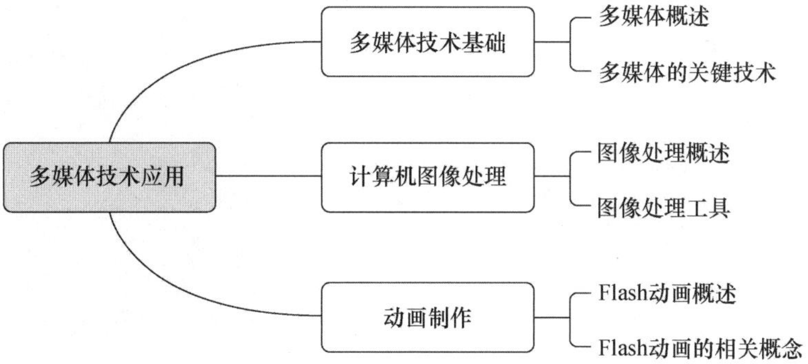

本章小结

（一）本章重难点

本章的重点是 Flash 和 Photoshop 软件的基本操作，难点是声音、视频和图像的存储空间的计算。

（二）学习时要注意的问题

本章的知识点非常基础，在学习时考生要注意了解多媒体技术应用的相关概念，如多媒体技术的概念；掌握常用的图像处理软件 Photoshop、动画制作软件 Flash 的基本操作。除此之外，考生还需要重点注意声音、视频和图像的存储空间的计算方法。

备考指南

本章分为三节，分别介绍了多媒体技术基础、计算机图像处理、动画制作。本章在考试中多以单项选择题的形式出现，有时会涉及简答题和案例分析题。学习时应多进行实践，掌握软件的基本操作。在备考时考生要多注意计算题，在考试中计算题是易失分处，需要考生在掌握的基础上多加练习。

自测训练

一、单项选择题

1. 下列关于多媒体技术的描述正确的是（　　）。
   A. 多媒体技术只能处理声音和文字
   B. 多媒体技术不能处理动画
   C. 多媒体技术就是计算机综合处理音频、视频、图像和文字等信息的技术
   D. 多媒体技术就是制作视频的技术
2. 一段 10 秒钟的非压缩黑白视频（只有黑白两色），每秒钟播放 25 帧，画面的像素为 800×600，则这段视频所占的存储空间约为（　　）。
   A. 8 MB　　B. 14 MB　　C. 96 MB　　D. 160 MB
3. 使用 Photoshop CS5 处理图片时，图层面板如图 3.2 所示，从左图到右图所执行的操作是（　　）。

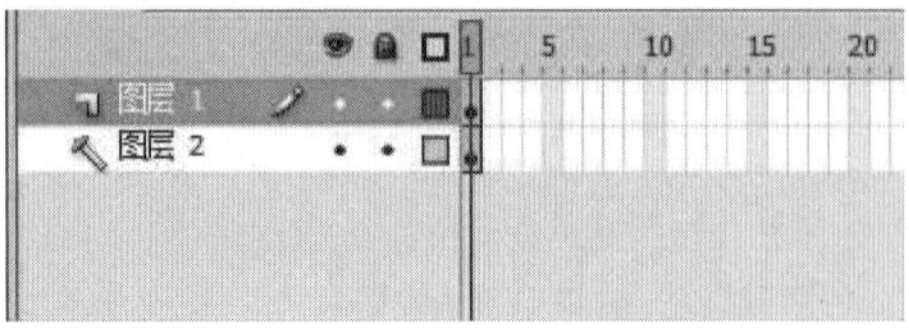

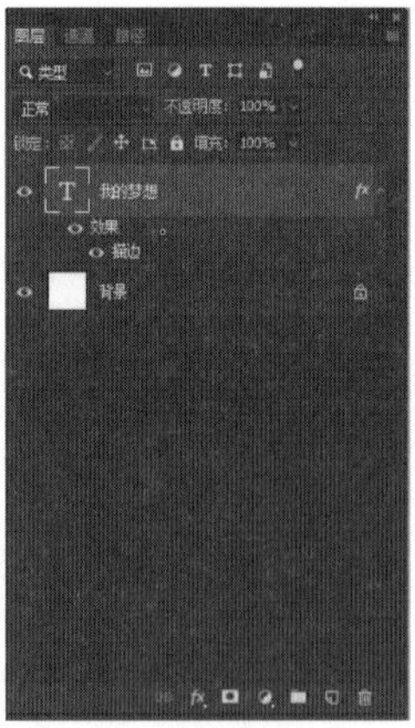

图 3.2　Photoshop CS5 处理图片图层面板截图

A. 向下合并　　　　B. 图层编组

C. 拼合图像　　　　D. 合并可见图层

4. 图 3.3 所示为某 Flash 作品的时间轴,完整播放当前场景需要的时间约为(　　)。

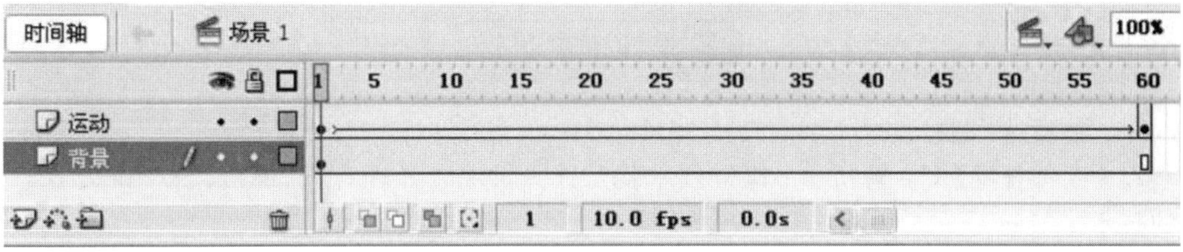

图 3.3　某 Flash 作品的时间轴

A. 6s　　B. 10s　　C. 12s　　D. 60s

5. 某 Flash 动画的部分编辑界面如图 3.4 所示,如果将帧频改为 5 fps,则播放完该动画内容需要的时间为(　　)。

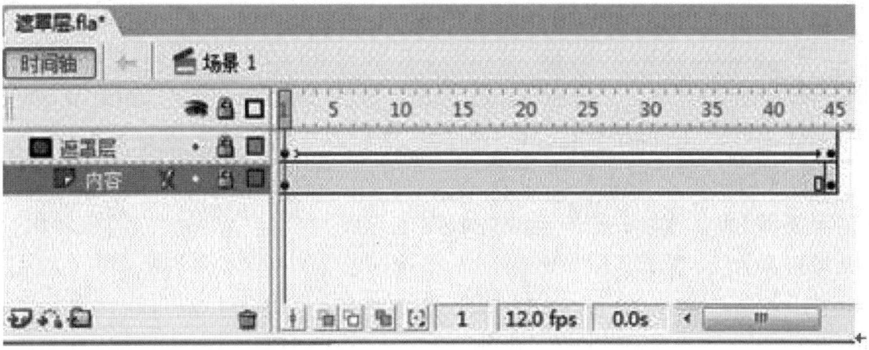

图 3.4　某 Flash 动画的部分编辑界面

A. 0.8 秒　　B. 9 秒　　C. 10 秒　　D. 12 秒

6. 位图与矢量图比较,可以看出(　　)。

A. 位图比矢量图占用空间小

B. 位图比矢量图占用空间更多

C. 位图比矢量图色彩单调

D. 位图比矢量图占用空间更少

7. 一张容量为 640 MB 的光盘,可以存储(　　)张分辨率为 1024×768(单位: 像素)的真色彩(24 位)相片。

A. 568　　B. 1137　　C. 284　　D. 以上都不是

8. 以下哪种不是图像文件格式(　　)。

A. BMP　　B. JPG　　C. GIF　　D. MPG

9. 下列采集的波形声音中质量最好的是(　　)。

A. 单声道、8 位量化、22.05 kHz 采样频率

B. 双声道、8 位量化、44.1 kHz 采样频率

C. 单声道、16 位量化、22.05 kHz 采样频率

D. 双声道、16 位量化、44.1 kHz 采样频率

10. 5 分钟双声道、16 位采样位数、44.1 kHz 采样频率声音的不压缩数据量是（　　）。
A. 50.47 MB　　B. 52.92 MB　　C. 201.87 MB　　D. 25.23 MB

参考答案及解析

一、单项选择题

1.【参考答案】C。解析：多媒体技术就是计算机综合处理音频、视频、图像和文字等信息的技术。故选 C。

2.【参考答案】B。解析：本题中视频为黑白视频，其色彩位数为 1。根据公式：视频文件存储容量(B)＝(画面尺寸×色彩位数×帧频×时间)/8＝800×600×1×25×10/8＝15000000B≈14 MB，大约为 14 MB。故选 B。

3.【参考答案】D。解析：从左图可知，图层 D 和图层 B 是不可见图层，图层 E、C、A 和背景层是可见图层，从左图到右图，可见图层上的内容合并到了一起，所以进行的操作是合并可见图层。故选 D。

4.【参考答案】A。解析：本题考查的是 Flash 帧频的概念。屏幕下方 10.0 fps 即为帧频。帧频为 10 fps，即每秒播放 10 帧，时间轴上一共是 60 帧，所以播放该场景需要的时间为 6 秒。故选 A。

5.【参考答案】B。解析：由图可知，该动画共有 45 帧，如果将帧频改为 5 fps，即每秒播放 5 帧，播放完该动画内容需要的时间为 45/5＝9 秒。故选 B。

6.【参考答案】B。解析：位图能较好表现色彩浓度与层次，占用空间也较大。故选 B。

7.【参考答案】C。解析：图像数据量＝图像的总像素×图像深度/8(B)，所以一张相片的文件大小为 1024×768×24/8＝2.25 MB，容量为 640 MB 的光盘可以储存这种相片的数量为 640/2.25≈284 张。故选 C。

8.【参考答案】D。解析：MPG 是视频文件格式。故选 D。

9.【参考答案】D。解析：双声道比单声道音质更好；采样频率越高、音质越好；位数越高，量化精度越高，音质就越好。故选 D。

10.【参考答案】B。解析：未经压缩的数字音频数据传输率可按“数据传输串(b/s)＝采样频率(Hz)×量化位数(b)×声道数”计算，总数据量与数据传输率的关系为：总数据量(B)＝数据传输串(b/s)×持续时间(s)/8。计算可得：数据传输率＝44.1×16×2＝1411.2 KB/s，总数据量＝1411.2×5×60/8＝52920 KB≈51.68 MB。故选 B。

第四章　网络基础知识与应用

考纲内容

本章内容属于信息技术学科专业知识，在考纲中要求如下：

1. 了解信息技术发展史及国内外的发展动态，掌握与初中信息技术相关的基础知识和基本理论；

2. 掌握与信息活动相关的法律法规、伦理道德；

3. 掌握信息技术学科的基本理论和基本方法，并能用于分析和解决相关问题。

考纲解读

网络基础知识与应用是初中信息技术重要的一部分内容，考纲要求考生掌握网络基础知识，并能够用其分析和解决相关问题。考生须准确掌握的基本知识与技能包括：计算机网络的基础知识、网络传输介质与互联设备、网站设计基础知识、因特网的应用。

第一节　计算机网络基础知识

一、计算机网络概述

（一）计算机网络的定义

计算机网络是指将地理位置不同的、具有独立功能的多台计算机及其外部设备，通过通信线路连接起来，在网络操作系统、网络管理软件及网络通信协议的管理和协调下，实现资源共享和信息传递的计算机系统。

（二）计算机网络的发展历史

我们可以把计算机网络的发展分为以下四个阶段。

第一代：面向终端的计算机网络。

第二代：计算机通信网络。

第三代：计算机互联网络。

第四代：宽带综合业务数字网（信息高速公路）。

（三）计算机网络的功能

计算机网络的功能主要包括以下几个方面。

(1) 实现计算机系统的资源共享，这是计算机网络最基本的功能之一。

(2) 实现数据信息的快速传递，计算机网络是现代通信技术与计算机技术结合的产物。

(3) 多点备份，提高可靠性。

(4) 提供负载均衡与分布式处理能力，在全球多个地方放置相同内容的服务器，就近访问。

(5) 便于集中管理，如银行等行业业务通过集中管理和信息处理，把业务分散到不同的营业网点。

(6) 提供综合信息服务。

（四）计算机网络的应用

计算机网络由于其强大的功能，已成为现代信息业的重要支柱，被广泛地应用于现代生产和生活的各个领域。

(1) 办公自动化，如同一单位的计算机、数字复印机、数字打印机等联成网络。

(2) 管理信息系统，如企业内的计划统计、劳动人事、生产管理、财务管理等。

(3) 过程控制，如工厂各生产车间的生产过程和自动化控制等。

(4) 因特网应用，如电子邮件 E-mail、信息发布 WWW、电子商务 E-Commerce、远程音频与视频应用等。

（五）计算机网络的特点

计算机网络主要具有以下几个特点。

(1) 可靠性：某子系统出现故障时，可由网内其他子系统代为处理。

(2) 独立性：网络系统中各相连的计算机系统各自既相互联系又相互独立。

(3) 可扩充性：用户可以很灵活地在网络中接入新的计算机系统。

(4) 高效性：网络信息传递迅速，系统实时性强，采用分布式操作。

(5) 分布性：计算机网络能将分布在不同位置的计算机进行互联，实行分布式处理。

(6) 易操作性：大多数用户感到使用方便，操作简单。

（六）计算机网络的分类

按照不同的标准，计算机网络可以分为不同的种类。

1. 根据覆盖范围不同进行划分

根据覆盖的范围不同，计算机网络可分为局域网（Local Area Network，LAN）、城域网（Metropolitan Area Network，MAN）、广域网（Wide Area Network，WAN），这也是最普遍的分类方式，具体如表 4.1 所示。

表 4.1　计算机网络按覆盖范围进行的分类

分类	具体描述
局域网	主要是将个人或者组织中的计算机连接起来形成的网络，如家庭网络、企业内部网络、校园网等，其目的是为了资源共享、交换信息等
城域网	一般是指在一个城市范围内所建立的计算机通信网。城域网是为整个城市服务的，而不是为某个特定的部门服务的
广域网	它所覆盖的范围更大，是一个更大的城域网，通常是一个国家、一个洲，甚至横跨几个洲

2. 根据使用范围和用途的不同进行划分

根据使用范围和用途不同，计算机网络可以分为校园网、企业网、公用网、专用网以及内联网和外联网等，如表 4.2 所示。

表 4.2　计算机网络按适用范围和用途进行的分类

分类	具体描述
校园网	大多由多个局域网加上相应的交换和管理中心组成，主要用于校园内外师生们进行教学科研时的信息交流与共享
企业网	主要指企业进行销售、制造过程控制以及人事、财务管理的各种局域网和广域网的组合
公用网	一般由政府或相应的商业机构出资建造，为大众或各种组织机构提供网络服务的网络
专用网	指某个行业或公司为本部门工作需要所建设的专用网络，这些网络要么具有自己的网络体系结构，要么虽采用 Internet 体系结构，但不和其他的计算机网络连接
内联网	一般针对企业网而言，主要指采用 Internet 技术，具有自己的 WWW 服务器和安全防护系统，但仅服务企业内部，不和 Internet 直接连接的计算机网络
外联网	一般针对企业网而言，主要指那些既采用 Internet 技术，又有自己的 WWW 服务器，同时又将该网络扩展连接到与自己相关的其他企业的网络上，但不和 Internet 直接连接的计算机网络

其中，内联网和外联网与 Internet 连接时，都要经过相应的防火墙措施和访问认证。因此，安全是内联网或外联网所关心的重要问题之一。

除此之外，根据传输介质不同，计算机网络还可以分为有线计算机网络和无线计算机网络；按照传输技术不同，计算机网络又可以分为广播式网络和点对点式网络。

二、计算机网络的组成与拓扑结构

（一）计算机网络的组成

一个完整的计算机网络一般由计算机网络硬件系统和计算机网络软件系统组成，具体包括终端计算机、网络设备、传输介质、网络通信软件、网络设备软件。

1. 终端计算机

终端计算机不仅包括网络节点中存在的物理计算机主机，也包括虚拟的主机终端。例如，用虚拟软件模拟的多台独立计算机系统组成的一个虚拟的计算机网络，同样可以实现物理计算机网络中所能实现的功能。

2. 网络设备

网络设备是计算机网络的骨架，是搭建计算机网络系统的拓扑结构所必须要用到的设备。终端计算机也是一种网络设备。但这里的网络设备指的是交换机、路由器、硬件防火墙、网卡、集中接入服务器、UPS 等。

3. 传输介质

传输介质，即网络通信中的“路”，这条路，既可以是有形的，比如网线、电缆、光纤，也可以是无形的，比如无线传输。

4. 网络通信软件

网络通信软件指的是安装在终端计算机中的软件，主要包括操作系统软件（如 Window 系列、Linux 系列、Unix 系列）和网络应用软件（常见的有即时通信软件，如 QQ，邮件软件及浏览器等）。

5. 网络设备软件

网络设备要想起到通信连接作用的话，就必须安装具有相应功能的网络设备软件，比如路由器里的配置程序就是网络设备软件。

此外，从拓扑结构看，计算机网络是由若干网络节点和连接这些网络节点的通信链路构成的。因此，从逻辑功能上我们可以把计算机网络分为两个子网：用户资源子网和通信子网。其中，用户资源子网是网络中实现资源共享功能的设备及其软件的组合，通信子网是网络中实现网络通信功能的设备及其软件的组合。

（二）计算机网络的拓扑结构

计算机网络的拓扑结构主要有总线型、星型、环型、树型、网状五种。

1. 总线型网络拓扑结构

总线型网络拓扑结构采用一个信道作为传输媒体，所有站点都通过相应的硬件接口直接连到这一公共传输媒体上，该公共传输媒体即为总线。任何一个站点发送的信号都沿着总线传播，而且能被所有其他站点所接收。总线型网络拓扑结构如图 4.1 所示。

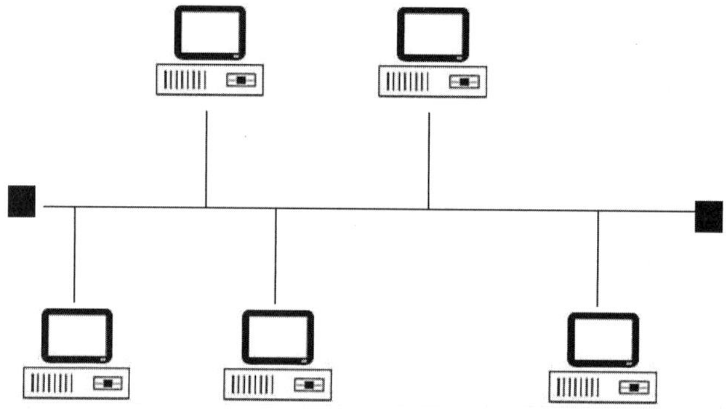

图 4.1　总线型网络拓扑结构

总线型网络拓扑结构的优点是：① 所需电缆数量少，线缆长度短，易于布线和维护；② 总线结构简单，有较高的可靠性；③ 传输速率高，可达 1～100 Mbps；④ 易于扩充，增加或减少用户比较方便；⑤ 多个节点共用一条传输信道，信道利用率高。

总线型网络拓扑结构的缺点是：① 总线的传输距离有限，通信范围受到限制；② 故障诊断和隔离较困难；③ 分布式协议不能保证信息的及时传送，不具有实时功能；④ 站点必须是智能的，要有媒体访问控制功能，从而增加了站点的硬件和软件开销。

2. 星型网络拓扑结构

星型网络拓扑结构由中央节点和通过点到点通信链路接到中央节点的各个站点组成。在星型网络拓扑结构中，中央节点执行集中式通信控制策略，因此，中央节点相当复杂，而其他各个站点的通信处理负担却都很小，星型网络拓扑结构如图 4.2 所示，它是目前应用最广泛的一种网络拓扑结构。

星型网络拓扑结构的优点是：① 结构简单，连接方便，管理和维护都相对容易，而且扩展性强；② 网络延迟时间较短，传输误差小；③ 在同一网段内支持多种传输介质，除非中央节点出现故障，否则网络不会轻易瘫痪；④ 每个节点直接连到中央节点，容易检测和隔离故障，可以很方便地排除有故障的节点。

星型网络拓扑结构的缺点是：① 安装和维护的费用较高；② 共享资源的能力较差；

③ 一条通信线路只被该线路上的中央节点和边缘节点使用，通信线路利用率不高；④ 对中央节点要求相当高，一旦中央节点出现故障，则整个网络将瘫痪。

真题测试 4.1

真题测试 4.2

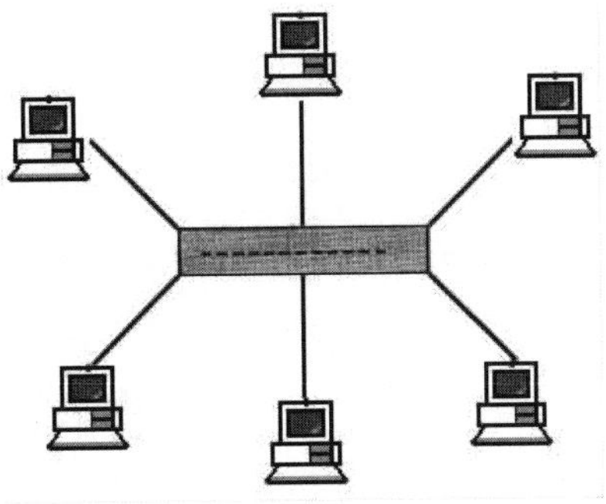

图 4.2 星型拓扑结构图

3. 环型网络拓扑结构

环型网络拓扑结构的各节点通过环路接口连在一条首尾相连的闭合环形通信线路中，环路上任何节点均可以请求发送信息。请求一旦被批准，便可以向环路发送信息。环型网络拓扑结构中的数据可以单向传输，也可以双向传输。环型网络拓扑结构如图 4.3 所示。

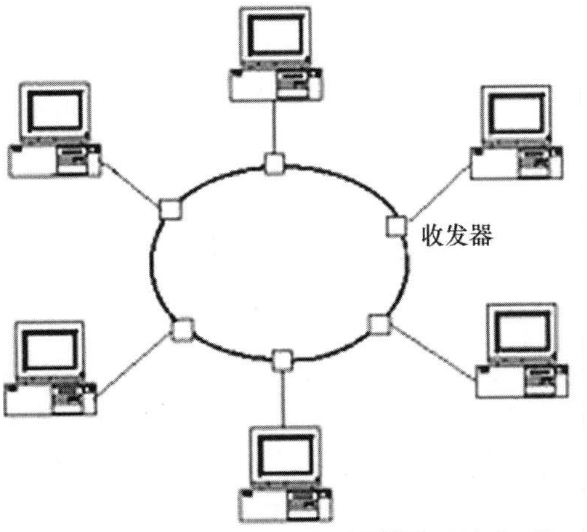

图 4.3 环型网络拓扑结构

环型网络拓扑结构的优点是：① 电缆长度短，环型网络拓扑结构所需的电缆长度和总线型网络拓扑结构相似，但比星型网络拓扑结构要短得多；② 增加或减少工作站时，仅需简单的连接操作；③ 可使用光纤，光纤的传输速率很高，十分适合于环型网络拓扑结构的单方向传输。

环型网络拓扑结构的缺点是：① 某节点的故障会引起全网故障；② 故障检测困难；③ 媒体访问控制协议都采用令牌传递的方式，在负载很轻时，信道利用率相对来说比较低。

4. 树型网络拓扑结构

树型网络拓扑结构一般被认为是由多级星型网络拓扑结构组成的，只不过这种多级星型网络拓扑结构是自上而下呈三角形分布的。它采用分级的集中控制方式，其传输介质可有多条分支，但不形成闭合回路，每条通信线路都必须支持双向传输。树型网络拓扑结构如图 4.4 所示。

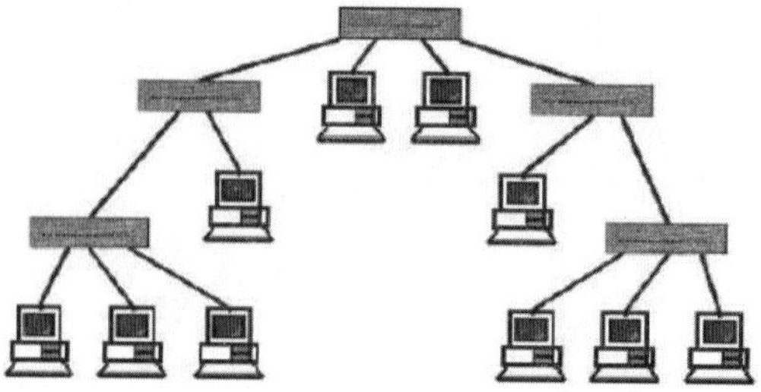

图 4.4　树型网络拓扑结构

树型网络拓扑结构的优点是：① 易于扩展；② 出现故障时较易隔离，即如果某一分支的节点或线路发生故障，很容易将故障分支与整个系统隔离开来。

树型网络拓扑结构的缺点是：各个节点对根节点的依赖性太大，如果根节点发生故障，则全网不能正常工作。从这一点来看，树型网络拓扑结构的可靠性有点类似于星型网络拓扑结构。

5. 网状网络拓扑结构

网状网络拓扑结构节点之间有许多条路径相连，可以为数据流的传输选择适当的路由，从而绕过失效的部件或过忙的节点。这种结构虽然比较复杂，成本也比较高，提供上述功能的网络协议也较复杂，但由于它的可靠性高，仍然受到用户的欢迎。网状网络拓扑结构如图 4.5 所示。

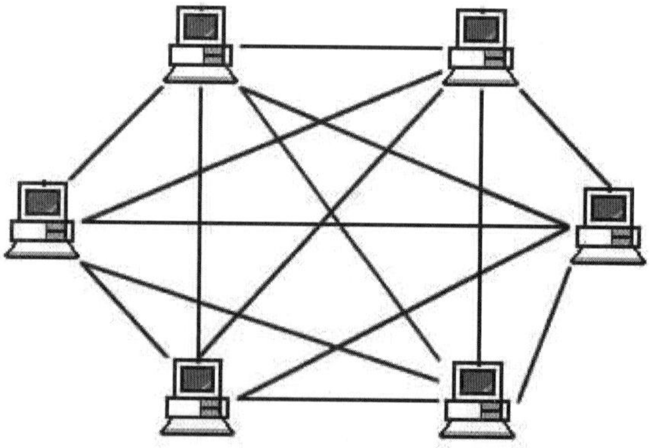

图 4.5　网状网络拓扑结构

网状网络拓扑结构的优点是：① 节点间路径多，碰撞和阻塞减少；② 局部故障不影响整个网络，可靠性高。

网状网络拓扑结构的缺点是：① 网络关系复杂，建网较难，不易扩充；② 网络控制机制复杂，必须采用路由算法和流量控制机制。

三、计算机网络体系结构

网络体系结构是从体系结构的角度来研究和设计计算机网络体系的，其核心是网络系统的逻辑结构和功能分配定义，即描述实现不同计算机系统之间互联和通信的方法和结构，是层和协议的集合。

（一）网络的体系结构和协议

代表现代计算机网络的计算机网络体系结构是按照结构化方式进行设计的，分层次定义了网络通信功能，制定了各层的通信协议标准。每一层都建立在它的下层之上（除了最低层）。每一层次在逻辑上相互独立，且都具有特定的功能。不同的网络体系结构，其层次的数量，各层的名字、内容和功能都不一样。然而，在所有的计算机网络体系结构中，每一层的目的都是向上一层提供一定的服务。

这种层次模型摈弃了传统的面向传输硬件的网络概念，非常适用于以业务为基础的现代网络。它使传送网成为一个独立于业务和应用的灵活、可靠和低成本的基础网，专门用于信息流的传送。而在此基础平台之上又可以组建各种各样的业务网，以适应各式各样的业务和应用需要。

计算机网络上的数据通信发生在不同系统的实体之间。实体是指能发送和接收信息的任何东西，如用户应用程序、进程、浏览器、电子邮件软件等。系统则是指一个物理意义的物体，可以是计算机、终端设备、网络设备等。系统中可以存在一个或多个实体。两个实体要成功地交换信息就必须具有同样的语言。交换什么、怎样交换及何时交换，都必须遵从互相都能接受的一些规则，我们把这些规则的集合称为协议。

网络协议由语义、语法和时序三个要素组成。

1. 语义

语义用来解释控制信息每个部分的意义。它规定了需要发出何种控制信息，以及完成的动作与做出什么样的响应。

2. 语法

语法是用户数据与控制信息的结构与格式，以及数据出现的顺序。

3. 时序

时序是对事件发生顺序的详细说明（也可称为“同步”）。

人们形象地把这三个要素描述为：语义表示要做什么，语法表示要怎么做，时序表示做的顺序。

（二）OSI 参考模型

国际标准化组织（International Organization for Standardization，ISO）于 1981 年正式提出了一个试图使各种计算机在世界范围内互连为网络的系统结构的参考模型——开放式通信系统互联（Open System Interconnection，OSI）参考模型。这个模型的建立，大大推动了网络通信的发展。

OSI 参考模型采用分层结构化技术，将整个网络按照功能划分为七层，由低到高分别是物理层、数据链路层、网络层、传输层、会话层、表示层和应用层，如图 4.6 所示。

1. 物理层

在 OSI 参考模型中，物理层是最底层，它要尽可能屏蔽物理设备、传输媒体和通信手段的不同，使其上面的数据链路层不必考虑网络的具体传输介质是什么。物理层的实质是把二进制转换成电流，把电流转换成二进制。与物理层有关的设备是中继器。物理层的协议由底层网络定义。

物理层的传输介质主要有双绞线、同轴电缆、光纤和无线信道等。

分层	功能
应用层	网络服务与最终用户的一个接口
表示层	数据的表示、安全、压缩
会话层	建立、管理、中止会话
传输层	定义传输数据的协议端口号，以及流控和差错校验
网络层	进行逻辑地址寻址，实现不同网络之间的路径选择
数据链路层	建立逻辑连接、进行硬件地址寻址，差错校验等
物理层	建立、维护、断开物理连接

图 4.6　OSI 参考模型各层次及其功能说明

2. 数据链路层

数据链路层是 OSI 参考模型的第二层，负责建立和管理节点间的链路，无差错地传输以帧为单位的数据和进行流量控制。数据链路层包括两个方面：数据传输的物理线路、控制数据传输的协议及其硬件条件。帧为数据链路层的协议数据单元。数据链路层接收来自物理层的位流形式的数据，并封装成帧，传送到上面的网络层；将来自网络层的数据帧，拆装为位流形式的数据转发到物理层。数据链路层的协议也是由底层网络定义的。

3. 网络层

网络层是 OSI 参考模型的第三层，是 OSI 参考模型中最复杂的一层，也是通信子网的最高一层。它在下面两层的基础上向资源子网提供服务。网络层通过路由选择算法，为报文或分组通过通信子网选择最适当的路径。

与网络层有关的设备是路由器。

4. 传输层

传输层是 OSI 参考模型的第四层，是通信子网和资源子网的接口和桥梁，起到承上启下的作用。传输层向上面的应用层提供服务，它面向通信部分的最高层，同时也是用户功能中的最底层。传输层把从下层接收的数据进行分段和传输，到达目的地址后再进行重组。

5. 会话层

会话层是 OSI 参考模型的第五层，是用户应用程序和网络之间的接口，主要功能是组织和协调两个会话进程之间的通信，并对数据交换进行管理。

6. 表示层

表示层是 OSI 参考模型的第六层，它对来自应用层的命令和数据进行解释，对各种语法赋予相应的含义，并按照一定的格式传送给会话层。表示层负责处理用户信息的表示问题，确保一个系统的应用层所发送的信息可以被另一个系统的应用层读取。

7. 应用层

应用层是 OSI 参考模型的最高层，它是计算机用户以及各种应用程序和网络之间的接口。应用层直接向用户提供服务，完成用户希望在网络上完成的各种工作，是 OSI 参考模型中最靠近用户的一层。应用层的协议有 HTTP、FTP、TFTP、SMTP、SNMP、DNS、Telnet、HTTPS、POP3、DHCP。

真题测试 4.3—4.4

（三）TCP/IP 参考模型

TCP/IP 协议是为了使接入互联网的各种网络、不同设备之间能够进行正常的数据通信，而预先指定的一组大家共同遵守的格式和约定。TCP/IP 是由美国国防部高级研究计划局开发，在ARPAnet上采用的一个协议。后来随着ARPAnet发展成为Internet，TCP/IP也就成了事实上的工业标准。TCP/IP包括了TCP、IP、UDP、ICMP、RIP、Telnet、FTP、SMTP、ARP等许多协议，对互联网中主机寻址方式、主机的命名机制、信息的传输规则，以及各种各样的服务功能做了详细约定。TCP/IP参考模型分为四层，由下至上分别是网络接口层、网络层、传输层和应用层。它与OSI的七层模型相对应，TCP/IP参考模型和OSI参考模型的对比如图4.7所示。

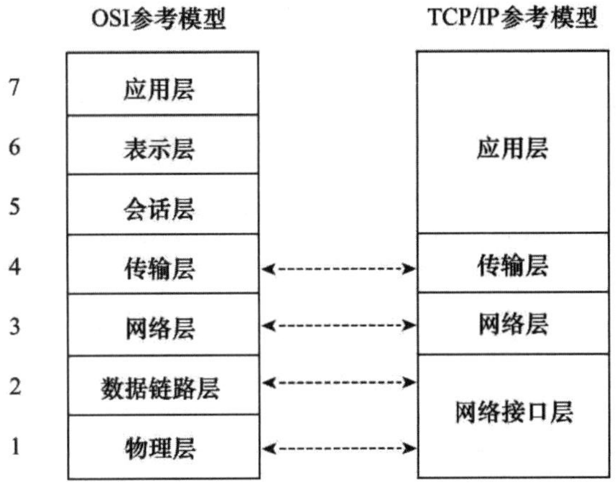

图4.7 OSI参考模型和TCP/IP参考模型的对比

1. 网络接口层

网络接口层也称链路层或数据链路层，通常包括操作系统中的设备驱动程序和计算机中对应的网络接口卡。它们一起处理与电缆(或其他任何传输媒介)的物理接口细节。ARP(地址解析协议)和RARP(逆地址解析协议)是某些网络接口(如以太网和令牌环网)使用的特殊协议。

2. 网络层

网络层也称互联网层，用来处理分组在网络中的活动，如分组的选路。在TCP/IP协议组中，网络层协议包括IP协议、ICMP协议，以及IGMP协议。IP协议是一种网络层协议，提供的是一种不可靠的服务，它只是尽可能快地把分组从源节点送到目的节点，但是并不提供任何可靠性保证，同时被TCP和UDP使用。

3. 传输层

传输层对上层应用层，提供处于网络连接中的两台计算机之间的数据传输节，即主要为两台主机上的应用程序提供端到端的通信。在TCP/IP协议组中，有两个互不相同的传输协议：TCP(传输控制协议)和UDP(用户数据报协议)。

TCP为两台主机提供高可靠性的数据通信。它所做的工作包括把应用程序交给它的数据分成合适的小块交给下面的网络层，确认接收到的分组，设置发送最后确认分组的超时时钟等。由于传输层提供了高可靠性的端到端的通信，因此，应用层可以忽略所有这些细节。为了提供可靠的服务，TCP采用了超时重传、发送和接收端到端的确认分组等机制。

UDP则为应用层提供一种非常简单的服务。它只是把称作数据报的分组从一台主机发送到另一台主机，但并不保证该数据报能到达另一端。一个数据报是指从发送方传输到接收方的一个信息单元(如发送方指定的一定字节数的信息)。UDP协议任何必需的可靠性都必须由应用层来提供。

真题测试 4.5

真题测试 4.6

4. 应用层

应用层决定了向用户提供应用服务时通信的活动，负责处理特定的应用程序细节。TCP/IP 协议组内预存了各类通用的应用服务。比如，FTP（文件传输协议）和 DNS（域名系统）服务就是其中两类，HTTP 协议也处于该层。

四、IP 地址

（一）IP 地址

因特网的地址是按名字来描述的，这种地址方式易于理解和记忆。为了使连入因特网的众多主机在通信时能够相互识别，人们用 IP 地址来唯一标识因特网中的主机地址。

（二）IP 地址的格式

每个 IP 地址都由小于 256 的 4 个数字组成，数字之间用“.”分开。因特网的 IP 地址共有 32 位，4 个字节。它有两种表示格式：二进制格式和十进制格式。二进制格式是计算机所认识的格式，十进制格式主要是为了便于人们使用和掌握。例如，十进制 IP 地址 129.102.4.11 与二进制的 IP 地址 10000001.00100110.00000100.00001001 相同。一个域名只能对应一个 IP 地址，但是一个 IP 地址可以对应多个域名。域名容易记忆和使用，因此得到比较普遍的使用。当用户和 Internet 上的某台计算机交换信息时，只需要使用域名，网络则会自动将其转换成 IP 地址，找到对应的计算机。

每个 IP 地址都由两部分组成：网络号和主机号，如图 4.8 所示。根据网络号，我们可以确定一台计算机属于哪个网络；而根据主机号，我们则可以区分网络中不同的主机。

网络号	主机号

图 4.8　IP 地址的组成

（三）IP 地址的分类

IP 地址被划分成 A、B、C、D、E 五类，各类 IP 地址的分配方案如图 4.9 所示。

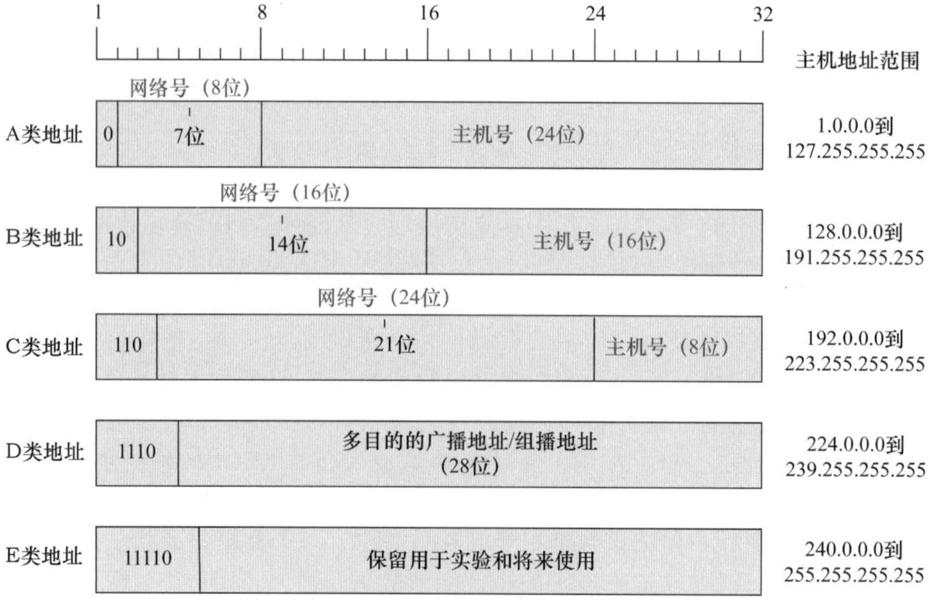

图 4.9　各类 IP 地址的分配方案

在A类地址中，网络地址占有1个字节(8位)，定义最高位为0来标识此类网络，余下的7位为真正的网络地址。后面3个字节(24位)为主机地址。A类地址第一个字节的十进制值为001～127，通常用于大型网络。

在B类地址中，网络地址占2个字节，使用最高两位“10”来标识此类地址，其余14位为真正的网络地址。主机地址占后面的2个字节(16位)。B类地址第一个字节的十进制值为128～191，通常用于中型网络。

在C类地址中，网络地址占3个字节，它是通用的Internet地址，使用最高三位“110”来标识此类地址，其余21位为真正的网络地址。主机地址占后面的1个字节(8位)。C类地址第一个字节的十进制值为192～223，通常用于小型网络。

D类地址是相当新的。它的识别头是1110，用于组播，例如，用于路由器修改。D类地址第一个字节的十进制值为224～239。

E类地址为实验保留，其标识头为1111。E类地址第一个字节的十进制值为240～255。

最常用的三种IP地址为A类、B类和C类，这三种IP地址都是单播地址。常用IP地址网络号和主机号的描述如表4.3所示。

表4.3　常用IP地址网络号和主机号的描述

类别	最大网络数	IP地址范围	最大主机数	私有IP地址范围
A类	126(2^7-2)	1.0.0.0～127.255.255.255	16777214	10.0.0.0～10.255.255.255
B类	16384(2^{14})	128.0.0.0～191.255.255.255	65534	172.16. 0.0～172.31.255.255
C类	2097152(2^{21})	192.0.0.0～223.255.255.255	254	192.168. 0.0～192.168.255.255

(四) 特殊IP地址

在Internet中，有以下几种IP地址的功能和作用比较特殊。

1. 网络地址

网络地址是主机号部分全为0的IP地址，用来识别网络中的所有主机。

2. 广播地址

广播地址是主机号部分全为1的IP地址，用来表示网络中的所有主机。

3. 0.0.0.0

这是网络号和主机号全为0的IP地址，除了路由器中被用作默认路由外，还代表主机本身。一般在没有取得IP地址的情况下，发出的IP数据报中源地址通常为0.0.0.0。

4. 受限广播

受限广播是网络号和主机号全为1的IP地址，即255.255.255.255，广播的范围被限制在所在的网络。

5. Loopback地址

Loopback地址是网络号为127的所有IP地址，主要用来测试TCP/IP。当IP报头的目的地址为Loopback地址时，IP数据报不会被发送到网络中去，而是被送给系统的Loopback驱动去处理。因此，可用的A类地址不包括127.0.0.0网段。

(五) 子网掩码

子网掩码又叫网络掩码、地址掩码、子网络遮罩，它用来指明一个IP地址的哪些位标识的是主机所在的子网，哪些位标识的是主机的位掩码。子网掩码不能单独存在，它必须结合IP地址一起使用。子网掩码可将IP地址划分成网络地址和主机地址两部分。

与IP地址类似，子网掩码也是由32位的二进制数组成，同样采用“点分十进制记法”。

子网掩码中的“1”表示其对应的 IP 地址中相应的位是网络号(包含子网号)，“0”表示其对应的 IP 地址中相应的位是主机号。一般情况下，子网掩码通常是由一串连续的 1 后面跟上一串连续的 0 组成。

通过子网掩码，人们可以方便地计算出一个 IP 地址所在网络的网络地址，图 4.10 所示是已知 IP 地址和子网掩码的情况下，计算网络地址的实例。可以看出，只需要将 IP 地址和子网掩码进行“位与”运算便可以得到对应的网络地址。

真题测试 4.7

IP 地址：202.120.88.166		11001010	01111000	01011000	10100110
子网掩码：255.255.255.192	位与	11111111	11111111	11111111	11000000
网络地址：202.120.88.128		11001010	01111000	01011000	10000000

图 4.10　网络地址计算实例

第二节　网络传输介质与互联设备

一、网络传输介质

网络传输介质是网络中发送方与接收方之间的物理通路，是网络中传输信息的载体。常用的网络传输介质有双绞线、同轴电缆、光导纤维和无线传输介质等。

（一）双绞线

双绞线由两根相互绝缘的导线组成，分屏蔽双绞线和无屏蔽双绞线两种。可以传输模拟信号，也可以传输数字信号，有效带宽达 250 kHz，通常传输距离一般为几到十几千米。双绞线一般用作电话线传输声音信号。虽然双绞线容易受到外部高额电磁波的干扰，误码率高，但因为其价格便宜，且安装方便，既适于点到点连接，又可用于多点连接，故仍被广泛应用。

（二）同轴电缆

同轴电缆分为基带同轴电缆和宽带同轴电缆两种，由于其具有高带宽、低误码率、高性价比等特点，所以常用于局域网中。同轴电缆的最大传输距离随电缆信号和传输信号的不同而不同，由于易受低频干扰，在使用时多将信号调制在高频载波上。

（三）光导纤维

光导纤维简称光纤，利用光的全反射原理传播光信号。其优点是：① 直径小、质量轻；② 传播频带宽、通信容量大；③ 抗雷电和电磁干扰性能好，无串音干扰、保密性好、误码率低。它的缺点是光电接口的价格较昂贵。光纤被广泛应用于电信系统铺设主干线。

（四）无线传输介质

无线传输是指在自由空间利用电磁波发送和接收信号的通信方式。地球上的大气层为大部分无线传播提供了通道，就是常说的无线传输介质。无线传输所使用的频段很广，人们现在已经利用了好几个波段进行通信。无线通信的方法有无线电波、微波、蓝牙和红外线等。

二、网络互联设备

（一）常见的网络互联设备概述

在计算机网络中，常见的网络互联设备主要包括中继器、集线器、交换机、路由器、防火墙、网关等。

（二）物理层互联设备

1. 中继器

中继器是在物理层上实现局域网网段互联的设备，负责连接各个电缆段，能对信号进行放大和整形，驱动长线电缆，起到在不同电缆段间复制信号的作用。严格来说，中继器不能算作网络互联设备，只是一种网段扩展设备。

中继器具有以下特点：

（1）不进行存储；

（2）不检查错误；

（3）不对信息进行任何过滤；

（4）可进行介质转换，如将 UTP 转换为光纤；

（5）用中继器连接的多个网段是一个冲突域。

2. 集线器

集线器是物理层设备，是对网络进行集中管理的最小单元，可对传输的电信号进行整形、放大，相当于是多个端口的中继器。

集线器除具有中继器以上几个特点外，还具有以下特点：

（1）可改变网络物理拓扑形式：总线连接→星型连接；

（2）逻辑上仍是一个总线型共享介质网络。

（三）数据链路层互联设备

1. 网桥

网桥属于数据链路层的设备，也叫桥接器，是一个局域网与另一个局域网之间建立连接的桥梁。网桥不仅能扩展网络的距离，而且还能提高网络的性能，具有不错的可靠性和安全性。

2. 交换机

交换机是一种具有简化、低价、高性能和高端口密集特点的交换产品。二层交换机属于数据链路层，可以识别数据包中的 MAC 地址信息，根据 MAC 地址进行转发，并将这些 MAC 地址与对应的端口记录在自己内部的一个地址表中。它不仅具备了集线器的功能，可以同时连接多个网络区段，又在功能上类似于网桥，可以对数据进行过滤，此外，还可以在多个端口间同时对话，发送和接收互不影响。

交换机具有以下特点：

（1）交换机通过内部的交换矩阵把网络划分为多个网段，每个端口为一个冲突域；

（2）交换机能够同时在多对端口间无冲突地交换帧。

（四）网络层互联设备

路由器在网络层工作，这意味着它可以在多个网络上交换和路由数据包。路由器通过在相对独立的网络中交换具体协议的信息来实现这个目标。比起网桥，路由器不但能过滤和分隔网络信息流，连接网络分支，还能访问数据包中更多的信息，并且可以提高数据包的传输效率。路由器主要具有以下功能：

真题测试
4.8

（1）在网络之间转发网络分组；

（2）为网络分组寻找最佳传输路径；

(3) 实现子网隔离，限制广播风暴；

(4) 提供逻辑地址，以识别互联网上的主机；

(5) 提供广域网服务。

用路由器连接起来的若干个网络，它们仍是各自独立的。要想从一个网络访问用路由器连接起来的另一个网络中的站点，必须指定该站点的逻辑地址，通过广播是无法与之进行通信的。

（五）应用层互联设备

网关又叫协议转换器，是应用层的设备。网关将协议进行转换，将数据重新分组，以便在两个不同类型的网络系统之间通信。由于协议转换是一件复杂的事，因此，一般来说，网关仅进行一对一转换或少数几种特定应用协议的转换。网关很难实现通用的协议转换。网关转换的应用协议主要有电子邮件协议、文件传输协议和远程工作站登录协议等。网关可以是本地的，也可以是远程的。

第三节　网站设计基础知识

一、网站基础知识

（一）相关概念

1. 网页

网页是构成网站的基本元素，是承载各种网站应用的平台。网页是一个包含 HTML 标签的纯文本文件，它可以存放在世界某个角落的某一台计算机中，是万维网中的一“页”，是超文本标记语言格式（标准通用标记语言的一个应用，文件扩展名为.html 或.htm）。网页要通过网页浏览器来阅读。

2. 网站

网站是指在因特网上根据一定的规则，使用 HTML（标准通用标记语言下的一个应用）等工具制作的用于展示特定内容的相关网页的集合。简单地说，网站是一种沟通工具，人们可以通过网站来发布自己想要公开的资讯，也可以利用网站来提供相关的网络服务。人们可以通过网页浏览器来访问网站，获取自己需要的资讯或者享受网络服务。目前，多数网站由域名、空间服务器、DNS 域名解析、网站程序、数据库等组成。

3. 首页

首页是一个网站的入口网页，故往往会被编辑得易于了解该网站，并能引导用户浏览网站其他部分的内容。首页上的内容一般被认为是一个目录性质的内容。大多数首页的文件名是 index、default、main 加上扩展名。

4. 超链接

超链接即超级链接，在本质上属于网页的一部分，它是一种允许我们同其他网页或站点进行链接的元素。

按照链接路径的不同，网页中的超链接一般分为三种类型：内部链接、锚点链接和外部链接。

按照使用对象的不同，网页中的超链接又可以分为文本超链接、图像超链接、E-mail 链接、锚点链接、多媒体文件链接、空链接等。

（二）静态网页与动态网页

1. 静态网页

静态网页有时也称平面页。静态网页是标准的 HTML 文件，它的扩展名是.htm 或.html，可以包含文本、图像、声音、动画、客户端脚本等。静态网页是实际存在的，无须经过服务器的编译，可直接加载到用户的浏览器上显示出来。静态网页是网站建设的基础，早期的网站一般都是由静态网页构成的。

静态网页一般具有以下几个特点。

(1) 静态网页每个网页都有一个固定的 URL，且网页的 URL 以 htm、html、shtml 等常见形式为后缀，而不含有“?”。

(2) 静态网页的内容都保存在网站服务器上，是实实在在保存在服务器上的文件，每个网页都是一个独立的文件。

(3) 静态网页的内容相对稳定，容易被搜索引擎检索。

(4) 静态网页没有数据库的支持，在网站制作和维护方面工作量较大。因此，当网站信息量很大时，完全依靠静态网页制作方式比较困难。

(5) 静态网页的交互性较差，在功能方面有较大的限制。

(6) 因为静态网页的页面浏览过程无须连接数据库，所以页面开启速度快于动态网页。

(7) 减轻了服务器的负担，也就降低了数据库的成本。

2. 动态网页

动态网页是跟静态网页相对的一种网页编程技术。静态网页随着 html 代码的生成，页面的内容和显示效果基本上就不会发生变化了，除非修改页面代码。而动态网页则不然，动态网页在页面代码不变的情况下，其显示的内容会随着时间、环境或者数据库操作的结果而发生改变。

动态网页一般具有以下几个特点。

(1) 动态网页一般以数据库技术为基础，可以大大降低网站维护的工作量。

(2) 采用动态网页技术的网站可以实现更多的功能，如用户注册、用户登录、在线调查、用户管理、订单管理等。

(3) 动态网页实际上并不是独立存在于服务器上的网页文件，只有当用户请求时服务器才返回一个完整的网页。

(4) 动态网页中的“?”对搜索引擎检索存在一定的问题，搜索引擎一般不可能从一个网站的数据库中访问全部网页，或者出于技术方面的考虑，搜索时不去抓取网址中“?”后面的内容。因此，采用动态网页技术的网站在进行搜索引擎推广时需要做一定的技术处理才能适应搜索引擎的要求。

区分动态网页和静态网页的基本方法：第一，看后缀名；第二，看是否能与服务器发生交互行为。

二、HTML

超文本标记语言(Hyper Text Markup Language，HTML)是为网页创建和其他可在网页浏览器中看到的信息设计的一种标记语言。HTML 文档是纯文本文档，可以使用任何文本编辑器或所见即所得的 HTML 编辑器来编辑。

（一）HTML 文本基本架构

HTML 利用标签来标识信息及相应的显示样式，由浏览器显示执行。一个标签称为一个元素，每个标签都用“< >”括起来，标签一般成对使用。HTML 文档的基本结构如下。

```
<html>文件开始
<head>标头区开始
<title> ...</title>标题区
</head>标头区结束
<body>文件本体区开始
文件本体区内容
</body>文件本体区结束
</html>文件结束
```

在 HTML 文档的基本结构中，每个标签都是有具体含义的。

（1）<html>：包含文档中的所有文本和 HTML 标签，表示该文档是用 HTML 语言编写的。

（2）<head>：是 HTML 文档的头部标签，该标签中的内容将显示在浏览器窗口页面栏中。

（3）<title>：标题区，文件标题需放在标题区内，该内容将在浏览器最上面显示。

（4）<body>：文件本体的标签，文件本体的内容就是在浏览器上看到的网站内容。

需要注意的是：

（1）一份 HTML 网页文件通常包括两部分：<head>...</head>文件头和<body>...</body>文件本体区，而<html>...</html>仅代表网页文件格式。

（2）一个网站的首页名称通常设为 index. htm 或 index. html，这样，用户浏览网站时，浏览器便会自动地找出 index. htm 文件。

（二）HTML 标签

HTML 标签是 HTML 最重要的组成部分。下面我们分几个部分来具体介绍。

1. HTML 文件头标签

HTML 文件头标签用来规定这个文件的标题和文件的一些属性。HTML 文件头的主要标签及其说明如表 4.4 所示。

表 4.4 HTML 文件头的主要标签及其说明

标签	说明
<html>	是整个文件最主要的起始标签
<head>	是 HTML 文档头部标签
<title>	是文件标题栏的名称置放位置
<! -- -->	注释
<meta>	设定文件的附加信息
<bgsound src="音乐文件的路径和文件名" loop="PlayTime">	表示背景音乐 "src="代表档案来源；"loop="代表播放的次数

2. HTML 文件本体标签

HTML 文件本体的主要标签及其说明如表 4.5 所示。

表 4.5 HTML 文件本体的主要标签及其说明

标签	说明
<body>	是文件本体的标签，可以设定文件内容、背景颜色等
<background>	设定页面的背景图像
<bgcolor="#rrggbb">	设定页面颜色背景
<text="#rrggbb">	设定页面文字颜色
<p> 资料</p>	段落，<p> </p>中可放入文字标签、列表、表格等
 	换行，多个 标签可以创建多个空行
<center>	置中标签，让网页文件置中对齐
<topmargin>	设定页面的上边距
<leftmargin>	设定页面的左边距

3. HTML 文字格式标签

HTML 中的文字格式主要包括标题等级以及文字的字形，HTML 文字格式标签及其说明如表 4.6 所示。

表 4.6 HTML 文字格式标签及其说明

标签	说明
<hx>	标题，如 x=1－6，定义了一到六级标题，<h1> 最大，<h6> 最小
<font>	字体，可调整文字的字体、字号及颜色，如 Face="arial" Size="5" Color="blue"或"#rrggbb"值

4. HTML 文字样式呈现设定表

HTML 中提供了一些标签来处理字体的样式，这满足了不同的人设置不同的字体样式的需求。HTML 文字样式标签及其显示效果如表 4.7 所示。

表 4.7 HTML 文字样式标签及其显示效果

样式标签	显示效果	样式标签	显示效果
<b>	粗体字	<strong>	重要文字(粗体)
<i>	斜体字	<blockquote>	块引用(文字缩进)
<u>	底线字	<strike>	加删除线
<sup>	上标字	<dfn>	显示科学定律文字
<sub>	下标字	<em>	重要文字(斜体)

5. 图片标签

图片是网页制作的重要资源，没有图片的渲染和表示，网页将变得非常单调。HTML 中与图片操作相关的标签及其说明如表 4.8 所示。

表 4.8 HTML 中与图片操作相关的标签及其说明

标签	说明
<img>	图片标签
src="url"	图片的储放位置
align	对齐方式
top	图片顶端位置和文字基线对齐
middle	图片中间位置和文字基线对齐
bottom	图片底端位置和文字基线对齐

续表

标签	说明
texttop	图片顶端位置和文字最高位置对齐
alt	图片的简单文字说明
width	设定图片宽度
height	设定图片高度
hspace	设定图片的左右距离
vspace	设定图片的上下距离
border	设定图片的外框厚度

6. 超链接标签

HTML 中的超链接可以是文字，也可以是图像。用户可以通过单击这些内容跳转到新的文档或当前文档中的其他位置。HTML 与超链接操作相关的标签及其说明如表 4.9 所示。

表 4.9　HTML 中与超链接操作相关的标签及其说明

标签	说明
<a> </a>	创建超链接
title	为元素提供建议性信息
href	链接
target	定义被链接的文档在何处显示

7. 表格标签

真题测试
4.9—4.10

网页中经常需要对一些内容进行格式化或者对网页布局完成规范化，这些都要用到表格。HTML 中与表格操作相关的标签及其说明如表 4.10 所示。

表 4.10　HTML 中与表格操作相关的标签及其说明

标签	说明
<table border>	表格边框
<caption>	定义表格标题
<table> </table>	定义表格
<th>	定义表头
<tr>	定义表格中的行
<td>	定义表格中的列
border="value"	表格网格线宽度
bgcolor	表格背景颜色
cellspacing	表格行距
cellpadding	内容与边缘距离
width	表格宽度
heigh	表格高度
aling	水平对齐
valing	垂直对齐
colspan	指向右伸跨几列
rowspan	指向下伸跨几行

三、网站的建设

网站的建设过程大致包括以下几个阶段。

（一）开发项目立项阶段

开发项目立项阶段的主要任务是确定开发项目。

（二）需求调查与分析阶段

这个阶段主要进行网站需求调查与分析，最终要编写出网站需求调查与分析报告。

（三）规划阶段

规划阶段要做的工作主要包括以下几个方面。

(1) 明确网站的定位，即确定网站的目的、功能类型和面向的用户群体；

(2) 确定网站内容与功能要求，包括网站的名称、网站的主要功能模块、各模块内容概要及网站的结构等；

(3) 确定网站的设计要求，主要是明确网站的整体风格和网页的美术设计等；

(4) 确定网站的技术解决方案，包括网站的管理运行方式（完全自建、服务器托管、租用虚拟主机站）、开发运行的技术平台（ASP、JSP、PHP 等）、后台数据库系统、域名等。

（四）设计阶段

设计阶段要做的工作主要包括以下几个方面。

(1) 网站的标题设计，网站的标题包括网站名称和 Logo 标志；

(2) 网站的内容与功能设计，包括网站的首页、主页、主要栏目设计等；

(3) 目录结构（物理结构）设计；

(4) 导航与交互设计；

(5) 网页版面布局设计；

(6) 网站外观设计；

(7) 后台数据库设计。

（五）制作实现阶段

在这个阶段，主要的工作是根据前期的规划和设计，用网站开发工具制作网站并进行测试。

（六）网站发布和推广阶段

这一阶段的主要工作就是发布网站并进行推广（如在搜索引擎登记等）。

（七）运行维护阶段

这一阶段的工作主要包括网页日常维护、网站的优化与更新、网站的备份与恢复等。

第四节　因特网的应用

一、域名服务

尽管 IP 地址能够唯一地标记网络上的计算机，但 IP 地址是一长串数字，不能显示组织的名称和性质等，用户记忆起来也不方便，因此，人们设计出了域名。

域名是由一串用点分隔的名字组成的网络上某一台计算机或计算机组的名称（有时也指地理位置）。人们通过域名系统（Domain Name System，DNS）来将域名和 IP 地址相互映射，IP 地址和域名是一一对应的。

域名中字母大小写是没有区分的。域名一般不能超过五级。完整的域名不能够超过 255 个字符。域名结构书写时按照从左向右由小到大的顺序，顶级域名放在最右面，分配给主机的名字放在最左面，各级名字之间用“.”隔开。不同的顶级域名代表不同的含义，常见的顶级域名有：com（供商业机构使用，但无限制，被大部分人熟悉和使用）、net（原供网络服务供应商使用，现无限制）、org（原供不属于其他通用顶级域名类别的组织使用，现无限制）。

二、电子邮件服务

（一）电子邮件服务基本概念

电子邮件（E-mail）是利用计算机进行信息交换的电子媒体信件，是用户通过计算机网络与其他用户进行沟通和信息交换的快速、简便、高效、价廉的现代化通信手段。使用 E-mail 首先需要拥有一个电子邮箱，它是由 E-mail 服务提供者为其用户建立在 E-mail 服务器磁盘上的专用的存储区域，并由 E-mail 服务器进行管理。用户可使用 E-mail 客户软件在自己的电子邮箱里收发 E-mail。E-mail 地址的一般格式为：用户名@主机名，如 ABC@qq. com。

（二）电子邮件的工作原理

E-mail 系统基于客户机/服务器模式，整个系统由 E-mail 客户软件和 E-mail 服务器组成。E-mail 服务器主要充当“邮局”的角色，它承担着信件的投递业务，当用户发送一封 E-mail 后，E-mail 服务器通过网络若干中间节点的“存储-转发”式传递，最终把信件投递到目的地。E-mail 服务器主要采用简单邮件传输协议（Simple Mail Transfer Protocol，SMTP）协议，本协议描述了 E-mail 的信息格式及其传递的处理方法，保证被传递的电子邮件能够正确地寻址和可靠地传输，它是面向文本的网络协议，其缺点是不能用来传递非 ASCII 码文本和非文字性附件。

（三）SMTP 协议与 POP 协议

1. SMTP 协议

SMTP 协议能够从客户机应用程序那里接收邮件信息，并把这些邮件信息传送给 Internet 上的另一个服务器。用户也可以配置地域控制器，使其利用 SMTP 服务，跨越站点上的链接实现复制功能。SMTP 协议的目标是可靠高效地传输邮件，它独立于传送子系统，而且仅要求一条可以保证传送数据单元顺序的通道。SMTP 协议是个请求/响应协议，它监听 25 号端口，用于接收用户的 E-mail 请求，并与远端 E-mail 服务器建立 SMTP 链接。

2. POP 协议

邮局协议（Post Office Protocol，POP）主要用于电子邮件的接收。POP 协议已经发展到第三版，称为 POP3。目前使用的 POP3 既能与 SMTP 共同使用，也可以单独使用，以传送和接收电子邮件。POP 协议是一种简单的纯文本协议，每次传输以整个 E-mail 为单位，不能提供部分传输。

3. SMTP 协议与 POP 协议的对比

SMTP 协议是用在大型、多用户、多任务的操作系统环境中的，用在 PC 机上收信十分困难。所以，在 TCP/IP 网络上大多数邮件管理程序使用 SMTP 协议来发信，采用 POP3 协议来保管用户未能及时取走的邮件。在发送邮件时，用户将待发邮件从本地发送到 SMTP 服务器，SMTP 服务器将邮件发送给 POP3 服务器，POP3 服务器再将邮件发送到指定用户。在接收邮件时，用户使用客户端邮件软件联系 POP3 服务器，使用账号和密码进行身份验证后，POP3 服务器将接收的邮件发送到用户本地。在这个过程中，POP3 服务器本身也是一台 SMTP 服务器，但它能为用户指定一个简单的文件夹，这是纯粹的 SMTP 服务器所不能做到的。SMTP 协议和用于接收邮件的 POP3 协议均利用 TCP 端口，POP3 所用的端口是 110。

（四）电子邮件的基本收发方法

用户传递 E-mail，首先需要在联网的计算机上使用邮件软件编好邮件正文，填好收信人的 E-mail 地址、发信人 E-mail 地址、邮件主题等内容，然后使用 E-mail 的发送命令发出。此时，E-mail 发送端和接收端的计算机在工作时并不直接进行通信，而是在发信端计算机发出邮件后，先到达自己所注册的邮件服务器主机，再在网络传输过程中经过多个计算机和路由器的中转，到达目的地的邮件服务器主机，送进收信人的电子邮箱。最后当邮件的接收者上网并启动电子邮件管理程序时，系统就会自动检查邮件服务器中的电子邮箱。若发现有新邮件，用户便可阅读邮件内容，若有附件，还可将附件下载到自己的计算机上。

三、FTP 文件传输服务

文件传输协议（File Transfer Protocol，FTP）是将文件复制到使用 TCP/IP 协议的网络上的远程计算机系统中，或从远程计算机系统中将文件复制出来的协议。该协议还允许用户使用 FTP 命令对文件进行操作（通过 FTP，用户可传输任意类型、任意大小的文件），也为远程管理、更新 WWW 服务器中的内容提供了极大的支持。由于 Internet 有各种免费和共享的资源，如果用户想将它们下载到自己的计算机上，最主要的方法之一是通过 FTP 来实现，它是 Internet 中广为使用的一种服务。

通常，用户需要在 FTP 服务器中进行注册，即建立用户账号，在拥有合法的登录用户名和密码后，才可以进行有效的 FTP 连接和登录。实际上，Internet 上的 FTP 服务是一种匿名的 FTP 服务，它设置了一个特殊用户名 anonymous 供公众使用，任何用户都可以使用这个用户名与提供这种匿名 FTP 服务的主机建立连接，并共享这个主机对公众开放的资源。

FTP 是基于客户机/服务器模式的服务系统，它由客户软件、服务器软件和 FTP 通信协议三部分组成。FTP 客户软件运行在用户的计算机上，在用户装入 FTP 客户软件后，便可以通过使用 FTP 内部命令与远程 FTP 服务器采用 FTP 通信协议建立连接或进行文件传送。FTP 服务器软件运行在远程主机上，并设置一个名叫 anonymous 的公共用户账号，向公众开放。FTP 在客户机和服务器的内部建立两条 TCP 连接：一条是控制连接，主要用于传输命令和参数（端口号是 21）；另一条是数据连接，主要用于传送文件（端口号是 20）。FTP 服务器不断在 21 端口上侦听用户的连接请求，当用户使用 anonymous 用户名登录时，用户即发送连接请求，这样控制连接便建立起来。此时用户名和密码将通过控制连接发送给服务器，服务器接收到这个请求后，便进行用户识别，然后向用户回送确认或拒绝的应答消息。用户看到登录成功的信息后，便可以发送文件传输的命令。服务器从控制连接上接收到文件名和传输命令后，便在20端口发起数据连接，并在这个连接上将文件名所指明的文件传输给用户。只要用户不使用close或者其他命令关闭连接，便可以继续传输其他文件。

四、万维网服务

1. 万维网的基本概念

万维网（World Wide Web，WWW）是一种交互式图形界面的因特网服务，具有强大的信息连接功能，是目前因特网中最受欢迎的、增长速度最快的一种多媒体信息服务系统。万维网整个系统由Web服务器、浏览器和超文本传输协议（Hyper Text Transfer Protocol，HTTP）三部分组成。Web服务器提供信息源；浏览器将信息显示出来；HTTP是为分布式超媒体信息系统而设计的一种网络协议，主要用于域名服务器和分布式对象管理，它能够传送任意类型的数据对象，以满足Web服务器与客户之间多媒体通信的需要。

2. 超文本传输协议

超文本传输协议是互联网上应用最为广泛的一种网络协议。所有的WWW文件都必须遵守这个标准。它是客户端浏览器或其他程序与Web服务器之间的应用层通信协议。在因特网上的Web服务器上存放的都是超文本信息，客户机需要通过HTTP协议传输所要访问的超文本信息。

3. 统一资源定位器

统一资源定位器（Uniform Resource Locator，URL）是因特网服务程序上用于指定信息位置的字符串，是一个具有指针作用的地址标准。它主要用来表示因特网上资源的位置和访问这些资源的方法。URL给资源的位置提供一种抽象的表示方法，并用这种方法给资源定位。只要能够对资源定位，用户就可以对资源进行各种操作，如存取、更新、替换和查看属性等。

这里所说的“资源”是指在因特网上可以被访问的任何对象，包括目录、文件、图像、声音等，以及与因特网相连的任何形式的数据。URL相当于文件名在网络范围的扩展。因为访问不同资源所使用的协议不同，所以URL还给出访问某个资源时所使用的协议。URL的一般形式如下：

<协议>://<主机>:<端口>/<路径>/<文件名>

例如：http://news.sina.com.cn/c/2009-04-06/013517553188.shtml

<协议>指出使用什么协议来获取该互联网资源。现在最常用的协议就是HTTP，其次是FTP。在<协议>后面规定必须写上的格式“://”，不能省略。<主机>指出万维网文档是在哪一个主机上，可以给出域名，也可以给出IP地址。<端口>为服务器监听的端口，HTTP协议默认端口是80，FTP协议默认端口是21。<路径>和<文件名>进一步给出资源在服务器上的位置，但是它们的名称是虚拟的，和服务器上的物理名称可能不同。

对于动态网页，用户通常还需要给服务器提供访问动态网页的参数。因此，URL的后面还可以跟上一个英文问号（“?”），问号的后面以“参数名称＝参数值”的形式给出多组参数，每组之间用符号“&”分隔，我们将这多组参数称为查询串（Query String）。动态网页的URL形式一般为：

<协议>://<主机>:<端口>/<路径>/<文件名>?<参数1>=<值1>&<参数2>=<值2>

本章知识结构

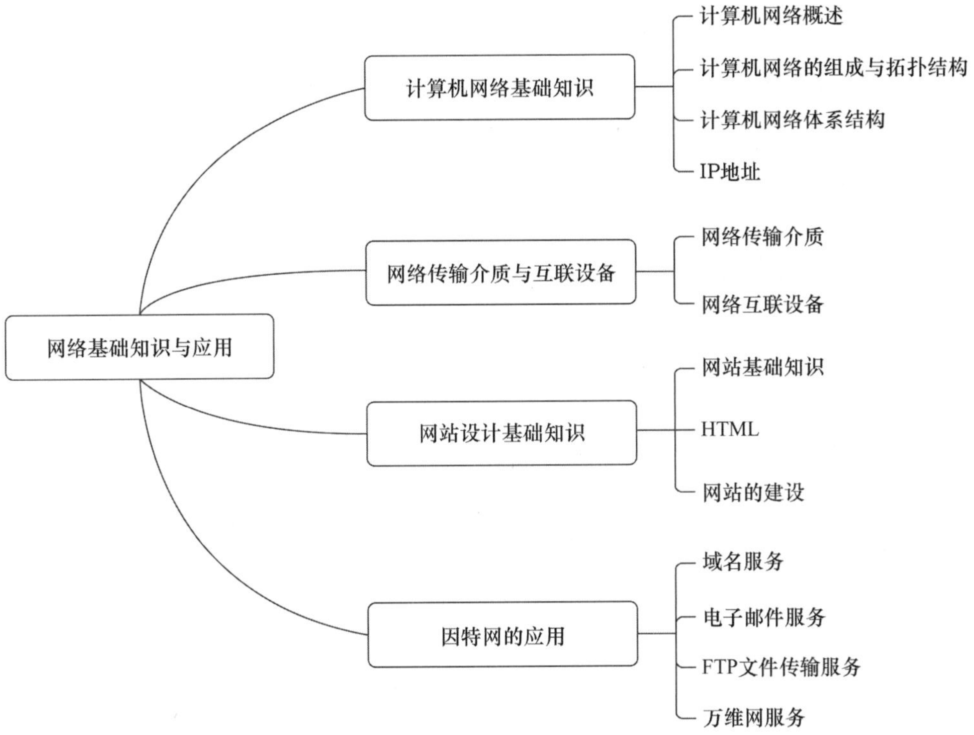

本章小结

（一）本章重难点

本章的重点是计算机网络的拓扑结构及特点，OSI 参考模型和 TCP/IP 参考模型，以及 IP 地址与子网掩码的相关计算；难点是灵活掌握网络相关知识并应用于生活和实际问题中。

（二）学习时要注意的问题

本章的知识难度较大，在学习时要注意熟记一些基本概念，如计算机网络的特点、网络体系结构、IP 地址的格式和分类等；还要能够理解并运用相关概念进行判断、计算，通过具体实例加深对相应概念的理解，并能够运用相关知识对生活中网络现象进行解释。

备考指南

本章由计算机网络基础知识、网络传输介质与互联设备、网站设计基础知识和因特网的应用四部分内容组成，考试题型多为单项选择题和简答题。学习时首先要理解并熟记计算机网络的相关概念、网络体系结构以及相关模型的概念和特点，注重理解网络传输介质和互联设备的类型，分清其特点和应用，掌握 IP 地址的格式和分类，并能熟练应用于实际。

自测训练

一、单项选择题

1. OSI 参考模型采用了七层体系结构，其中从下往上数位于第三层的是（　　）。
A. 传输层　　B. 网络层
C. 数据链路层　　D. 物理层

2. 分布在校园内的网络或者是集中在建筑群中的网络为（　　）。
A. WAN　　B. Internet
C. LAN　　D. 共用网

3. 网络中任何一个节点发生故障，整个网络就无法正常运行的网络拓扑结构是（　　）。
A. 总线型网络拓扑结构　　B. 星型网络拓扑结构
C. 树型网络拓扑结构　　D. 环型网络拓扑结构

4. IP 和 FTP 所提供服务的层次分别是（　　）。
A. 网络层和应用层　　B. 网络层和传输层
C. 链路层和物理层　　D. 链路层和应用层

5. 子网掩码为 255.255.0.0，下列哪个 IP 地址不在同一网段中（　　）。
A. 172.20.15.103　　B. 172.20.16.15
C. 172.28.15.103　　D. 172.20.16.103

6. 路由器是位于（　　）的网络互联设备。
A. 物理层　　B. 数据链路层
C. 网络层　　D. 应用层

7. 以下互联设备不能够即插即用的是（　　）。
A. 集线器　　B. 交换机
C. 网桥　　D. 路由器

8. 下面哪个协议可以实现从客户机应用程序那里接收邮件信息，并把这些邮件信息传送给 Internet 上的另一个服务器的功能？（　　）
A. FTP　　B. SMTP
C. POP　　D. TCP

9. 计算机网络给人们带来了极大的便利，其突出优点是（　　）。
A. 安全性好　　B. 运算速度快
C. 内存容量大　　D. 资源共享

10. IP 地址是一个 32 位的二进制数，它通常采用点分（　　）格式。
A. 二进制数　　B. 八进制
C. 十进制　　D. 十六进制

二、简答题

1. 请简述环型网络拓扑结构的优缺点。
2. 请简述计算机网络的功能。

参考答案及解析

一、单项选择题

1.【参考答案】B。解析：OSI 参考模型的七层由下至上分别是：物理层、数据链路层、网络层、传输层、会话层、表示层、应用层。故选 B。

2.【参考答案】C。解析：局域网(LAN)是将个人或者组织中的计算机连接起来形成的网络，家庭网络、企业内部网络、校园网等都属于局域网，其目的是为了资源共享、交换信息等。故选 C。

3.【参考答案】D。解析：环型拓扑中任何一个节点发生故障，整个网络就无法正常运行。故选 D。

4.【参考答案】A。解析：IP 协议运用在网络层，FTP 协议运用在应用层。故选 A。

5.【参考答案】C。解析：判断 IP 地址是否在一个网段中，只要知道各自的子网网址即可。如果网址相同，则在同一个子网；否则不在同一个子网。此题子网掩码为 255.255.0.0，是一个 B 类子网，后面的两段都是主机位，与网址无关，A、B、D 三项前两段数字相同，子网网址就相同，所以在同一个网段中。故选 C。

6.【参考答案】C。解析：路由器是位于网络层的网络互联设备。故选 C。

7.【参考答案】D。解析：路由器不能即插即用。故选 D。

8.【参考答案】B。解析：SMTP 即简单邮件传输协议，能够从客户机应用程序那里接收邮件信息，并把这些邮件信息传送给 Internet 上的另一个服务器。故选 B。

9.【参考答案】D。解析：计算机网络最突出的优点是资源共享。故选 D。

10.【参考答案】C。解析：IP 地址通常采用点分十进制格式。故选 C。

二、简答题

1.【参考答案】

环型网络拓扑结构的优点：① 电缆长度短，环型网络拓扑结构所需的电缆长度和总线型网络拓扑结构相似，但比星型网络拓扑结构要短得多；② 增加或减少工作站时，仅需简单的连接操作；③ 可使用光纤，光纤的传输速率很高，十分适合于环型网络拓扑结构的单方向传输。

环型网络拓扑结构的缺点：① 某节点的故障会引起全网故障；② 故障检测困难；③ 媒体访问控制协议都采用令牌传递的方式，在负载很轻时，信道利用率相对来说比较低。

2.【参考答案】

计算机网络主要具有如下功能：

(1) 实现计算机系统的资源共享，这是计算机网络最基本的功能之一。

(2) 实现数据信息的快速传递，计算机网络是现代通信技术与计算机技术结合的产物。

(3) 多点备份，提高可靠性。

(4) 提供负载均衡与分布式处理能力，在全球多个地方放置相同内容的服务器，就近访问。

(5) 便于集中管理，如银行等行业业务通过集中管理和信息处理，把业务分散到不同的营业网点。

(6) 提供综合信息服务。

第五章　数据库及数据库管理技术

考纲内容

本章内容属于信息技术学科专业知识，在考纲中要求如下：

1. 了解信息技术发展史及国内外发展动态，掌握与初中信息技术相关的基础知识和基本理论；

2. 掌握与信息活动相关的法律法规、伦理道德；

3. 掌握信息技术学科的基本理论和基本方法，并能用于分析和解决相关问题。

考纲解读

本章在考纲中要求考生掌握信息技术学科的基本原理与知识。对于本章内容，考生在复习时应该做到在记忆的基础上理解并运用。本章基础知识与技能主要包括：数据管理、两种数据模式、关系完整性约束、SQL、数据库基本表操作、Access、数据恢复、数据完整性及数据安全性。

第一节　数据管理概述

一、数据

1. 数据的定义

数据(Data)是描述事物的符号记录，用类型和数值来表示。随着计算机技术的发展，数据的含义更加广泛，不仅包括数字，还包括文字、图像、声音和视频等。在数据库技术中，数据是数据库中存储的基本对象。

2. 数据的类型

我们在使用数据的时候经常需要用到数据的类型，例如，定义数据库表时需要定义数据库表的字段类型，对数据进行算术运算时也需要知道数据的类型等。数据的基本类型及其说明如表 5.1 所示。

表 5.1 数据的基本类型及其说明

类型	说明
数值	数值类型包括精确数值类型和近似数值类型，前者用来存储整数或定点小数，后者用来存储十进制值
字符	字符类型用来存储字符型数据，字符数据类型使用一个或两个字节存储每个字符
日期和时间	日期和时间类型用于存储日期和时间数据
货币	货币类型旨在存储货币型数据
其他	其他数据类型包括二进制数据类型、特殊数据类型和用户自定义数据类型等

3. 数据与信息

在计算机科学中，信息不同于数据，信息是数据的含义，是一种已经被加工为特定形式的数据，这种数据对接收者来说是有意义的，即只有有价值的数据才是信息。

数据和信息二者密不可分。信息是客观事物性质或特征在人脑中的反映，信息只有通过数据形式表示出来才能被人理解和接收。人们对信息的记载和描述产生了数据；同时，对众多相关数据加以分析和处理又将产生新的信息。

二、数据管理

数据管理是指利用计算机硬件和软件技术对数据进行有效的收集、存储、处理和应用的过程。数据管理的发展可分为三个阶段：手工管理阶段、文件系统阶段、数据库系统阶段。从手工管理到文件系统，是计算机开始应用于数据管理的实质性进步；从文件系统到数据库系统，标志着数据管理技术产生了质的飞跃。

三、数据库与数据库系统

（一）数据库

1. 数据库的定义

数据库(Database，DB)是指长期存储在计算机内的，有组织、可共享的数据集合。它不仅包括数据本身，而且还包括相关数据之间的联系。

2. 数据库的特点

数据库主要具有以下几个特点。

(1) 实现数据共享。

数据共享包含所有用户可同时存取数据库中的数据，也包括用户可以用各种方式通过接口使用数据库，并提供数据共享。

(2) 减少数据冗余度。

同文件系统相比，由于数据库实现了数据共享，从而避免了用户各自建立应用文件，减少了大量重复数据，减少了数据冗余，维护了数据的一致性。

(3) 具有较高的数据独立性。

数据独立性包括数据的逻辑独立性(数据库的逻辑结构和应用程序相互独立)和物理独立性(数据物理结构的变化不影响数据的逻辑结构)两个方面。

(4) 实现了数据集中控制。

在文件管理方式中，数据处于一种分散的状态，不同的用户或同一用户在不同处理中其文件之间毫无关系。数据库可对数据进行集中控制和管理，并通过数据模型表示各种数据的组织以及数据间的联系。

(5) 实现了数据的安全性、可靠性和并发控制。

这主要包括：① 安全性控制：以防止数据丢失、错误更新和越权使用；② 完整性控制：保证数据的正确性、有效性和相容性；③ 并发控制：在同一时间周期内，允许对数据实现多路存取，又能防止用户之间的不正常交互作用。

(6) 可有效实现故障恢复。

由数据库管理系统提供一套方法，可及时发现故障和修复故障，包括物理上或是逻辑上的错误，从而防止数据被破坏。

（二）数据库系统

数据库系统（Database System，DBS）通常由四部分组成：硬件系统、数据库集合、软件系统和人员。数据库系统有两种类型：分布式数据库系统和对象数据库系统。

数据库系统发展经历了三个阶段：层次型和网状型数据库系统、关系型数据库系统、以面向对象数据模型为主要特征的数据库系统。

数据库系统发展的三个里程碑分别是 IMS 系统、DBTG 报告和关系数据库系统。

1. IMS 系统

信息管理系统（Information Management System，IMS）是一个专门应用于管理的数据库系统。1969 年美国 IBM 公司和 Rockwell 公司合作，研制成世界上第一个实用数据库系统 IMS，IMS 是一个 DB/DC（Database/Data Communication）系统，采用了以层次数据结构为基础的数据模型，即数据组织在逻辑上为树形结构。

2. DBTG 报告

1969 年 10 月美国数据系统语言委员会（Database Task Group，DBTG）下属的数据库任务组提出了“数据库建议书”，由 DBTG 于 1971 年 4 月进行修改并发表，人们通常称这个经过修改后的数据库建议书为“1971 年 DBTG 报告”。DBTG 报告给出了网状数据库系统的方案，为建立网状数据库提供了完整的系统设计和语言规范。

3. 关系数据库系统

系统完备的关系数据库理论的建立是从 20 世纪 70 年代开始的。1970 年 6 月，IMB 公司的研究员提出了数据库的关系模型，开创了数据库关系方法和关系数据理论的研究，为关系数据库技术奠定了理论基础，在计算机科学中开创了研究关系数据库理论与方法的新领域。

四、数据库管理系统

（一）数据库管理系统的定义

数据库管理系统（Database Management System，DBMS）是指维护和管理数据库的软件，位于用户与操作系统之间，是数据库系统的核心。它的基本功能为：数据定义、数据操作、数据库的运行管理、数据库的建立和维护。数据库管理系统对数据库进行统一的管理和控制，以保证数据库的安全性和完整性。用户通过数据库管理系统访问数据库中的数据，数据库管理员也通过数据库管理系统进行数据库的维护工作。数据库管理系统可使多个应用程序和用户用不同的方法同时或在不同时刻去建立、修改和询问数据库。大部分数据库管理系统提供数据定义语言（Data Definition Language，DDL）和数据操作语言（Data Manipulation Language，DML），供用户定义数据库的模式结构与权限约束，实现对数据的追加、删除等操作。

（二）数据库管理系统的特点

数据库管理系统主要具有以下几个特点：

（1）实现数据集中化控制和统一管理；

（2）数据冗余度小；

（3）采用一定的数据模型；

（4）实现了数据共享；

（5）避免了数据的不一致性；

（6）提供数据库保护功能。

第二节 数据库的设计与建立

一、数据模型

（一）数据模型的定义

数据是描述事物的符号记录，模型是对现实世界的抽象。数据模型（Data Model）是数据特征的抽象，是数据库管理的教学形式框架。数据模型从抽象层次上描述了数据库系统的静态特征、动态行为和约束条件，为数据库系统的信息表示与操作提供了一个抽象的框架。

（二）数据模型的类型

数据模型分为两种类型：概念数据模型和结构数据模型。概念数据模型中最著名的是实体联系模型。结构数据模型主要有层次数据模型、网状数据模型、关系数据模型三种，层次数据模型用树形图表示，网状数据模型用网状图表示，关系数据模型用二维表表示。下面主要介绍一下实体联系模型和关系数据模型。

1. 实体联系模型

实体联系（Entity Relationship，E-R）模型直接从现实世界中抽象出实体类型和实体间的联系，然后用实体联系图（E-R 图）表示出来，它是描述概念世界、建立概念模型的实用工具。实体联系图中包含了实体（即数据对象）、关系和属性三种基本成分。人们通常用矩形框代表实体，用连接相关实体的菱形框表示关系，用椭圆形或圆角矩形表示实体（或关系）的属性，并用直线把实体（或关系）与其属性连接起来，在连接实体与属性的无向边上表明联系的类型。

人们通常就是用实体集、实体之间的联系和属性这三个概念来理解现实问题的。实体集间的联系虽然复杂，但都可以分解为少数几个实体集间的联系，最基本的是两个实体集间的联系。联系抽象化后可以归结为三种类型：一对一联系（1∶1），如一位学生只有一个学生证，而一个学生证也只会对应一位学生；一对多联系（$1:n$），如部门与职工的联系，一个部门有多名职工，而一名职工只在一个部门就职；多对多联系（$m:n$），如科研人员和科研课题之间的关系，一个人可以参加多个课题，一个课题也可以由多个人参加。E-R 模型比较接近人的习惯思维方式。此外，E-R 模型使用简单的图形符号表达系统分析员对问题域的理解，不熟悉计算机技术的用户也能理解它。因此，E-R 模型可以作为用户与分析员之间有效的交流工具。

2. 关系数据模型

(1) 基础概念。

真题测试
5.1

以二维表的形式表示实体和实体之间联系的数据模型称为关系数据模型。关系数据模型包括完整性规则、数据结构和数据操作三个部分。关系数据模型的基本术语主要有以下几个。

① 关系：一个关系对应着一个二维表，二维表名就是关系名。

② 属性和值域：在二维表中的列，称为属性，属性的个数称为关系的元或度。列的值称为属性值，属性值的取值范围为值域。

③ 元组：在二维表中的一行，称为一个元组。

④ 分量：元组中的一个属性值称为一个分量。

⑤ 键(码)：如果在一个关系中存在这样一些属性，使得在该关系中的任何一个关系状态中的两个元组，在该属性上的值的组合都不同，即这些属性的值都能够用来唯一地标识该关系中的元组，则称这些属性为该关系的键或者码。

⑥ 主键(主码、主关键字)：在一个关系的若干键(码)中指定一个用来唯一标识该关系的元组，则称这个被指定的键(码)为该关系的主键或者主码、主关键字。

⑦ 外键(外码、外部关键字)：关系中的某个属性虽然不是这个关系的主键，但它却是另外一个关系的主键时，则称之为该关系的外键或者外码、外部关键字，它表示了两个关系之间的相关联系。

⑧ 参照关系与被参照关系：是指以外键相互联系的两个关系，参照关系和被参照关系可以相互转化。

(2) 关系完整性约束。

关系完整性约束是为保证数据库中数据的正确性和相容性，对关系模型提出的某种条件或规则。关系完整性约束通常包括实体完整性约束、参照完整性约束和用户定义完整性约束。其中，实体完整性约束和参照完整性约束是关系模型必须满足的完整性约束条件。

① 实体完整性约束。

实体完整性约束是指关系的主关键字既不能重复也不能取“空值”。一个关系对应现实世界中一个实体集。现实世界中的实体是可以区分、识别的，即它们也应具有某种唯一性标识。关系数据模型以主关键字作为唯一性标识，主关键字中的属性(称为主属性)不能取空值，否则，表明关系数据模型中存在着不可标识的实体(因空值是不确定的)。如果主关键字是由多个属性组合起来的，则所有这些属性均不得取空值。

② 参照完整性约束。

参照完整性约束是定义建立表之间联系的主关键字与外部关键字引用的约束条件，它要求外部关键字必须是另一个关系的主码的有效值或空值。

关系数据库中通常都包含多个存在相互联系的表，表与表之间的联系是通过公共属性来实现的。所谓公共属性，它是一个表 R(称为被参照表或目标表)的主关键字，同时又是另一表 K(称为参照表)的外部关键字。如果参照表 K 中外部关键字的取值，要么与被参照表 R 中某元组主关键字的值相同，要么取空值，那么，在这两个表间建立关联的主关键字和外部关键字引用，就符合参照完整性规则要求。如果参照表 K 的外部关键字也是被参照表 R 主关键字，根据实体完整性约束要求，主关键字不得取空值，因此，参照表 K 外部关键字的取值实际上只能取相应被参照表 R 中已经存在的主关键字的值。例如，在“学生管理”数据库中有两个表：“选课表”和“学生表”，如果将“选课表”作为参照表，“学生表”作为被参照表，将"学号"作为两个表进行关联的属性，则"学号"是"学生表"的主关键字，是"选课表"的外部关键字。"选课表"通过外部关键字"学号"参照"学生表"。

③ 用户定义完整性约束。

实体完整性约束和参照完整性约束适用于任何关系数据库系统，它们主要是针对关系的主关键字和外部关键字取值必须有效而做出的约束。用户定义完整性约束则是根据应用环境的要求和实际的需要，对某一具体应用所涉及的数据提出的约束条件。这一约束机制一般不应由应用程序提供，而应由关系模型提供、定义并检验，用户定义完整性约束主要包括字段有效性约束和记录有效性约束。

(3) 关系代数。

关系代数是一种抽象的查询语言，用对关系的运算来表达查询。关系代数的运算对象是关系，运算结果也是关系。关系代数运算符及其说明如表 5.2 所示。

表 5.2　关系代数运算符及其说明

运算符	说明
并	$R \cup S=\{t \mid t \in R$ 或 $t \in S\}$，R 和 S 的并是由属于 R 或属于 S 的元组构成的集合
交	$R \cap S=\{t \mid t \in R$ 且 $t \in S\}$，R 和 S 的交是由属于 R 并且属于 S 的元组构成的集合
投影	对一个关系进行垂直分割，消去某些列
选择	根据某些条件对关系做水平分割，即选取符合条件的元组
差	$R-S=\{t \mid t \in R$ 且 $t \notin S\}$，R 和 S 的差是由属于 R 但不属于 S 的元组构成的集合
笛卡尔积	R 和 S 的笛卡尔积是一个(r+s)元的元组集合，每个元组的前 r 个属性值来自 R 的一个元组，后 s 个分量来自 S 的一个元组
连接	连接是从关系 R 与 S 的笛卡尔积中选取属性值相等的那些元组
自然连接	自然连接要求两个关系中进行比较的分量必须是相同的属性组，并且要在结果中把重复的属性去掉，所以自然连接是同时从行和列的角度进行计算的
除法	R 与 S 的除运算将得到一个新的关系 P(X)，P 是 R 中满足下列条件的元组在 X 属性列上的投影：元组在 X 上的分量值的象集 YX 包含 S 在 Y 上的投影的集合

二、SQL

结构化查询语言(Structured Query Language，SQL)是一种特殊的编程语言，是一种数据库查询和程序设计语言，用于存取数据、查询、更新和管理关系数据库系统。

SQL 是高级的非过程化编程语言，允许用户在高层数据结构上工作。它不要求用户指定对数据的存放方法，也不需要用户了解具体的数据存放方式，所以，具有完全不同底层结构的不同数据库系统，可以使用相同的语句并将其作为数据输入与管理的接口。SQL 语句可以嵌套使用，这使它具有了极大的灵活性和更加强大的功能。

1986 年 10 月，美国国家标准学会对 SQL 进行规范后，将此作为关系数据库管理系统的标准语言，1987 年，在得到国际标准组织支持的情况下，SQL 成为国际标准。不过，很多的数据库系统在其实践过程中都对 SQL 规范做了某些修改和扩充。所以，不同数据库系统之间的 SQL 不能完全相互通用。

SQL 包含四个部分：数据查询语言、数据操作语言、数据控制语言和数据定义语言。

1. 数据查询语言

数据查询语言(Data Query Language,DQL)也称“数据检索语句”,用以从表中获得数据,确定数据怎样在应用程序给出。保留字 SELECT 是 DQL(也是所有 SQL)用得最多的动词,其他 DQL 常用的保留字有 WHERE、ORDER BY、GROUP BY 和 HAVING。这些 DQL 保留字常与其他类型的 SQL 语句一起使用。

2. 数据操作语言

数据操作语言(Data Manipulation Language,DML)也称为动作查询语言,其语句包括动词 INSERT、UPDATE 和 DELETE。它们分别用于添加、修改和删除表中的行。

3. 数据控制语言

数据控制语言(Data Control Language,DCL)通过 GRANT 和 REVOKE 授权和取消授权,确定单个用户和用户组对数据库对象的访问权限,包括 COMMIT、ROLLBACK 等动词。某些关系数据库管理系统可用 GRANT 或 REVOKE 控制对表中单个列的访问。

4. 数据定义语言

数据定义语言(Data Definition Language,DDL)包括动词 CREATE 和 DROP,用于在数据库中创建新表或删除表(CREATE TABLE 或 DROP TABLE)、为表加入索引等。

三、数据库基本表操作

（一）创建表

SQL 使用 CREATE TABLE 语句创建基本表,格式如下:

```
CREATE TABLE <表名>
( <字段名> <数据类型>[列级完整性约束条件]
,<字段名> <数据类型>[列级完整性约束条件]
…
[,<表级完整性约束条件>]);
```

（二）修改表

SQL 用 ALTER TABLE 语句修改基本表,该命令用于添加(ADD)、删除(DROP)或修改(MODIFY)基本表的字段、主键、外键,格式如下:

```
ALTER TABLE <表名>
[ADD[<新字段名><数据类型>[完整性约束]|PRIMARYKEY(<字段名表>)|FOREIGNKEY
[(<外来关键字名>)](<字段表名>)REFERENCES<表名 2>][ONDELETE{CASCADE|RESTRICT|
SETNULL}]]
[DROP[<完整性约束>{CASCADE|RESTRICT}|PRIMARYKEY|FOREIGNKEY]]
[MODIFY<字段名><数据类型>]
```

（三）查询表

SQL 用 SELECT... FROM... WHERE 查询块进行数据查询操作,格式如下:

```
SELECT[ALL|DISTINCT] <目标列表达式>[,<目标列表达式>]…
FROM<表名或视图名>[,<表名或视图名>]…
[WHERE<条件表达式>]
[GROUP BY<列名 1>[HAVING<条件表达式>]]
[ORDER BY<列名 2>[ASD|DESC]]
```

四、Access

Microsoft Office Access，以下简称“Access”，是一个由微软公司发布的关系数据库管理系统，是 Microsoft Office 的系统程序之一。Access 是微软公司把数据库引擎的图形用户界面和软件开发工具结合在一起的一个数据库管理系统。Access 的数据管理功能非常强大，可以方便地利用各种数据源，生成表单、查询、报表和应用程序等。

Access 以它自己的格式将数据存储在基于 Access Jet 的数据库引擎里，它还可以直接导入或者链接存储在其他应用程序和数据库中的数据。软件开发人员和数据架构师可以使用 Access 开发应用软件，“高级用户”可以使用它来构建软件应用程序。和其他办公应用程序一样，Access 支持 VB 宏语言，它是一个面向对象的编程语言，可以引用各种对象，包括 DAO(数据访问对象)、ActiveX 数据对象，以及许多其他的 ActiveX 组件。

Access 由以下七种对象组成。

1. 表

表是数据库中最基本的对象，是其他六种对象的基础。表由记录组成，记录由字段组成，表用来存储数据库的数据，故又称数据表。表是一切数据库操作的对象和前提。

2. 查询

查询可以按索引快速查找到需要的记录，按要求筛选记录，并能链接若干个表的字段组成新表。

3. 表单

表单为用户提供了一种方便的浏览、输入及更改数据的窗口。

4. 报表

报表的功能是将数据库中的数据分类汇总，然后打印出来，这样可以方便用户对数据进行分析。

5. 访问页

访问页是一种特殊类型的 web 页，用户可以在此 web 页中查看、修改 Access 数据库中的数据。

6. 宏

宏相当于 DOS 中的批处理，可以用来自动执行一系列操作。Access 列出了一些常用的操作供用户选择，使用起来十分方便。

7. 模块

模块的功能与宏类似，但它定义的操作比宏更加精细和复杂，用户可以根据自己的需要编写程序。模块用 Visual Basic 编程。

从上述七种对象的功能和彼此间的关系考虑，我们可以将其分为三个层次。

第一层次：表对象和查询对象。它们是数据库的基本对象，用于在数据库中存储数据和查询数据。

第二层次：表单对象、报表对象和数据访问页。它们是直接面向用户的对象，用于数据的输入输出和应用系统的驱动控制。

第三层次：宏对象和模块对象。它们是代码类型的对象，用于通过组织宏操作或编写程序来完成复杂的数据库管理工作。

第三节 数据维护

一、数据恢复

数据恢复是指系统将数据库从被破坏、不正确的状态恢复到一个正确状态的过程。

要想做好数据恢复工作，平时要做好两件事：一是周期性地对整个数据库进行拷贝，将其转储到另一个磁盘或其他存储介质中；二是建立日志数据库，记录事物的开始、结束及数据的每一次插入、删除和修改前后的值。

数据库一旦发生故障，分两种情况进行处理：一是如果数据库已被破坏，则利用数据库备份和日志执行库已提交的事务，把数据库恢复到事故前的状态；二是如果数据库还未被破坏，但某些数据不可靠，则撤销所有不可靠的修改，把数据库恢复到正确的状态。

1. 数据库故障的类型

常见的数据库故障有三类：事务故障、系统故障和介质故障。

(1) 事务故障。

事务故障又可以分为以下两种。

① 可以预期的事务故障，如存款余额透支等；

② 非预期事务故障，如运算溢出、数据错误、死锁等。

(2) 系统故障。

系统故障主要包括硬件故障、软件错误或掉电等。

(3) 介质故障。

介质故障主要指磁盘物理故障或遭受病毒破坏等。

2. 处理数据库故障的方法

处理数据库故障的方法一般有两种。

(1) 检查点方法。

检查点方法包括以下两步：

① 根据日志文件建立事务重做队列和事务撤销队列；

② 对重做队列中的事务进行 REDO 处理，对撤销队列中的事务进行 UNDO 处理。

(2) 进行记录优先原则。

进行记录优先原则主要包含以下两个方面。

① 运行记录写入运行日志后，才能允许事务写入数据库；

② 所有运行记录写入运行日志后，才能允许事务完成 COMMIT 操作。

二、数据完整性

数据库中的数据是从外界输入的，而数据的输入由于各种原因，会发生输入无效或错误信息等一系列问题。保证输入的数据符合规定成为数据库系统，尤其是多用户的关系数据库系统首先要关注的问题。数据完整性包括数据的精确性和可靠性。它是为防止数据库中存在不符合语义规定的数据以及防止因错误信息的输入输出造成无效操作或错误信息而提出的。数据完整性分为四类：实体完整性、域完整性、参照完整性、用户自定义完整性。数据库采用多种方法来保证数据完整性，包括外键、约束、规则和触发器。针对具体情况，系统会采用不同的方法，有时几种方法会被交叉使用。

SQL 中的数据完整性约束分为三大类：域约束、基本表约束和断言。

1. 域约束

域约束与在特定域中定义的任何列都有关系，用户可以用“CREATE DOMAIN”语句定义新的域，并且还可使用 CHECK 子句。

2. 基本表约束

基本表约束主要有以下三种形式。

(1) 候选键的定义。

候选键定义的格式为：

```
UNIQUE( <列名序列>)或 PRIMARYKEY(<列名序列>)
```

(2) 外键的定义。

外键定义的格式为：

```
FOREIGNKEY(<列名序列>)
REFERENCES<参照表>[(<列名序列>)]
[ONDELETE<参照动作>]
[ONUPDATE<参照动作>]
```

(3) “检查约束”的定义。

“检查约束”定义的格式为：

```
CHECK(<条件表达式>)
```

3. 断言

如果完整性约束的牵涉面较广，与多个关系有关或者与聚合操作有关，那么 SQL 会提供“断言”(Assertions)机制，让用户书写完整性约束。创建和撤销断言的格式分别为：

```
CREATE ASSERTION<断言名>CHECK(<条件>)
DROP ASSERTION<断言名>
```

三、数据安全性

数据安全性是指保护数据免受未经许可而故意或偶然的传送、泄露、破坏和修改。数据安全性是数据的拥有者和使用者都十分关心的问题。它涉及法律、道德及计算机系统等诸多因素。从外部条件来看，人们可以通过将数据按密级分类、控制接触数据的人员、对数据进行检验等一系列恰当的管理方针与保密措施来保障数据的安全性，同时，也要保护计算机免遭物理破坏，做好设备的安全保卫和防辐射等工作。从数据库系统本身的防御能力来看，数据库系统本身为数据安全提供了各种措施。这些措施包括以下四个方面。

（1）系统对管理人员提供授权手段，以方便管理人员管理和控制用户对数据库的访问。

（2）允许对用户进行分类并授予不同的访问权限。

（3）通过设置口令等方法，对用户进入系统的操作进行安全检查。

（4）通过采用视图等方法对数据进行部分隐蔽或加密等操作。

数据库系统的安全性可以从它的完整度、灵活性、安全检查的额外开销以及安全机制自身的稳健性等若干方面来衡量。

第四节　数据库的新技术

数据库系统在当今信息社会中占据非常重要的地位，它是信息处理的重要工具和组成部分。随着应用需求的不断提高，数据库技术也面临许多新的挑战，需要不断进步与发展。下面，我们介绍几种特定应用领域中的数据库。

一、数据仓库

传统的数据库技术是以单一的数据资源为中心，同时进行各种类型的处理，从事务处理到批处理，再到决策分析。近年来，人们逐渐认识到计算机系统中存在着两类不同的处理：操作型处理和分析型处理。操作型处理也叫事务处理，是指对数据库联机的日常操作，通常是对一个或一组记录的查询和修改，主要是为企业的特定应用服务的。在操作型处理中，人们关心的主要是响应时间、数据的安全性和完整性。分析型处理则用于管理人员的决策分析，例如，DSS、EIS 和多维分析等，经常需要访问大量的历史数据。二者的巨大差异使得操作型处理和分析型处理的分离成为必然。于是，数据库由旧的操作型环境发展为一种新环境——体系化环境。体系化环境由操作型环境和分析型环境组成。

数据仓库概念的创始人美国人 W. H. Inmon 给数据仓库做出了如下定义：数据仓库是面向主题的、集成的、稳定的、不同时间的数据集合，用以支持经营管理中的决策制定过程。面向主题、集成、稳定和随时间变化是数据仓库的四个最主要特征。

二、工程数据库

知识拓展 5.1

工程数据库是一种能存储和管理各种工程图形，并能为工程设计提供各种服务的数据库。传统的数据库只能处理简单的对象和规范化的数据，而对具有复杂结构和内涵的工程对象以及工程领域中的大量“非经典”应用则不能适用。工程数据库正是针对传统数据库的这一缺点而提出的，它针对工程应用领域的需求，对工程对象进行处理，并提供相应的管理功能及良好的设计环境。

工程数据库主要具有以下功能。

（1）支持复杂多样的工程数据的存储和集成管理；

（2）支持复杂对象的表示和处理；

（3）支持变长结构数据实体的处理；

（4）支持多种工程应用程序；

（5）支持模式的动态修改和扩展；

（6）支持设计过程中多个不同数据库版本的存储和管理；

（7）支持工程长事务和嵌套事务的处理和恢复。

三、统计数据库

统计数据库是一种用来对统计数据进行存储、统计和分析的数据库系统。统计数据库向用户提供的是统计数字，而不是某一个体的具体数据。统计数据库中的数据可分为两类：微数据和宏数据。微数据描述的是个体或事件的信息；而宏数据是综合统计数据，它可以直接来自应用领域，也可以是对微数据的综合分析结果。

统计数据库不同于其他数据库，在安全性方面有一种特殊的要求：要防止有人利用统计数据库提供合法查询的时机，获取其不应了解的某一个体的具体数据。

四、空间数据库

空间数据库是以描述空间位置和点、线、面、体特征的拓扑结构的位置数据，以及描述这些特征的性能的属性数据为对象的数据库。位置数据为空间数据，属性数据为非空间数据。其中，空间数据是用于表示空间物体的位置、形状、大小和分布特征等信息的数据，用于描述所有二维、三维和多维分布的关于区域的信息，它不仅包含表示物体本身的空间位置及状态信息，还包含表示物体的空间关系的信息。非空间数据主要包含专题属性数据和质量描述数据，用于表示物体的本质特征，以区别地理实体，对地理物体进行语义定义。

本章知识结构

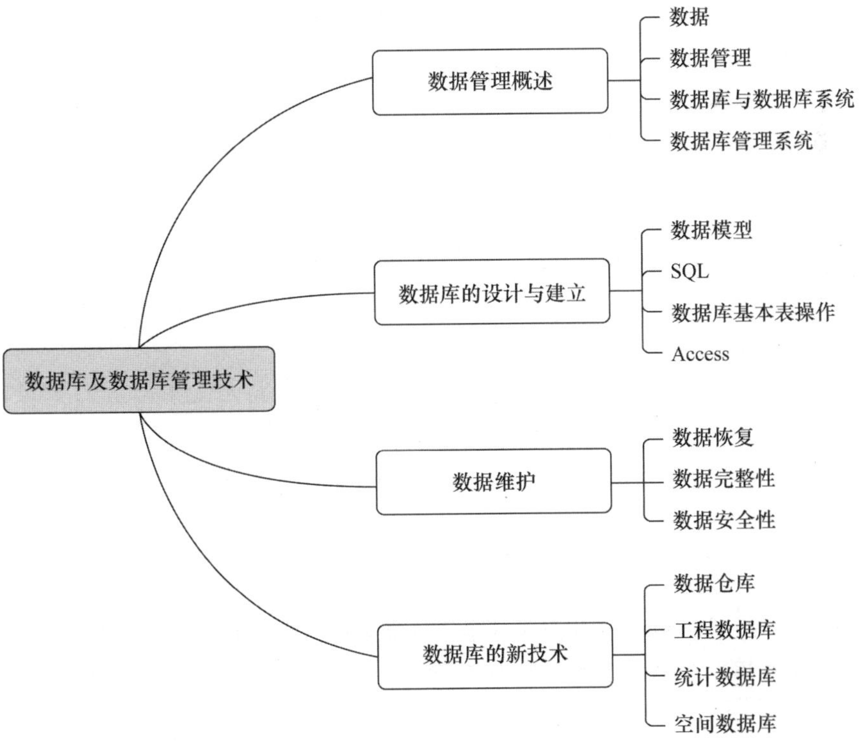

本章小结

（一）本章重难点

数据库的设计与建立是本章的重点及难点所在，考生需要理解、记忆该部分知识点，能建立实体与实体间的关系数据模型，并且能使用 SQL 语言对数据库进行基本的操作。

（二）学习时要注意的问题

本章知识点在考试时多围绕数据库的基本知识点和利用 SQL 语言对数据库简单操作进行考查。考生在复习时要熟记这部分知识并要具备一定的操作能力，在学习时注意对基础知识的记忆和数据库操作的理解。

备考指南

本章由数据管理概述、数据库的设计与建立、数据维护、数据库的新技术四部分组成。在考试中多以单项选择题和简答题的形式进行考查。考生在学习时要重点关注数据库的设计与建立这部分内容，对基本知识的记忆以及对数据库语句的理解尤为重要。

自测训练

一、单项选择题

1. SQL 是一种（　　）的语言。

A. 过程化　　B. 非过程化

C. 格式化　　D. 导航式

2. 在数据库中，产生数据不一致现象的根本原因是（　　）。

A. 数据冗余　　B. 没有严格保护数据

C. 数据存储量太大　　D. 未对数据进行完整性控制

3. 一个车间有多名工人，而每个工人只能在一个车间工作，车间与工人之间的关系是（　　）。

A. 一对一　　B. 一对多　　C. 多对一　　D. 多对多

4. 下列选项中，实体集之间的联系是“一对多”的是（　　）。

A. 班级和学生　　B. 顾客和商品

C. 学生和课程　　D. 居民和身份证

二、简答题

1. 请简述数据库管理系统的特点。

参考答案及解析

一、单项选择题

1.【参考答案】B。解析： SQL 是基于关系代数运算的一种数据查询语言，是一种非过程化语言。故选 B。

2.【参考答案】A。解析： 由于数据冗余，有时修改数据时，一部分数据修改了，而另一部分没有修改，造成同一种数据有多个值，产生数据不一致。故选 A。

3.【参考答案】B。解析： 由于一个车间可以有多名工人，而一名工人只能在一个车间工作,因此车间与工人是一对多的关系。故选 B。

4.【参考答案】A。解析: 一个班级中可以有多名学生,而一名学生只能在一个班级中,因此班级和学生之间的联系是“一对多”。故选 A。

二、简答题

1.【参考答案】 数据库管理系统主要具有以下几个特点:

(1) 实现数据集中化控制和统一管理;

(2) 数据冗余度小;

(3) 采用一定的数据模型;

(4) 实现了数据共享;

(5) 避免了数据的不一致性;

(6) 提供数据库保护功能。

第六章　程序设计基础

考纲内容

本章内容属于信息技术学科专业知识，在考纲中要求如下。

1. 了解信息技术发展史及国内外的发展动态，掌握与初中信息技术相关的基础知识和基本理论；

2. 掌握与信息活动相关的法律法规、伦理道德；

3. 掌握信息技术学科的基本理论和基本方法，并能用于分析和解决相关问题。

考纲解读

程序设计在初中信息技术中是比较重要的内容，学生在初中阶段的学习应为高中程序设计与算法的学习打下基础，因此初中信息技术这部分更具基础性。考生须准确掌握的基本知识与技能有：算法基础知识、程序设计、C语言、VB语言基础。此外，考生还要重点记忆算法的表示方法，此部分经常作为单项选择题的考点。

第一节　程序设计基础

一、程序与程序设计

程序就是一组计算机能识别和执行的指令。每一条指令使计算机执行特定的操作。只要让计算机执行这个程序，计算机就会“自动地”执行各条指令，有条不紊地进行工作。瑞士著名计算机科学家沃思提出一个公式：算法＋数据结构＝程序。直到今天，这个公式对于过程化程序来说依然适用。

程序设计是指从确定任务到得到结果、写出文档的全过程。从确定问题到最后完成任务，一般要经历以下几个阶段。

(1) 问题分析，要认真地分析问题，研究所给定的条件，分析最后应达到的目标，找出解决问题的规律，选择解决问题的方法。

(2) 设计算法，即设计出解决问题的方法和具体步骤。

(3) 编写程序，根据设计的算法，用一种高级语言编写出源程序。

（4）对源程序进行编辑、编译和连接，以得到可执行程序。

（5）运行可执行程序，得到运行结果，并对结果进行分析，看是否合理。

（6）编写程序文档，许多程序是提供给别人使用的，如同正式的产品应当提供产品说明书一样，正式提供给用户使用的程序，必须向用户提供程序说明书。

二、程序设计语言

（一）程序设计语言发展概述

人和人之间的交流需要通过语言，人和计算机交流信息，也要解决语言问题。这就需要创造一种计算机和人都能识别的语言，这就是计算机语言（即程序设计语言）。从最初的机器语言到目前正在研制的智能化语言，程序设计语言大致经历了“五代”。

1. 第一代语言——机器语言

第一代程序设计语言是机器语言，其基本组成是硬件直接支持的二进制指令代码，也称二进制语言。其特点如下：

真题测试 6.1

（1）计算机可以直接识别和执行；

（2）指令的伪禁止代码不易记忆，编写烦琐，易出错；

（3）不同计算机有不同的机器语言，通用性差。

2. 第二代语言——汇编语言

汇编语言由指令的助记符（一般为指令的英文名称的缩写）及相应的语法规则组成。其特点如下：

（1）不能被计算机硬件直接识别和执行；

（2）汇编语言与机器语言的指令一一对应，均为面向机器编程的语言；

（3）不同计算机具有不同的汇编语言，通用性差；

（4）编写烦琐，不易记忆。

3. 第三代语言——高级程序设计语言

高级程序设计语言是由表达各种意义的“词”“数学公式”及特定的语法规则组成的，简称“高级语言”。高级语言包括 FORTRAN（第一个高级语言）、Basic、Pascal、ALGOL、COBOL、C、Ada 语言等。其特点如下：

（1）用高级语言编写的源程序必须通过“翻译”生成目标程序才能被计算机执行；

（2）通用性强；

（3）严格、小巧、没有二义性。

4. 第四代语言

第四代语言是指在高级语言基础上发展而来的模块化语言，有以下三类：

（1）面向过程的第四代语言，如 SQL、Power Builder 等；

（2）面向对象的编程语言和网络语言，如 VB（Visual Basic）、VC（Visual C＋＋）、C＋＋、HTML、Java 等；

（3）软件开发工具，如 CASE 等。

5. 第五代语言

第五代语言就是自然语言，又被称为知识库语言或人工智能语言。它是最接近日常生活所用语言的程序语言。真正意义上的第五代语言尚未出现，LISP 和 PROLOG 号称第五代语言，其实还远远不能达到自然语言的要求。

（二）程序设计语言的编制与运行

1. 高级语言源程序“翻译”过程

用高级语言编写的源程序不能直接被计算机硬件识别和执行，必须通过“翻译”生成目标程序才能被计算机执行。“翻译”过程有两种工作方式：先编译后执行和边解释边执行。这两种方式分别如图 6.1 和图 6.2 所示。

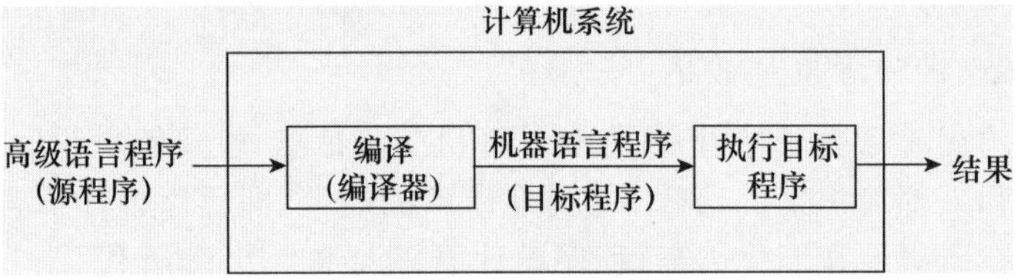

图 6.1　先编译后执行

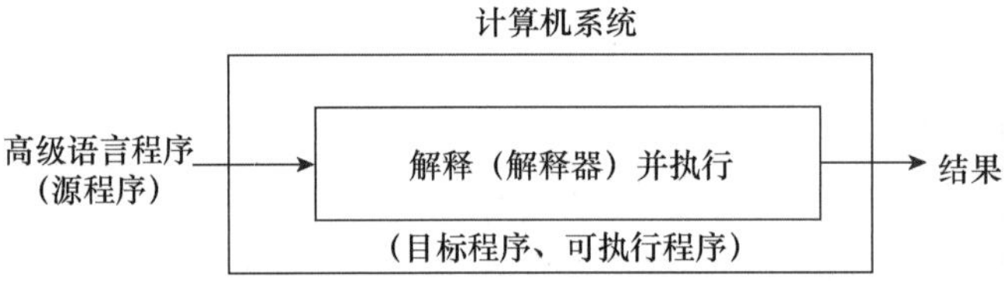

图 6.2　边解释边执行

在图 6.1 和图 6.2 中，源程序是指该程序的源代码；目标程序是指从源代码编译、连接生成的最终程序。在图 6.2 中，可执行程序是指一种可在操作系统存储空间中浮动定位的程序。

2. 高级语言程序编制过程

高级语言程序编制过程包括编辑、编译、连接、运行四个步骤，如图 6.3 所示。

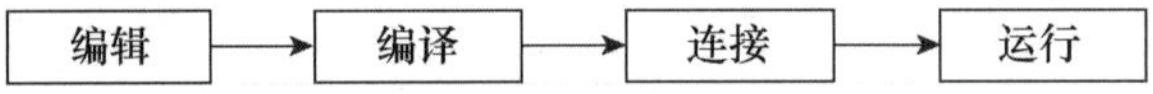

图 6.3　高级语言程序编制过程

（1）编辑是指编辑、修改程序源代码。

（2）编译是指将源程序“翻译”成能直接被计算机硬件识别和执行的二进制形式。高级语言程序编译过程又可分为五个阶段：词法分析、语法分析、语义检查和中间代码生成、代码优化、目标代码生成。

（3）连接是指用连接器将连接文件生成最终目标程序。

（4）运行是指运行可执行程序文件。

第二节　算　　法

一、算法概述

（一）什么是算法

人们做任何事情都有一定的步骤。例如，你想从天津到北京考试，先要去买火车票，然后按时乘坐地铁或汽车到天津火车站，乘上火车，到北京火车站后再乘坐地铁或汽车到考试地点，参加考试；要考教师资格证，先要填写报名信息，交报名费，然后下载打印准考证，按时到指定地点参加考试，接着查看成绩，体检，资格认定，领取教师资格证书等。这些步骤都是按一定的顺序进行的，缺一不可，次序错了也不行。人们从事各种工作和活动，都应该事先想好步骤，然后按部就班地进行，避免错乱。

大家不要认为只有“计算”的问题才有算法。简单地说，对解题方案的准确而完整的描述，即解决问题的操作步骤，就称为“算法”。

（二）简单算法举例

例如，计算 100＋99＋98＋97＋96，这个题目可以用最原始的方法进行求解。

STEP1：先求 100 加 99，得到结果 199；

STEP2：将 STEP1 所得的 199 再加上 98，得到结果 297；

STEP3：将 297 再加上 97，得到 394；

STEP4：将 394 再加上 96，得到 490，即为最终结果。

这样的算法虽然是正确的，但过于烦琐。如果要求 100＋99＋98＋…＋1，则要写 99 个步骤，显然是不可取的，而且每次都要用上一步骤的运算结果（如 199，297，394 等）继续计算，也很不便，应当找到一种通用的表示方法。

我们不妨设两个变量，一个变量代表被加数，另一个代表加数，不再另设变量存放加法结果，而是直接将每一步骤的和放在被加数变量中。现设变量 a 为被加数，变量 b 为加数，用循环算法计算 100＋99＋98＋97＋96，可将算法改写如下：

STEP1：使 $a=100$；

STEP2：使 $b=99$；

STEP3：使 a 与 b 相加，和仍放在变量 a 中，可表示为 $a+b \rightarrow a$；

STEP4：使 b 减去 1，即 $b-1 \rightarrow b$；

STEP5：如果 b 不小于 96，返回重新执行 STEP3 及其后的步骤；否则，算法结束。

最后得到的 a 的值就是所求结果。

上面的两个算法中，第二个算法比第一个算法简练且具有通用性，题目变成 100＋99＋98＋…＋1 仍适用，只是中间循环次数增多而已。由于计算机是高速运算的自动机器，实现循环是轻而易举的事情，所有计算机高级语言中都有实现循环的语句，因此，上述算法不仅正确，而且是计算机能方便实现的算法。

二、算法的特征及评价

（一）算法的特征

为了能编写程序，学生必须学会设计算法。在这里，我们需要注意的是：并不是任意写出的一些执行步骤就能构成一个算法，一个有效算法应该具备以下特征。

（1）有穷性：在有穷个步骤内解决问题。

（2）确定性：每一条指令必须有确切的含义，不产生二义性。也就是说，算法中的每个步骤应当是确定的，而不应当是含糊的、模棱两可的。

（3）可行性：所有的操作都是可以实现的。

（4）输入：包含零个或零个以上的输入数据。

（5）输出：产生一个或多个输出结果。

（二） 评价算法优劣的标准

我们常用空间复杂度和时间复杂度来评价一个算法的优劣。

1. 空间复杂度

空间复杂度是指算法所编制的程序在计算机中所占用存储单元的总数，占用的空间越小，算法的空间复杂度就越小。

2. 时间复杂度

时间复杂度是指算法所编制的程序在计算机中执行时所耗费的时间，耗费的时间越短，算法的时间复杂度就越小。

三、算法的表示方法

算法的表示方法主要有自然语言、流程图、N-S 流程图和伪代码几种。

（一） 自然语言

真题测试 6.2

算法可以用自然语言来表示，自然语言就是人们日常使用的语言，可以是汉语、英语或其他语言。用自然语言表示的算法通俗易懂，但文字冗长，容易出现歧义。自然语言表示的含义往往不太严格，要根据上下文才能判断其正确含义。另外，用自然语言来描述包含分支和循环结构的算法不大方便。因此，除了一些很简单的问题外，一般不用自然语言表示算法。

（二） 流程图

流程图是算法的一种图形化表示方式，它使用一组预定义的符号来说明如何执行特定任务。流程图使用的符号及其含义如表 6.1 所示。

真题测试 6.3

表 6.1 流程图使用的符号及其含义

图框	名称	功能	举例
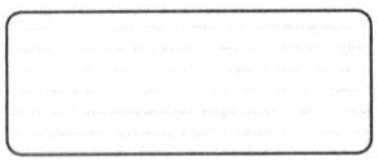	起止框（圆弧形框）	表示算法开始或结束	开 始
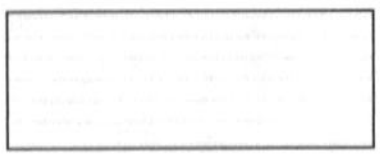	处理框（矩形框）	表示一般处理功能	求和 s=a+b
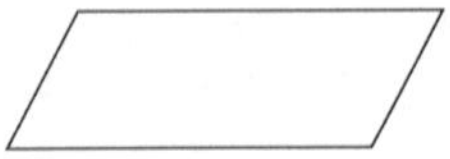	输入输出框（平行四边形框）	表示一个算法的输入或输出信息	输入半径 r
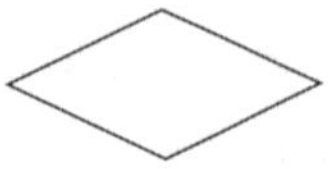	判断框（菱形框）	表示根据条件选择不同的流向	x>y?
	流程线（直向线）	表示流程的路径和方向	

流程图是表示算法较好的方法，一个流程图一般包括三个部分：表示相应操作的框、带箭头的流程线和框内外必要的文字说明。

需要注意的是：画流程图时不要忘记画箭头，因为它是反映流程先后的，如不画箭头就难以判断各框的执行次序了。图 6.4 所示为某流程图实例。

真题测试
6.4—6.11

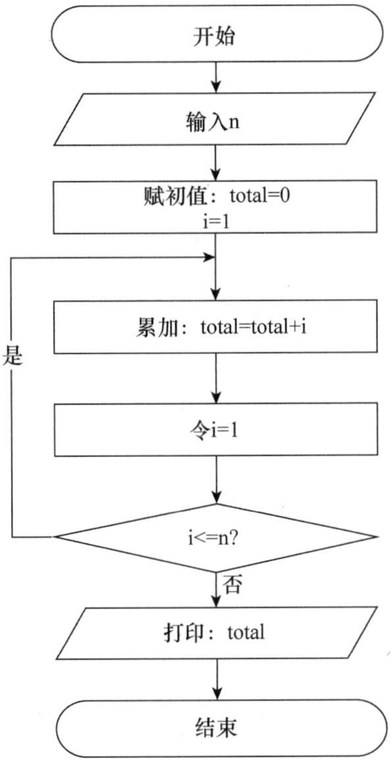

图 6.4　流程图实例

（三）N-S 流程图

1937 年，美国学者 I. Nassi 和 B. Shneiderman 提出了一种新的流程图形式。在这种流程图中，完全去掉了带箭头的流程线，将全部算法写在一个矩形框内，在该框内还可以包含其他从属于它的框，或者说，由一些基本的框组成一个大的框。这种流程图称为 N-S 流程图（N 和 S 是两位美国学者的英文名首字母），简称 N-S 图。

下面简单介绍一下用 N-S 流程图怎样表示顺序结构、选择结构和循环结构。

1. 顺序结构

A 和 B 两个框构成一个顺序结构，如图 6.5 所示。

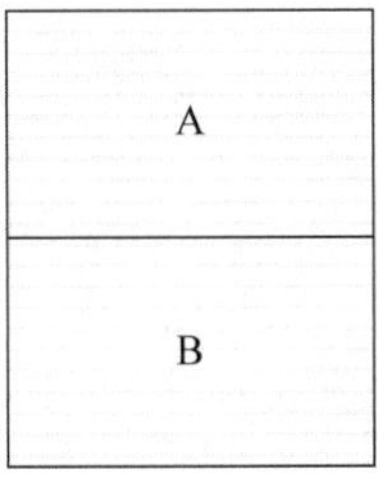

图 6.5　顺序结构

2. 选择结构

当 p 条件成立时执行 A 操作，p 条件不成立则执行 B 操作，如图 6.6 所示。

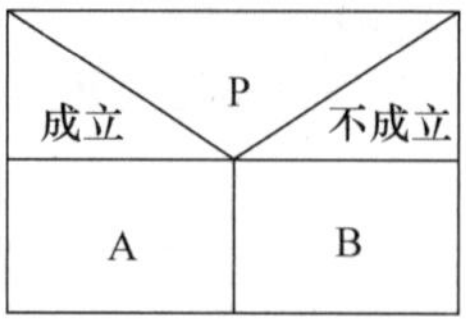

图 6.6　选择结构

3. 循环结构

循环结构包括当型循环和直到型循环两种，分别如图 6.7 和图 6.8 所示，其中，A 为循环体。

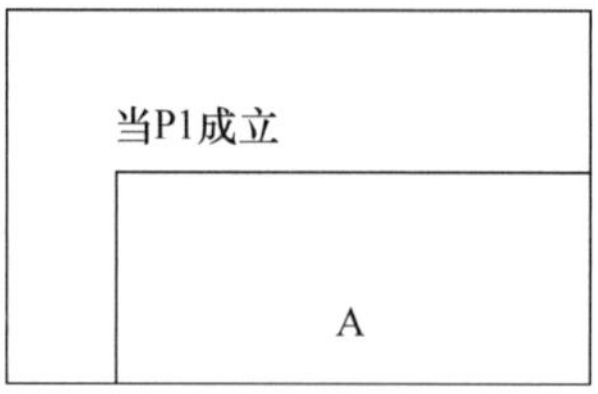

图 6.7　当型循环

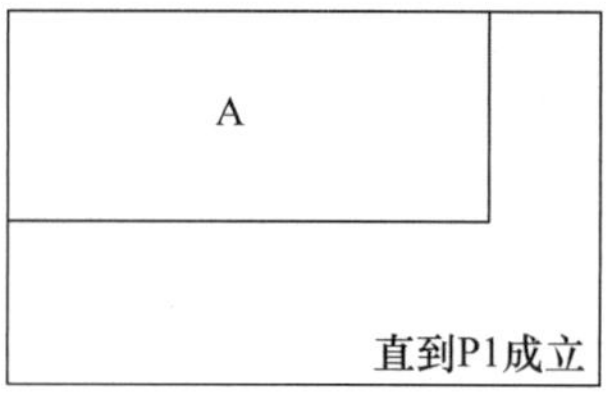

图 6.8　直到型循环

（四）伪代码

伪代码是用介于自然语言和计算机语言之间的文字和符号来描述算法。它如同一篇文章一样，自上而下地写下来，每一行（或几行）表示一个基本操作。它不用图形符号，因此书写方便，格式紧凑，修改方便，容易看懂。用伪代码写算法无固定、严格的语法规则，可以用英文，也可以中英文混用，只要把意思表达清楚，便于书写和阅读即可，书写的格式要清晰易读。

流程图画起来比较费事，在设计一个算法时可能要反复修改；而伪代码在算法比较复杂、需要反复修改的情况下更为方便，并且类似自然语言。下面是求 1＋2＋3＋…n 算法的伪代码。

```
开始
输入 n
0 = >total
1 = >i
if  i <= n
{
total = total + i
}
输出 total
结束
```

第三节 C 语 言

一、C 语言概述

（一）C 语言简介

C 语言是一种面向过程、抽象化的通用编程语言，广泛用于系统软件与应用软件的开发。1969—1973 年，为了移植与开发 UNIX 操作系统，美国计算机科学家丹尼斯·里奇与肯·汤普逊以 B 语言为基础，在贝尔实验室设计、开发出了 C 语言。

（二）C 语言的特点

C 语言主要具有以下几个特点。

1. 语言简洁紧凑，使用灵活方便

C 语言共有 32 个关键字和 9 种控制语句，主要用小写字母表示，语言简洁紧凑，使用灵活方便。

2. 运算符丰富

C 语言运算符包含的范围很广泛，共有 34 个运算符。

3. 表达能力强

C 语言具有丰富的数据结构类型，人们可以根据需要采用整型、实型、字符型、数组类型等数据类型。

4. 结构化

C 语言是一种结构化语言，结构化语言的显著特点是代码及数据的分隔化，即程序的各个部分除了必要的信息交流外彼此独立。

5. 语法限制不太严格，程序设计自由度大

C 语言的语法限制不太严格，程序设计自由度比较大，比如对数组下标越界不进行检查，由程序编写者本人保证正确；对变量的类型使用比较灵活，整型数据与字符型数据以及逻辑型数据可以通用。

6. 生成的代码质量高

C 语言生成的代码质量比较高，在代码效率方面可以和汇编语言相媲美。

7. 可移植性强

C 语言编写的程序很容易进行移植，在一个环境下运行的程序不加修改或进行少许修改就可以在完全不同的环境下运行。

（三）C 语言的结构化程序设计

这里以最简单的 C 语言程序为例。

例 6.1 在屏幕上输出“Hello World!”，其 C 语言程序代码如下。

```
#include <stdio.h>
int main()
{
    printf("Hello World!");
    return 0;
}
```

其中，#include<stdio.h>告诉编译器的预处理器将含输入输出函数的<stdio.h>库包括在本程序中。int main( )是这一行为主函数(main function)的起始声明。main( )是所有C语言程序的起始点。不论它在代码的开头、结尾还是中间，此函数中的代码总是在程序开始运行时最先被执行。main后面跟一对圆括号，表示它是一个函数，括号中可以输入一些参数，即使什么都没有，这对圆括号也不能省略。主函数main( )中的内容由各C语言语句构成，由一对{}括起来。

return 0是主函数main( )的返回语句，数值0表示程序顺利结束。

二、C语言的运算符、数据类型和常用库函数

1. C语言的运算符

C语言的运算符及其说明如表6.2所示。

表6.2 C语言的运算符

运算符	说明
算术运算符	用于各类数值运算，包括加(+)、减(-)、乘(*)、除(/)、求余(或称模运算，%)、自增(++)、自减(--)七种
关系运算符	用于比较运算，包括大于(>)、小于(<)、等于(==)、大于等于(>=)、小于等于(<=)和不等于(!=)六种
逻辑运算符	用于逻辑运算，包括与(&&)、或(||)、非(!)三种
位操作运算符	参与运算的量，按二进制位进行运算，包括位与(&)、位或(|)、位非(~)、位异或(^)、左移(<<)、右移(>>)六种
赋值运算符	用于赋值运算，分为简单赋值(=)、复合算术赋值(+=，-=，*=，/=，%=)和复合位运算赋值(&=，|=，^=，>>=，<<=)三类，共十一种
条件运算符	这是一个三目运算符，用于条件求值(?:)
逗号运算符	用于把若干表达式组合成一个表达式(，)
指针运算符	用于取内容(*)和取地址(&)两种运算
求字节数运算符	用于计算数据类型所占的字节数(sizeof)
特殊运算符	有括号( )，下标[ ]等几种

2. C语言的数据类型

C语言提供了丰富的数据类型，在此我们主要介绍整型、实型、字符型这三种基本的数据类型。

(1) 整型。

在C语言中，整型数据的类型标识符为int，根据整型变量的取值范围，我们可将整型变量定义为六种类型，如表6.3所示。

表6.3 整型数据类型

数据类型	定义标识符	占字节数	数值范围
短整型	short [int]	2(16位)	$-2^{15}\sim2^{15}-1$
整型	int	4(32位)	$-2^{31}\sim2^{31}-1$
长整型	long [int]	4(32位)	$-2^{31}\sim2^{31}-1$
无符号整型	unsigned [int]	2(16位)	$0\sim2^{16}-1$
无符号短整型	unsigned short [int]	2(16位)	$0\sim2^{16}-1$
无符号长整型	unsigned long [int]	4(32位)	$0\sim2^{32}-1$

注：[ ]内为可选内容。

（2）实型。

实型即实数，包括正实数、负实数和零。根据实型变量的取值范围，我们可将实型变量定义为四种类型，如表 6.4 所示。

表 6.4　实型数据类型

数据类型	定义标识符	数值范围	占字节数	有效位数
单精度实型	float	－3.4E－38～3.4E＋38	4(32 位)	6～7 位
双精度实型	double	－1.7E＋308～1.7E＋308	8(64 位)	15～16 位
长双精度实型	long double	－3.4E＋4932～1.1E＋4932	16(128 位)	18～19 位
布尔变量	bool	真 true 或假 false 之一	1(8 位)	—

（3）字符型。

字符常量是由单个字符组成的，所有字符采用 ASCII 编码，ASCII 编码共有 128 个字符。在程序中，人们通常用一对单引号将单个字符括起来表示一个字符常量，如‘a’‘A’‘0’等。

3. C 语言常用库函数

C 语言的常用库函数如表 6.5 所示。

表 6.5　C 语言的常用库函数

函数名	格式	功能说明	例子
绝对值函数	abs(x)	求一个数 x 的绝对值	abs(－5)＝5
自然数指数函数	exp(x)	求实数 x 的自然指数	exp(1)＝2.718282
向下取整	floor(x)	求不大于实数 x 的最大整数	floor(3.14)＝3
向上取整	ceil(x)	求不小于实数 x 的最小整数	ceil(3.14)＝4
自然对数函数	log(x)	求实数 x 的自然数对数	log(1)＝0
指数函数	pow(x,y)	计算 x^y，结果为双精度实数	pow(2,3)＝8
随机函数	rand(　)	产生随机数	
平方根值函数	sqrt(x)	求实数 x 的平方根	sqrt(25)＝5

三、C 语言语句

C 语言程序的实行部分是由语句组成的，程序的功能也是通过执行语句实现的。C 语言语句可以大致分为表达式语句、函数调用语句、控制语句、复合语句和空语句五类。

1. 表达式语句

表达式语句由表达式加上分号“;”组成。其一般形式为：

```
表达式;
```

执行表达式语句就是计算表达式的值。

例 6.2

```
x = y + z;a = 520;//赋值语句
y + z;//加法运算语句,但计算结果不能保留,无实际意义
i + +;//自增 1 语句,i 值增 1,是先运算 i 后再加 1
+ + i;//是先把 i 值增 1 后再运算
```

2. 函数调用语句

函数调用语句由函数名、实际参数和分号“;”组成。其一般形式为：

```
函数名(实际参数表);
```

执行函数调用语句就是调用函数体并把实际参数赋予函数定义中的形式参数，然后执行被调函数体中的语句，从而求取函数值。

例 6.3

```
printf("%d%f%s",a,b,c); /* 调用名为"printf"的函数 */
```

3. 控制语句

控制语句用于控制程序的流程，以实现程序的各种结构。它们由特定的语句定义符组成。C 语言有九种控制语句，可分成三类：① 条件判断语句：if 语句、switch 语句；② 循环执行语句：do while 语句、while 语句、for 语句；③ 转向语句：break 语句、goto 语句(此语句应尽量少用，因为这不利于结构化程序的设计，滥用它会使程序流程无规律、可读性差)、continue 语句、return 语句。

真题测试 6.12

4. 复合语句

我们把多个语句用括号“{}”括起来组成的一个语句称为复合语句。在程序中，我们应把复合语句看成是单条语句，而不是多条语句，例如：

例 6.4

```
{
    x=y+z;
    a=b+c;
    printf("%d%d",x,a);
}
```

例 6.4 是一条复合语句。复合语句内的各条语句都必须以分号“;”结尾。此外，在括号“}”外不能加分号。

5. 空语句

只有分号“;”组成的语句称为空语句，空语句是什么也不执行的语句。在程序中空语句可用来做空循环体。

例 6.5

```
while(getchar()! =\n);
```

本语句的功能是，当 getchar()的值不是回车时，就进入 while 循环。这里的循环体为空语句。

四、C 语言的输入输出

在 C 语言中，输入输出需要调用<stdio. h> 库函数中的 scanf 函数和 printf 函数。

1. scanf 函数

scanf 函数的功能是格式化输入任意数据列表。其一般调用格式为：

```
scanf(格式控制符,地址列表);
```

(1) 地址列表中给出的地址可以为变量的地址，也可以为字符串的首地址。

(2) 格式控制符由“%”和格式字符组成，作用是将要输入的字符按指定的格式输入，如%d、%c 等。

2. printf 函数

printf 函数的功能是格式化输出任意数据列表。其一般调用格式为：

```
printf(格式控制符,输出列表);
```

(1) 格式控制符由输入格式说明和普通字符组成，必须用双引号括起来。格式说明由“%”和格式字符组成，作用是将要输出的字符转换为指定的格式，如%d、%c 等。普通字符是在输出时原样输出的字符，一般在显示时起提示作用。

(2) 输出列表是真正要输出的内容。

五、C 语言的数组

数组是用于存储多个相同类型数据的集合。在 C 语言中，数组主要分为一维数组、二维数组和字符数组。

1. 一维数组

(1) 一维数组的定义。

当数组中每个元素只带有一个下标时，我们称这样的数组为一维数组。一维数组的定义格式如下：

```
类型说明符　数组名[常量表达式];
```

① 数组名的命名规则与变量名的命名规则一致。

② 常量表达式表示数组元素的个数，必须是常量，不能是变量。

例 6.6

```
int a[10];          //数组 a 定义是合法的
int b[n];           //数组 b 定义是非法的
```

在例 6.6 中，a 是一维数组的数组名，该数组有 10 个元素。由于每个数组第一个元素的下标都是 0，因此一维数组 a 的第一个元素是 a[0]。例 6.6 中的一维数组 a 在内存的存储情况如图 6.9 所示。

a[0]	a[1]	a[2]	a[3]	a[4]	a[5]	a[6]	a[7]	a[8]	a[9]

图 6.9　例 6.6 中的一维 a 在内存中的存储情况

(2) 一维数组的引用。

通过给出的数组名称和元素在数组中的位置编号(即下标)，程序可以引用一维数组中的任何一个元素。一维数组元素的引用格式为：

数组名[下标];

例 6.7

```
a[5];
a[i+j];
a[i++];
```

若 i、j 都是 int 型变量，则 a[5]、a[i+j]、a[i++]都是合法的元素

在一维数组的引用中，下标可以是任意值为整型的表达式，该表达式里可以包含变量和函数调用。引用时，下标值应在数组定义的下标值范围内。数组的精妙在于下标可以是变量，人们可以通过对下标变量值的灵活控制，达到灵活处理数组元素的目的。C 语言只能逐个引用数组元素，而不能一次引用整个数组。我们可以像使用同类型的普通变量那样使用数组元素，对其进行赋值和运算的操作。

（3）一维数组的初始化。

数组的初始化可以在定义时一并完成。其格式为：

类型说明符　数组名[常量表达式]={值 1,值 2,……}

例 6.8

```
int a[5]={1,2,3,4,5}
```

在初值列表中可以写出全部数组元素的值，也可以只写出部分数组元素的值。例如，以下方式可以对数组进行初始化：int x[10]={0,1,2,3,4}，此方法仅对数组的前 5 个元素依次进行了初始化，该数组中其余元素的值为 0。

若将数组元素全部初始化为 0，等号后可以简写为“{}”。例如，int a[5]={}，此语句将数组 a 的 5 个元素都初始化为 0。

2. 二维数组

（1）二维数组的定义。

当一维数组元素的类型也是一维数组时，便构成了“数组的数组”，即二维数组。二维数组定义的一般格式为：

数据类型　数组名[常量表达式 1][常量表达式 2];

例 6.9

```
int a[4][10];
```

在例 6.9 中，数组 a 实质上是一个有 4 行 10 列的表格，该表格中可存储 40 个元素。第 1 行第 1 列对应的数组元素为 a[0][0]，第 n 行第 m 列对应的数组元素为 a[n-1][m-1]。

(2) 二维数组的引用。

二维数组的引用与一维数组的引用类似，区别在于二维数组的引用必须给出两个下标。二维数组引用的格式为：

```
数组名[下标1][下标2];
```

在二维数组的引用中，每个下标表达式的取值不应超出下标所指定的范围，否则会导致越界错误。

例 6.10

```
int a[3][5];
```

在例 6.10 中，a 是一个二维数组(相当于一个 3×5 的表格)，共有 3×5=15 个元素，它们分别是：

a[0][0] a[0][1] a[0][2] a[0][3] a[0][4]

a[1][0] a[1][1] a[1][2] a[1][3] a[1][4]

a[2][0] a[2][1] a[2][2] a[2][3] a[2][4]

我们可以将二维数组 a 看成一个矩阵(表格)，a[2][3]即表示第 3 行第 4 列的元素。

(3) 二维数组的初始化。

二维数组的初始化和一维数组类似。我们可以将每一行分开来写在各自的括号里(如例 6.11)，也可以把所有数据写在一个括号里。

例 6.11

```
int direct[4][2] = {{1,0},{0,1},{-1,0},{0,-1}};
```

3. 字符数组

字符数组是指元素为字符的数组。字符数组是用来存放字符序列或字符串的。字符数组也有一维、二维之分。

(1) 字符数组的定义。

字符数组的定义格式同一般数组，所不同的是：数组类型是字符型。字符数组定义的具体格式为：

```
char 数组名[常量表达式1]…
```

例 6.12

```
char ch1[5]; //数组ch1是一个具有5个字符元素的一维字符数组
char ch2[3][5]; //数组ch2是一个具有15个字符元素的二维字符数组
```

(2) 字符数组的赋值。

字符数组的赋值分为数组的初始化和数组元素的赋值两种方式。

① 数组的初始化。

数组的初始化有用字符初始化和用字符串初始化两种，例 6.13 为用字符初始化数组，例 6.14 为用字符串初始化数组。当初始值个数少于元素个数时，从首元素开始赋值，剩余元素默认为空字符。

例 6.13

```
char chr1[5] = {'a','b','c','d','e'};
```

例 6.14

```
char chr2[5] = "abcd";
```

② 数组元素的赋值。

数组元素的赋值是给字符数组的各个元素赋一个字符值。

例 6.15

```
char chr3[3];
chr3[0] = 'a';
chr3[1] = 'b';
chr3[2] = 'c';
```

六、C 语言的函数

1. 函数的定义

在 C 语言中，函数的定义格式为：

```
数据类型  函数名(形式参数表)
    {
        函数体                    //执行语句
    }
```

（1）函数的数据类型是函数的返回值类型(若数据类型为 void ，则无返回值)。

（2）函数名是标识符，一个程序中除了主函数名必须为 main 外，其余函数的名字按照标识符的取名规则可以任意选取，最好取有助于记忆的名字。

（3）形式参数(以下简称“形参”)表可以是空的(即函数为无参函数)；也可以有多个形参，形参间用逗号隔开。不管有无参数，函数名后的圆括号都不能省略。形参必须有类型说明，形参可以是变量名、数组名或指针名，它的作用是实现主调函数与被调函数之间的关系。

（4）函数中最外层一对花括号“{ }”括起来的若干个说明语句和执行语句组成了一个函数的函数体。函数功能由函数体内的语句决定。函数体实际上是一个复合语句，它可以没有任何类型说明，只有语句；也可以两者都没有，即函数为空函数。

（5）函数不允许嵌套定义，在一个函数内定义另一个函数是非法的；但函数允许嵌套使用。

（6）函数在没有被调用的时候是静止的，此时的形参只是一个符号，它标志着在形参出现的位置应该有一个某种类型的数据。函数在被调用时才执行，也就是在被调用时才由主调函数将实际参数(以下简称“实参”)值赋予形参。这与数学中的函数概念相似，如数学函数 $f(x)=x^2+x+1$，只有当自变量被赋值以后，才能计算出函数的值。

2. 函数的声明和调用

(1) 函数的声明。

调用函数之前先要声明函数原型。在主调函数中或在所有函数定义之前,我们可以按如下形式对函数进行声明:

类型说明符　被调函数名(含类型说明的形参表);

如果是在所有函数定义之前声明了函数原型,那么该函数原型在本程序文件中任何地方都有效,也就是说在本程序文件中任何地方都可以依照该原型调用相应的函数。如果是在某个主调函数内部声明了被调用函数原型,那么该函数原型就只在这个函数内部有效。

例 6.16

```
int js(int n);
```

也可以:

```
int js(int);
```

(2) 函数的调用。

声明了函数原型之后,我们便可以按如下形式调用函数:

函数名(实参列表);

调用函数时实参列表中应给出与函数原型的形参个数相同、类型相符的实参。在主调函数中的参数称为实参,实参一般应具有确定的值。实参可以是常量、表达式,也可以是已有确定值的变量、数组或指针名。函数调用可以作为一条语句,这时函数可以没有返回值。函数调用也可以出现在表达式中,这时函数就必须有一个明确的返回值。

(3) 函数的返回值。

在组成函数体的各类语句中,值得注意的是返回语句 return。它的一般形式是:

return(表达式);

return 语句的功能是把程序流程从被调函数转向主调函数,并把表达式的值带回主调函数,实现函数的返回。所以,在圆括号里的表达式的值实际上就是该函数的返回值。其返回值的类型即为它所在函数的函数类型。当一个函数没有返回值时,函数中可以没有return语句,直接利用函数体的右花括号"}"作为没有返回值的函数的返回;也可以有 return 语句,但 return 后没有表达式。

3. 函数的传值调用和传址调用

(1) 传值调用。

这种调用方式是将实参的数据值传递给形参,即将实参值拷贝一个副本存放在被调用函数的栈区中。在被调用函数中,形参值可以改变,但不影响主调函数的实参值。参数传递方向只是从实参到形参,简称单向值传递。

(2) 传址调用。

这种调用方式是将实参变量的地址值传递给形参,这时形参实际上是指针,即让形参的指针指向实参地址,这里不再是将实参拷贝一个副本给形参,而是让形参直接指向实参,这就提供了一种可以改变实参变量的值的方法。

4. 全局变量和局部变量

（1）全局变量。

定义在函数外部没有被花括号括起来的变量称为全局变量，全局变量的作用域是从变量定义的位置开始到文件结束。由于全局变量是在函数外部定义的，因此对所有函数而言都是外部的。全局变量可以在文件中位于全局变量定义后面的任何函数中使用。

（2）局部变量。

局部变量的作用域是在定义该变量的函数内部，换句话说，局部变量只在定义它的函数内有效。函数的形参也是局部变量。局部变量的存储空间是临时分配的，当函数执行完毕后，局部变量的空间就被释放，其中的值无法保留到下次使用。

第四节　VB 基　础

一、VB 程序设计基础

（一）VB 简介

Visual Basic（简称“VB”）是微软公司开发的一种通用的基于对象的程序设计语言，是一种结构化、模块化、面向对象、包含协助开发环境并以事件驱动为机制的可视化程序设计语言。

VB 有如下几个特点：

（1）VB 是一种可视化的、面向对象和采用事件驱动方式的结构化高级程序设计语言；

（2）VB 可用于开发 Windows 环境下的各类应用程序；

（3）VB 向人们提供事件驱动的编程机制和新颖易用的可视化设计工具。

（二）VB 的常见概念和基本控件

1. VB 的常见概念

（1）对象。

对象是指具有特殊属性和行为方式的实体。VB 中常见的对象是窗体和控件。

（2）属性。

属性用以描述对象的特征，用“属性值”具体体现对象的特征。VB 提供两种设置属性值的方法：一是在设计界面过程中，通过属性窗口进行设置；二是在编写代码过程中进行设置，其格式为：

对象名.属性名 = 属性值

（3）事件。

事件是指发生在对象上的事情，是可被控件识别的操作，每个对象有特定的事件。VB 中常见的事件有 click、command_click、load 等。

（4）方法。

方法是指使对象动作的命令，其实质是可供用户直接调用的过程或函数。VB 中常用的方法有 Print、Cls 等。

2. VB 的基本控件

VB 中的基本控件（如标签、文本、命令按钮等）和窗体如图 6.10 所示。

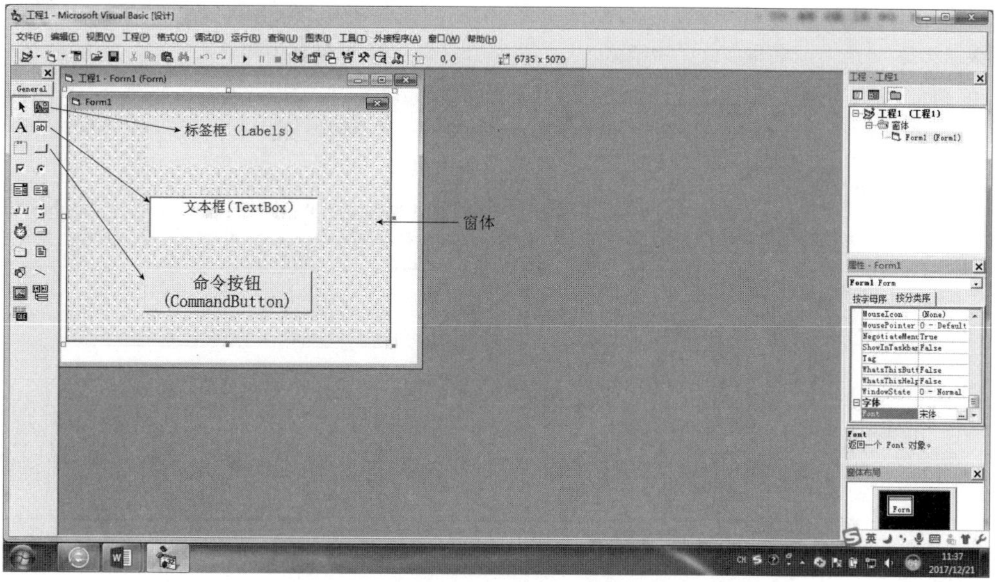

图 6.10 VB 中的基本控件和窗体

窗体是进入 VB 程序设计界面的基础平台，在程序运行时就是程序的实际窗口。用户可以通过窗体的“属性”定义窗体的外观，通过窗体的“方法”定义窗体的行为，通过窗体的“事件”定义与用户之间的交互。VB 程序设计的主要思路就是围绕各对象的属性、方法和事件展开的。

（三）VB 程序设计的一般过程和基本数据类型

1. VB 程序设计的一般过程

VB 程序设计的一般过程包括以下三个步骤：

(1) 设计程序界面；

(2) 编写程序代码；

(3) 调试、运行程序。

2. VB 的基本数据类型

VB 的基本数据类型如表 6.6 所示。

表 6.6 VB 的基本数据类型

数据类型	名称	字节数	取值范围和性质
整数型	Integer	2	−32768～32767 内的整数
长整数型	Long	4	−2147483648～2147483647 内的整数
单精度实数型	Single	4	绝对值在 1.401298E−45～3.402823E38 内的任何实数，有效数字约 6～7 位
双精度实数型	Double	8	绝对值在 10E−324～1.79E308 内的任何实数，有效数字约 14～15 位
字节型	Byte	1	0～255
变长字符串型	String		每个字符占 1 字节，每个字符串最多可存放约 20 亿个字符
定长字符串型	String * size		size 是小于 65535 的无符号整常数，为字符串长度
逻辑型	Boolean	2	判断的结果：其值为 true 或 false

续表

数据类型	名称	字节数	取值范围和性质
日期型	Date	8	日期和时间：100 年 1 月 1 日—9999 年 12 月 31 日
货币型	Currency	8	－922337203685477.5808～922337203685477.5807
对象型	Object	4	任何对象的引用
变体型	Variant		若存放数值类型数据，占 16 个字节，最大可达 Double 的范围；若存放字符串类型数据，字符串长度与变长字符串相同

（四）VB 中的常量和变量

1. 常量

（1）常量的概念。

常量指在程序运行时不能改变的量。VB 中存在两种形式的常量：直接常量和符号常量。

① 直接常量是指程序中直接使用的数据常量，包括数值常量、字符串常量、逻辑常量以及日期常量。

② 符号常量是指用一个符号来代替数值或字符串的常量。

（2）常量的声明。

VB 中常量声明的语法格式为：

```
Const 常量名 As [数据类型] = 常数表达式
```

例 6.17

```
Const PI As Single = 3.14159265358979
```

常量声明时，数据类型如省略，则由所赋值确定常量的类型；常数表达式由数值常数、字符串常数及运算符组成。

2. 变量

变量是指在程序运行时其值可以改变的量，即用来保存临时数据的空间，也称内存变量。

（1）变量命名规则。

VB 中变量的命名主要应遵循以下规则：

① 以字母开头，其后可以是字母、数字或下划线(不能包括英文标点符号、空格)；

② 不区分字母的大小写；

③ 不得超过 255 个字符；

④ 不能使用 VB 保留字；

⑤ 同一作用域不能重名。

（2）变量的声明。

VB 中变量声明的语法格式为：

```
Dim 变量名 As [数据类型]
```

例 6.18

```
Dim N As Integer
```

变量声明时，若省略数据类型，VB 会自动将变量定义为 Variant 类型。

（五）VB 的运算符、表达式和常用函数

1. 算术运算符及其表达式

VB 的算术运算符及其表达式举例如表 6.7 所示。

表 6.7　VB 的算术运算符及其表达式举例

基本运算	运算符号	优先级	表达式举例	示例表达式的值
乘幂	^	1	2^3	8
取负	－	2	－a	a 的相反值
乘法	*	3	3 * 2.5	7.5
实数除法	/	3	5/2	2.5
整除	\	4	5\2	2
取余数	mod	5	5 mod 2	1
加法	＋	6	a＋b	a＋b 的值
减法	－	6	a－b	a－b 的值

注：算术运算符两边的操作数应该是数值型，若是数字字符或逻辑型，则自动转换为数值类型后再运算。

2. 字符运算符及其表达式

VB 的字符运算符及其表达式举例如表 6.8 所示。

表 6.8　VB 的字符运算符及其表达式举例

基本运算	运算符号	优先级	表达式举例	示例表达式的值
将两个字符或符串拼接	＋	7	"g"＋"d"	"gd"
	&	7	"g"&"d"	"gd"

3. 关系运算符及其表达式

VB 的关系运算符及其表达式举例如表 6.9 所示。

表 6.9　VB 的关系运算符及其表达式举例

基本运算	运算符号	优先级	表达式举例	示例表达式的值
相等	＝	8	1＝2	False
不相等	<>	8	1<>2	True
小于	<	8	1<2	True
大于	>	8	1>2	False
小于等于	<＝	8	10 mod 2 <＝20	True
大于等于	>＝	8	10 \ 2>＝7	False

注：如果两个操作数都是数值型，则按其大小比较；如果两个操作数都是字符型，则按字符的 ASCII 码值从左到右一一比较；汉字字符大于西文字符。

4. 逻辑运算符及其表达式

VB 的逻辑运算符及其表达式举例如表 6.10 所示。

真题测试
6.13—6.16

表 6.10　VB 的逻辑运算符及其表达式举例

基本运算	运算符号	优先级	表达式举例	示例表达式的值
非	not	9	not(3>2)	False
与	and	10	25>=10 and 25<10	False
或	or	11	25>10 or 2<3	True

注：

（1）如果有多个条件，and 必须全部条件为真才为真；or 只要有一个条件为真就为真。

（2）如果逻辑运算符对数值进行运算，则以数字的二进制值逐位进行逻辑运算。

（3）and 运算常用于屏蔽某些位；or 运算常用于把某些位置 1。

5. 常用函数

VB 的常用函数如表 6.11 所示。

表 6.11　VB 的常用函数

函数名	功能	应用举例	返回值
Abs(x)	求 x 的绝对值	Abs(−3.5)	3.5
Int(x)	求不大于 x 的最大整数	Int(4.1) Int(−4.1)	4 −5
Sqr(x)	求 x 的算术平方根	Sqr(6)	2.44948
Asc(x)	字符转换为 ASCII 码	Asc("A")	65
Chr(x)	ASCII 码转换为字符	Chr(48)	"0"
Val(x)	数字字符串转换为数值	Val("−170")	−170
Str(x)	数值转换为字符串	Str(−170)	"−170"
Len(x)	计算字符串的长度	Len("asd")	3
Mid(x,n,k)	取字符串 x 中第 n 个字符起长度为 k 的子串	Mid("abcd",3,1)	"c"
Randomize	随机函数初始化		
Rnd	产生一个随机数(大于等于 0，小于 1)		

（六）VB 的赋值和输入输出

1. 赋值

VB 赋值语句的格式为：

变量名 = 表达式

或

对象名.属性名 = 表达式

例 6.19

```
i = i + 1
```

或

```
Lable1.Caption = "结果"
```

2. 输入输出

（1）InputBox 函数。

InputBox 函数的语法格式如下（[]内的内容均可缺省）：

变量名 = InputBox(提示信息[,对话框标题][,输入区的默认值][,x 坐标][,y 坐标])

例 6.20 r=InputBox("请输入半径:","计算圆的面积",1,0,0)

该 InputBox 提示框如图 6.11 所示。

图 6.11 例 6.20 所得 InputBox 提示框

InputBox 函数的返回值默认为字符串,如果要把返回值进行其他类型的处理,需要事先声明返回值的类型或者对返回的字符串进行类型转换。一个 InputBox 函数只接受一个值的输入。

(2) MsgBox 函数。

MsgBox 函数提供了一个显示应用程序运行信息的标准途径,其语法格式如下([]内的内容均可缺省):

```
变量 = MsgBox(提示信息[,对话框类型][,对话框标题])
```

例 6.21 a=MsgBox("提示",17,"标题")

该 MsgBox 提示框如图 6.12 所示。

图 6.12 例 6.21 所得 MsgBox 提示框

消息对话框用于提示用户进行后面操作的选择,可作为继续执行程序的依据。

(3) Print 方法输出数据。

Print 方法采用在对象中显示输出文本的方式输出数据,其语法格式为:

```
[对象名].Print[输出列表]
```

例 6.22

```
Form1.Print"VB 程序设计"
```

输出列表中，输出项之间要是用分割符“，”或“；”隔开。

例 6.23

```
Print "abc","def"
```

二、VB 的基本结构语句

VB 有三种基本结构语句：顺序结构语句、选择结构语句和循环结构语句。

（一）顺序结构语句

在顺序结构语句中，命令和语句被逐条按顺序排列，程序执行时按语句的先后顺序逐条执行，如图 6.13 所示。

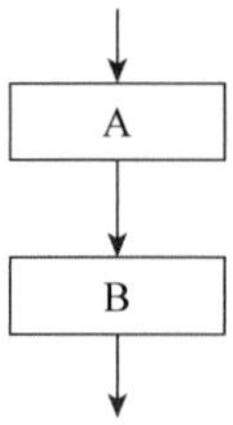

图 6.13　顺序结构

例 6.24

```
Const PI = 3.1415926
Dim R As Integer, Area As Single
R = Val(Text1.Text)
Area = PI * R * R
Label1.Caption = Area
```

（二）选择结构语句

在选择结构语句中，程序将判断条件是否成立，如果成立，执行成立的分支；否则执行另一分支。

1. 行 If 语句（简单分支）

行 If 语句包括图 6.14 所示的单分支结构和图 6.15 所示的双分支结构两种。

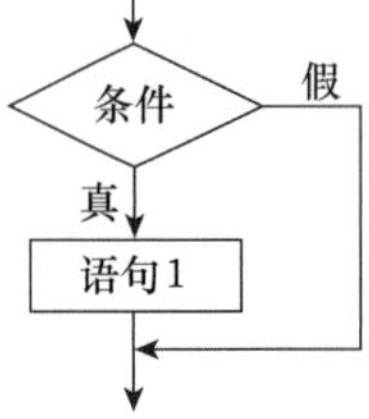

图 6.14　单分支结构

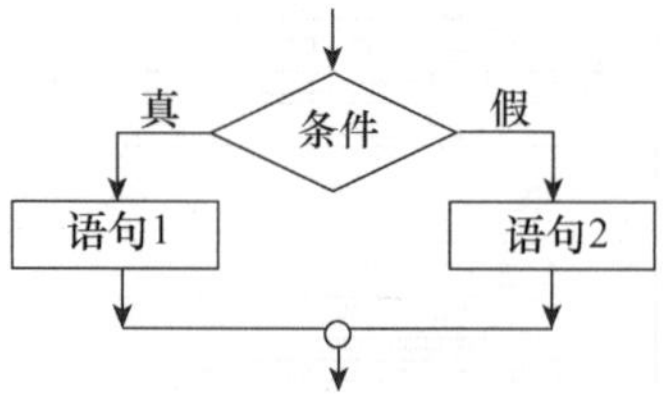

图 6.15　双分支结构

VB 中行 If 语句的语法格式为：

```
If 条件表达式  Then  语句(单分支)
或
If 条件表达式  Then  语句 1  Else  语句 2(双分支)
```

例 6.25

```
If n< = 10 Then i = i + 1
或
If x > 0 Then s = 1 Else s = 2
```

2. 块 If 语句(多分支)

图 6.16 所示的多分支结构属于块 If 语句。

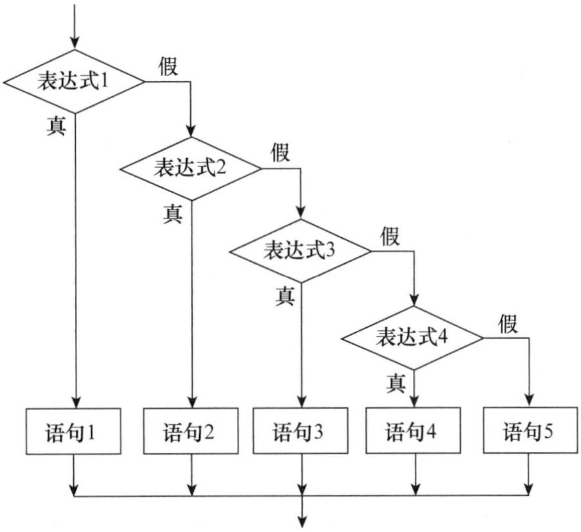

图 6.16　多分支结构

VB 中块 If 语句的语法格式为：

```
If <表达式 1>  Then
<语句块 1>
ElseIf<表达式 2>  Then
<语句块 2>
…
ElseIf<表达式 n>  Then
Else
<语句块 n + 1>
End If
```

例 6.26

```
If x > 90 Then
Label1.Caption = "优秀"
ElseIf x > 80 Then
Label1.Caption = "良好"
Else
Label1.Caption = "及格"
End If
```

（三）循环结构语句

在循环结构语句中，程序会判断条件是否成立，如果条件成立，则重复执行循环体，直到条件不成立为止，退出循环体。VB 中的循环结构有 For 循环和 Do 循环两种常用形式：

1. For 循环（当型循环）

For 循环的结构如图 6.17 所示。

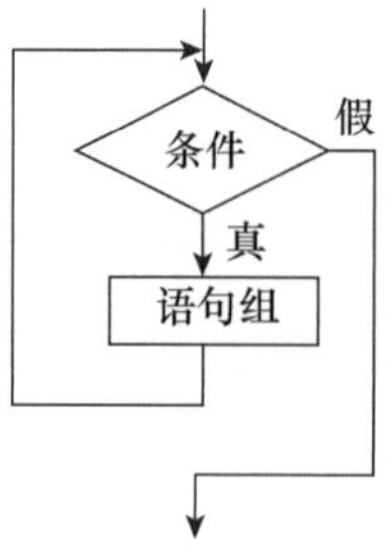

图 6.17　For 循环结构

VB 中 For 循环语句的语法格式为：

```
For  循环变量 = 初值  To  终值  Step  步长
语句块
Next 循环变量
(如果步长为 1,step 1 可以省略)
```

例 6.27　计算 1+3+5+…+99

```
S = 0
For i = 1 To 100 Step 2
        s = s + i
Next i
```

2. Do 循环（直到型循环）

Do 循环的结构如图 6.18 所示。

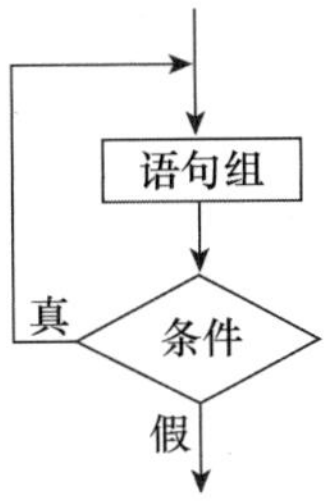

图 6.18　Do 循环结构

VB 中 Do 循环语句的语法格式为：

```
Do  While  条件表达式
语句块
Loop
```

例 6.28　计算 1+3+5+…+99

```
S = 0;i = 1
Do While i <= 99
s = s + i
i = i + 2
Loop
```

本章知识结构

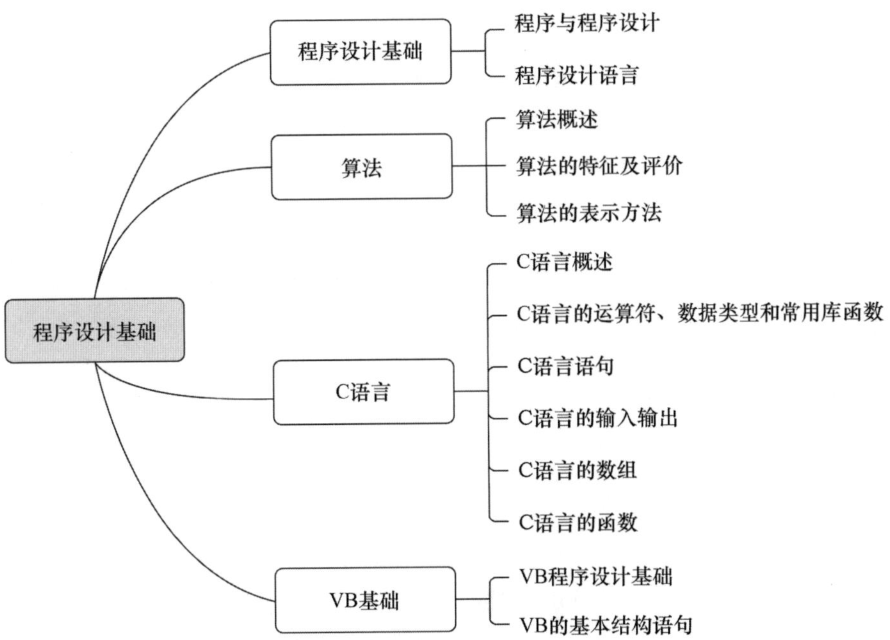

本章小结

（一）本章重难点

本章的重点是算法的相关知识（包括算法的特征及多种表示方法），以及程序设计的基本知识（包括C语言和VB的相关特点、程序结构）；难点是运用程序语言灵活解决实际问题。

（二）学习时要注意的问题

本章的知识难度较大，对考生要求较高。学习本章时，考生要注意熟记一些概念知识，如算法的特征，C语言的特点，VB语言基本数据类型、控制结构；考生还要能够理解、运用相关程序知识，通过具体实例加深对程序语言的理解，并能够灵活运用其来编写程序解决实际问题。

备考指南

本章由程序设计基础、算法、C语言、VB基础四部分内容构成，考试题型多为单项选择题和简答题。学习时考生不仅要理解并熟记程序设计语言相关基础知识，掌握算法的多种表示方法，能够读懂程序流程图；还要注重运用逻辑思维理解程序结构，并能灵活运用程序语言解决实际问题。

自测训练

一、单项选择题

1. 算法是指（　　）。

A. 计算的方法

B. 计算的公式

C. 计算机程序

D. 解决问题的操作步骤

2. 关于算法的特征，以下不正确的是（　　）。

A. 确定性

B. 有一个或多个输入

C. 有一个或多个输出

D. 可行性

3. 算法有多种表示方法，以下不属于算法的表示方法的是（　　）。

A. 流程图

B. 自然语言

C. 方程式

D. 伪代码

4. 下列VB变量命名中，不正确的是（　　）。

A. _abcd　　　　B. xyz1

C. c_1d　　　　D. d2b_

5. 二进制数1010和1100进行逻辑“与”运算的结果是（　　）。

A. 1110　　　　B. 0111

C. 1011　　　　D. 1000

6. 空字符串指的是(　　)。
A. 长度为 0 的字符串
B. 长度为 1 的字符串
C. 只包含 0 的字符串
D. 只包含空格的字符串

7. 使用变量 x 存放数据 11111111.121212,应该将 x 声明为(　　)类型。
A. 单精度
B. 双精度
C. 长整型
D. 货币型

8. 在图 6.19 所示的算法流程图中,当输入 A=1,N=5 时,输出结果中 A 为(　　)。

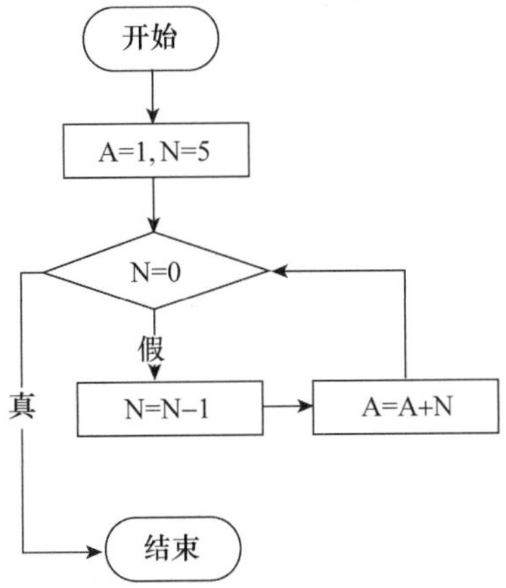

图 6.19　某算法流程图

A. 0　　B. 10　　C. 11　　D. 12

9. 在图 6.20 所示的算法流程图中,当输入值为 a=7,b=9 时,输出结果为(　　)。

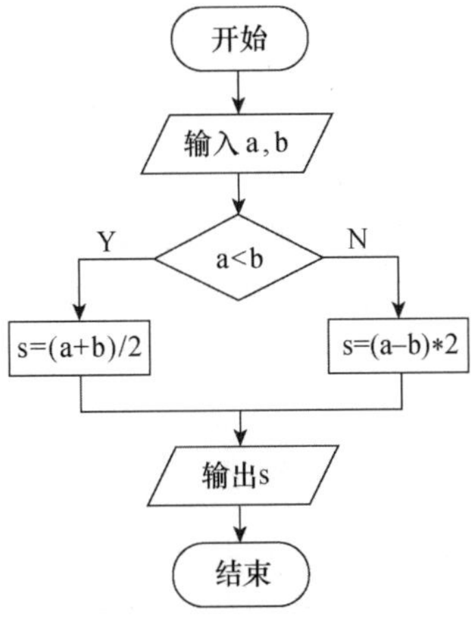

图 6.20　某算法流程图

A. −1　　B. 1　　C. 8　　D. 32

10. 在图 6.21 所示的算法流程图中，当输入值为 a=11，b=7，c=10 时，输出结果为（　　）。

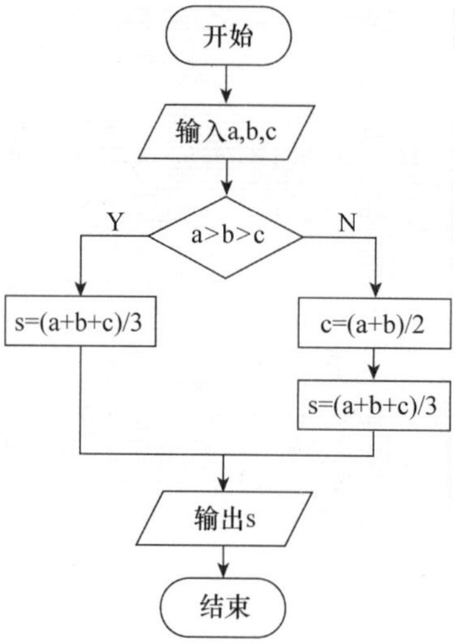

图 6.21　某算法流程图

A. 9　　B. 9.3　　C. 7　　D. 27

二、简答题

1. 简述程序设计语言的发展阶段。

2. 某城市实施阶梯水价，用水小于等于 10 立方米时水价为人民币 3 元/立方米，10～30 立方米（含 30 立方米）时水价为 4.5 元/立方米，30 立方米以上时水价为 6 元/立方米。请用 C 语言编写程序代码，设计一个程序，计算使用 x 立方米水时的水价 y。

参考答案及解析

一、单项选择题

1.【参考答案】D。解析：算法是指对解题方案的准确而完整的描述，简单地说，即解决问题的操作步骤。故选 D。

2.【参考答案】B。解析：算法应该具有零个或多个输入，B 项不正确。故选 B。

3.【参考答案】C。解析：算法有多种表示方法，自然语言、流程图、N-S 流程图、伪代码都可以表示算法，方程式不能表示算法。故选 C。

4.【参考答案】A。解析：VB 变量命名应以字母开头，不能以下划线开头，A 项不正确。故选 A。

5.【参考答案】D。解析：逻辑“与”运算的规则是两数都为 1，结果为 1，D 项正确。故选 D。

6.【参考答案】A。解析：长度为 0 的字符串是空字符串。故选 A。

7.【参考答案】B。解析：该题中数据只有双精度包含的范围才能存储。故选 B。

8.【参考答案】C。解析：因为 N=5≠0，N=4，A=5；N=4≠0，N=3，A=8；N=3≠0，N=2，A=10；N=2≠0，N=1，A=11；N=1≠0，N=0，A=11。输出结果中 A 为 11。故选 C。

9.【参考答案】C。解析：因为 a=7，b=9，所以 a<b，按照流程图的提示，执行左侧的分支，s=(7+9)/2=8。输出结果为 8。故选 C。

10.【参考答案】A。解析：因为 a=11，b=7，c=10，所以 a>c>b 不成立，按照流程图的提示，执行右侧的分支，c=(a+b)/2=9，s=(a+b+c)/3=9。输出结果为 9。故选 A。

二、简答题

1.【参考答案】程序设计语言的发展经历了五代。

第一代语言是机器语言，其基本组成是硬件直接支持的二进制指令代码，也称二进制语言。

第二代语言是汇编语言，由指令的助记符（一般为指令的英文名称的缩写）及相应的语法规则组成。

第三代语言是高级程序设计语言，由表达各种意义的“词”“数学公式”及特定的语法规则组成。高级语言包括FORTRAN（第一个高级语言）、Basic、Pascal、ALGOL、COBOL、C、Ada 语言等。

第四代语言是在高级语言基础上发展而来的模块化语言。

第五代语言是自然语言，又被称为知识库语言或人工智能语言，目标是最接近日常生活所用语言的程序语言。真正意义上的第五代语言尚未出现，LISP 和 PROLOG 号称第五代语言，其实还远远不能达到自然语言的要求。

2.【参考答案】

```
#include <stdio.h>
Int main( )
{
    float x,y;
    printf("请输入总水量 x");
    scanf(" %f",&x);
    if(x≤10)
        y = x * 3;
    else if(10<x≤30)
        y = 10 * 3 + (x - 10) * 4.5;
    else
        y = 10 * 3 + (30 - 10) * 4.5 + (x - 30) * 6;
    printf("水价： %f\n",y);
    return 0;
}
```

第七章　人工智能基础知识

考纲内容

本章内容属于信息技术学科专业知识，在考纲中要求如下：

1. 了解信息技术发展史及国内外的发展动态，掌握与初中信息技术相关的基础知识和基本理论；

2. 掌握与信息活动相关的法律法规、伦理道德；

3. 掌握信息技术学科的基本理论和基本方法，并能用于分析和解决相关问题。

考纲解读

人工智能是新兴技术，也是近几年的考试中经常出现的考点。本章基础知识与技能主要包括：人工智能的概念、人工智能的基本应用、人工智能的基本技术以及人工智能语言基础。

第一节　人工智能简介

一、人工智能

人工智能(Artificial Intelligence，AI)是研究、开发用于模拟、延伸和扩展人的智能的理论、方法、技术及应用系统的一门新的技术科学。

人工智能是计算机科学的一个分支，它试图了解智能的实质，并生产出一种新的能以与人类智能相似的方式做出反应的智能机器。该领域的研究包括机器人、模式识别、自然语言处理和专家系统等。人工智能自1956年被正式提出后，理论和技术日益成熟，应用领域也不断扩大。人工智能不是人的智能，但能像人那样思考，也可能超过人的智能。

二、人工智能的基本应用

(一) 问题求解

人工智能初期的成就是发展了智力难题、棋类游戏、简单数学定理证明等问题的研究，在此基础上发展成一系列解题技术，包括问题表示、搜索和行动计划等内容。

（二）逻辑推理与定理证明

逻辑推理是人工智能的研究子领域之一。它的重点是要找到一些方法，把注意力集中在一个大型数据库中的相关事实上，关注可行的证明，当发现新信息时及时修正这些证明。

（三）自然语言处理

自然语言处理在科学家多年不懈努力下已获得了大量的成果。它研究能够实现人与计算机之间用自然语言进行有效通信的各种理论和方法，包括自然语言理解和自然语言生成，具体是指计算机不但要理解自然语言文本的意义，还要能以自然语言文本的形式来表达给定的意图、思想等。

（四）智能检索

受技术迅猛发展的影响，信息获取和精化技术已成为当代计算机科学与技术研究中迫切需要研究的课题，将人工智能技术应用于这一领域的研究是人工智能走向广泛实际应用的契机与突破口。

（五）专家系统

专家系统是一个智能计算机程序系统，其内部含有大量的某个领域专家水平的知识与经验，能够利用人类专家的知识和解决问题的方法来处理该领域的问题。也就是说，专家系统是一个具有大量的专门知识与经验的程序系统，它应用人工智能技术和计算机技术，根据某领域一个或多个专家提供的知识和经验，进行推理和判断，模拟人类专家的决策过程，以便解决那些需要人类专家处理的复杂问题。

专家系统通常由人机交互界面、知识库、推理机、解释器、综合数据库几个部分构成。其中，尤以知识库与推理机相互分离而别具特色。下面简单介绍一下知识库和推理机。

(1) 专家系统知识库。

专家系统知识库用以存放专家提供的知识。专家系统质量的好坏取决于知识库中知识的质量和数量。一般来说，专家系统知识库与专家系统程序是相互独立的，用户可以通过改变、完善知识库中的知识内容来提高专家系统的性能。

(2) 专家系统推理机。

专家系统推理机针对要求解问题的条件或已知信息，反复匹配知识库中的规则，获得新的结论，以得到问题求解结果。推理机的推理方式有正向推理和反向推理两种。

早期的专家系统采用通用的程序设计语言（如FORTRAN、PASCAL、Basic等）和人工智能语言（如LISP、PROLOG、Smalltalk等），通过人工智能专家与领域专家的合作，直接编程来实现。这种专家系统研制周期长、难度大，但灵活实用，至今仍为人工智能专家所使用。现在，大部分专家系统的研制工作已采用专家系统开发环境或专家系统开发工具来实现，领域专家可以选用合适的工具开发自己的专家系统，大大缩短了研制的周期，为专家系统在各领域的广泛应用提供了便利。

（六）智能控制、智能系统和智能接口

智能控制是一类无须（或需要尽可能少的）人的干预就能够自主驱动智能机器实现其目标的自动控制。或者说智能控制是驱动智能机器自主实现其目标的过程，是人工智能与自动控制的结合，代表着当今自动控制的最高水平。

智能系统通常指配备有智能化软、硬件的计算机控制系统或计算机信息系统。在我国，智能化的软、硬件计算机控制系统指具有问题求解和高层决策能力的一些学习控制系统。

智能接口是新一代计算机系统或知识系统的重要组成部分。理想的智能接口采用的是自然语言理解的用户界面。它是通过引入自然语言理解及多媒体技术，并使之与知识库及数据库结合来实现的。

（七）模式识别

人工智能所研究的模式识别是指让计算机像人类一样具备感知能力，接收周围的信息，识别和理解外界环境。

模式识别包括文字识别（如识别并提取图中的文字）、语音识别（如通过语音打开手机中的某个软件）、指纹识别（如通过指纹打开手机或防盗门）、人脸识别（如通过刷脸进行支付）、遥感（如农作物估产、气象预报）、医学诊断（如癌细胞检测、染色体分析）等。目前，模式识别正处于快速发展的阶段。随着应用范围的不断扩大，模式识别将有更大的发展空间。

（八）机器学习

机器学习（Machine Learning，ML）是一门多领域交叉学科，涉及概率论、统计学、逼近论、凸分析、算法复杂度理论等多门学科。机器学习专门研究计算机怎样模拟或实现人类的学习行为，以获取新的知识或技能，以及重新组织已有的知识结构使之不断改善自身的性能。机器学习是人工智能的核心，是使计算机具有智能的根本途径，已应用于人工智能的各个领域。

三、人工智能的基本技术

（一）推理技术

1. 推理

推理是人类在求解问题时主要用到的思维方法。推理指的是采取某种策略，按照已有的事实和知识推导出结论，即通过一个或几个被认为是正确的陈述、声明或判断得到另一个真理，而这个真理被相信是从前面的陈述、声明或判断中得出的。由程序实现的推理被称作推理机。

2. 推理方式

人类通过多种思维方法来进行智能活动，人工智能模拟人类的智能活动，同样有多种推理方式。

根据不同的标准，推理方式可被分为不同的类型。

（1）演绎推理、归纳推理和默认推理。

① 演绎推理。

演绎推理是指从一般推导到个别的过程。演绎推理常用的形式是三段论法。例如，凡金属都能导电—铜是金属—所以铜能导电。

② 归纳推理。

归纳推理是指从一定数量的事例中归纳出一般性结论，是从个别推导到一般的过程。例如，在一个平面内，钝角三角形的内角和为180°，直角三角形的内角和为180°，锐角三角形的内角和为180°，钝角三角形、直角三角形和锐角三角形构成全部三角形，所以，平面内一切三角形的内角和都是180°。

③ 默认推理。

默认推理又称缺省推理，是指在不具备完全的知识的情况下，假设某些条件已经具备来进行推理。

（2）确定性推理和不确定性推理。

按照推理时所用的知识的确定性，推理可分为确定性推理（精确推理）与不确定性推理

(不精确推理)。

① 确定性推理。

如果推理过程中用到的知识为确定的,就能够将知识表达为必然的因果关系,再进行逻辑推理,得到的结论为真或为假,这类推理就是确定性推理。

② 不确定性推理。

除了确定的知识,还有一类知识属于人们的主观判断,它是不确定的,因此,由它归纳总结出来的推理规则通常也是不确定的。这种不确定的推理规则产生的结论也是不确定的,我们将这种推理称为不确定性推理。专家系统常常会用到不确定性推理。

(3) 单调推理和非单调推理。

根据推理过程中的结论是否呈单调增加,或者按照得出的结论接近最终目标的程度,我们可以将推理分为单调推理和非单调推理。

① 单调推理。

单调推理是指在推理时根据推理的深入和新知识的增加,得出的结论呈单调增长趋势,且逐渐靠近最终目标。例如,演绎推理就是一种单调推理。

② 非单调推理。

非单调推理是指在推理时根据推理的深入和新知识的增加,呈现的趋势没有加强已推出的结论,反而推翻之前的结论,让推理返回至前一步,再次开始推理。这种推理通常是在知识不完全的情况下进行的。

(4) 启发式推理和非启发式推理。

根据推理中是否有与问题相关的启发性知识,我们可以将推理分为启发式推理和非启发式推理。

① 启发式推理。

在推理过程中,如果运用了与问题有关的启发性知识,比如解决问题的方法、技巧及经验等,使得推理进程加快、搜索效率提高,我们将这种推理称为启发式推理。

② 非启发式推理。

在推理过程中,如果没有运用启发性知识,仅仅根据一般的控制逻辑进行推理,我们将这种推理称为非启发式推理。非启发式推理的推理效率较低,容易出现“组合爆炸”问题。

(二) 搜索技术

所谓搜索,就是为了达到某一“目标”而连续地进行推理的过程。搜索技术就是对推理进行引导和控制的技术,它也是人工智能的基本技术之一。事实上,我们可以将所有智能活动的过程抽象为一个“问题求解”过程。而所谓“问题求解”过程,实质上就是在显式的或隐式的问题空间中进行搜索的过程,即在某一状态图或者某种逻辑网络上进行搜索的过程。

搜索技术一般包括盲目搜索技术和启发式搜索技术两种类型。

1. 盲目搜索技术

盲目搜索又叫非启发式搜索,是一种无信息搜索,一般只适用于求解比较简单的问题。盲目搜索通常按预定的搜索策略进行搜索,而不会考虑问题本身的特性。常用的盲目搜索技术有宽度优先搜索、深度优先搜索、分枝有界搜索和迭代加深搜索。

(1) 宽度优先搜索。

宽度优先搜索又称广度优先搜索。在搜索一个所有问题解集空间构成的树中,如果搜索是以同层邻近节点依次扩展节点的,那么这种搜索称为宽度优先搜索。这种搜索是逐层进行的,在对下一层的任一节点进行搜索之前,必须搜索完本层的所有节点。宽度优先搜索类似于数据结构中的树的广度优先遍历。

（2）深度优先搜索。

与宽度优先搜索对应的一种盲目搜索叫作深度优先搜索。在深度优先搜索中，首先搜索最新产生的（即最深的）节点。深度相等的节点可以任意顺序搜索，类似于数据结构中的树的深度优先遍历。深度优先搜索的优点是可以节省大量时间和空间，其缺点是不一定能找到解。

（3）分枝有界搜索。

分枝有界搜索是一种特殊的深度优先搜索，它在每个分枝都规定了一个统一的搜索深度，搜索到这个深度后，如果没有找到目标变量就自动退回上一层，继续按深度优先搜索方法搜索其他分枝。若被搜索的深度远大于目标点的深度，则此方法快于深度优先搜索。

（4）迭代加深搜索。

迭代加深搜索是在分枝有界搜索的基础上，对迭代逐步加深。这是一种同时兼顾深度和宽度的搜索方法。在限定的深度内，保证了对宽度节点的搜索，如果没有找到解，就会再加深搜索的深度。

2. 启发式搜索技术

盲目搜索的效率较低，将会耗费过多的搜索时间。如果能找到一种方法选择最有希望的分枝加以扩展，那么搜索效率将会大大提高。启发式搜索就是基于这种想法而产生的，它是对深度优先搜索技术的改进。启发式搜索在搜索时不是任取一个分枝，而是根据一些启发式信息，选择最佳的一个分枝或几个分枝往下搜索。启发式搜索作为一种基本的搜索方法，主要有以下三个依据。

① 人们在搜索时善于利用一些线索来帮助自己选择搜索方向，这些线索统称为启发式信息；

② 启发式信息可以避免某些领域内的组合爆炸问题；

③ 用启发式搜索方法有可能不会搜索整个问题空间，这意味着有可能找不到全局最优解，但现实问题往往只需一个满意解，而不要求最优解或全优解。

（三）知识表示与知识库技术

1. 知识

知识是人类在实践中认识客观世界（包括人类自身）的成果，它包括对事实、信息的描述或在教育和实践中获得的技能。知识是人类从各个途径中获得的经过提升总结与凝练的系统的认识。

2. 知识的特性与分类

（1）知识的特性。

知识是人们在实践中把有关信息关联在一起所形成的信息结构，它具有以下特性：

① 相对正确性，即知识的正确性不是绝对的，是在一定的前提下才正确的；

② 不确定性，即知识不总是只有真和假两种状态，在真假之间存在很多状态，存在不确定性；

③ 可表示性，即知识是可以用形式化的东西表示出来的；

④ 可利用性，即人们可以利用所掌握的知识来解释或解决现实世界中的各种问题。

（2）知识的分类。

知识分为事实知识、规则知识、控制知识和元知识四种类型：

① 事实知识是有关问题环境的一些事物知识，常以“……是……”形式出现；

② 规则知识是有关问题中与事物行动、动作相关的因果关系知识，它是一种动态的知识，常以“……那么……”形式出现；

③ 控制知识是有关问题的求解步骤、技巧性的知识，它告诉人们怎么做一件事；

④ 元知识是有关知识的知识，是知识库的高层知识，具体包括如何使用规则、校验规则、解释程序结构等知识。

3. 知识表示

(1) 知识表示的含义。

知识表示包含两层含义：一是用给定的知识结构，按一定的原则组织、表示知识；二是解释所表示知识的含义。

(2) 知识表示的方法。

根据知识的静态和动态特性，知识表示的方法可分为陈述性知识表示法和过程性知识表示法两大类。

① 陈述性知识表示法。

陈述性知识表示法通常用来描述事实知识，将对象的有关事实“陈述”出来，这类方法将知识表示与知识推理分开处理。

陈述性知识表示法易于表示“做什么”。它的优点是：通常采用数据结构来表示，清晰明确又容易理解，增强了知识的可读性；具有良好的模块性，知识之间的联系简单，便于获取、修改和补充知识；所表示的知识可独立使用，并可用于不同目的。它的缺点是：不可以直接执行，要通过其他程序来解释其意义，所以它的执行速度比较慢。

② 过程性知识表示法。

过程性知识表示法是指将知识用使用它的过程来表示的方法。该方法描述规则和控制结构知识，给出一些客观规律，一般可用一段计算机程序来描述。

过程性知识表示法通常用来表示“如何做”的知识。它的优点是：能够直接被计算机执行，执行速度快；易于表达如何处理问题的知识，以及如何高效处理问题的启发性知识。它的缺点是：不能被用来表达数量较多的知识。

（四）归纳技术

所谓归纳技术，是指机器自动提取概念、抽取知识、寻找规律的技术。归纳技术与知识获取及机器学习密切相关，因此，它也是人工智能的重要基本技术。归纳可分为基于符号处理的归纳和基于神经网络的归纳。这两种归纳目前都有很大发展。

（五）联想技术

联想是最基本、最基础的思维活动，它几乎与所有的人工智能技术息息相关。因此，联想技术也是人工智能的一个基本技术。联想技术的前提是联想记忆或联想存储，这也是一个富有挑战性的技术领域。

第二节 人工智能语言基础

一、人工智能语言简介

人工智能语言是一类适应于人工智能和知识工程领域的、具有符号处理和逻辑推理能力的计算机程序设计语言。人们能够用它来编写程序，求解非数值计算、知识处理、推理、规划、决策等各种复杂问题。

二、人工智能语言的特点

由于人工智能研究的问题的特点和解决问题的方法的特殊性，为了能方便而有效地建立人工智能系统，需要发展专门的人工智能语言。一般来说，人工智能语言应具备如下特点：

（1）要有符号处理能力（即非数值处理能力）；

（2）适合于结构化程序设计，便于编程；

（3）要有把系统分解成若干易于理解和处理的小单位的能力，从而既能较为容易地改变系统的某一部分，又不破坏整个系统；

（4）要有递归功能和回溯功能；

（5）要有人机交互能力；

（6）要有推理能力；

（7）要有把过程与说明式数据结构混合起来的能力，同时要有辨别数据、确定控制的模式匹配机制。

三、典型类型

（一）LISP 语言

早在 20 世纪 50 年代后期，麻省理工学院的约翰·麦卡锡就开始研究人工智能，他当时致力于设计一个用表处理的递归系统，并在 20 世纪 60 年代初研制出了 LISP 语言。LISP 语言是一个用于处理符号表达式的、相当简单的函数式程序设计语言。LISP 语言以数学中的函数与函数作用的概念作为设计原理，奠定了函数式语言的基础。LISP 语言没有命令式语言程序中常见的赋值语句和变量，重复的过程可以使用递归的函数调用来表示，并不需要使用循环模式。

（二）PROLOG 语言

PROLOG(Programming in Logic)是一种逻辑编程语言，起初应用于自然语言等研究领域。目前广泛应用于人工智能的研究中，人们能够用其来建造专家系统、自然语言理解、智能知识库等。此外，PROLOG 对一些应用程序的编写也很有帮助。

PROLOG 语言具有鲜明的逻辑编程语言特色，主要包括：① 没有特定的运行顺序，其运行顺序是由计算机决定的，而不是由编程序的人决定的；② PROLOG 语言中没有 if、when、case、for 这样的控制流程语句；③ PROLOG 语言和数据高度统一，其程序实际上是一个智能数据库；④ PROLOG 语言具有强大的递归功能。

本章知识结构

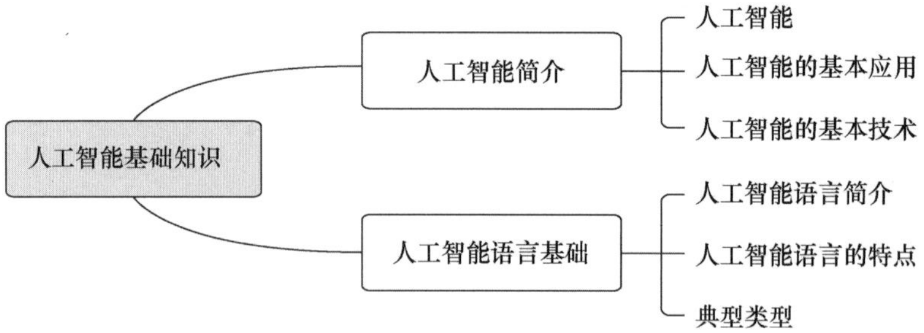

本章小结

(一) 本章重难点

人工智能是比较新兴的技术,因此对于这部分内容的考查不会太难,本章的重点内容是人工智能的应用,考生了解即可。

(二) 学习时要注意的问题

1. 了解人工智能的发展,理解人工智能的基本应用;
2. 关注人工智能的最新发展。

备考指南

本章对人工智能基础知识做了较全面的介绍。在考试中本章知识的考查形式多为单项选择题,学习时除了了解本书提供的基本概念、基本应用等知识外,还需要关注人工智能的最新发展。

自测训练

一、单项选择题

1. 现在一些便携式计算机操作系统使用指纹识别来验证密码进行登录,这是人工智能的(　　)领域。

A. 模式识别　　B. 机器证明　　C. 符号运算　　D. 机器博弈

2. 人工智能企图了解智能的实质,并生产出一种新的能以与人类智能相似的方式做出反应的智能机器,该领域的研究包括机器人、模式识别、自然语言处理和专家系统等。下列属于人工智能的是(　　)。

A. 拍照　　B. QQ 视频聊天

C. 与朋友在网上下棋　　D. 指纹识别

3. 专家系统是一个复杂的智能软件,它处理的对象是用符号表示的知识,处理的过程是(　　)的过程。

A. 思维　　B. 思考　　C. 推理　　D. 递推

4. 在机器人足球比赛中,机器人通过自身的摄像系统拍摄现场图像,分析双方球员的位置、运动方向以及球门的距离和角度等信息,然后决定下一步的行动,这说明足球机器人(　　)。

A. 采用了人工智能技术　　B. 采用了虚拟仿真技术

C. 具有和人完全相同的智能　　D. 具有逻辑判断和形象思维能力

5. 百度在安卓智能手机平台上推出了语音搜索功能,启动语音搜索功能之后,对着手机说出需要搜索的内容,系统就会自动在网络上进行相关内容的搜索,这种将人的语音信号转换为可被计算机识别的信息的功能主要应用了(　　)。

A. 虚拟现实技术　　B. 数据管理技术

C. 网络技术　　D. 人工智能技术

6. 现在很多手机都有指纹解锁功能,用户将手指放在手机相应位置即可解锁屏幕。这里使用的技术属于人工智能中的(　　)。

A. 模式识别　　B. 自然语言理解　　C. 机器翻译　　D. 虚拟现实

7. Office 当中的助手是智能化加工的哪项应用?(　　)

A. 智能机器人　　B. 机器翻译　　C. 模式识别　　D. 智能代理

8. 下列选项中不属于人工智能技术应用的是（　　）。

A. 智能汽车　　B. 语音助手

C. 遥控飞机　　D. 人脸识别

9. 下列关于智能应用软件处理信息的说法正确的是（　　）。

A. 智能应用软件处理信息的时候一定会很烦琐

B. 智能应用软件所处理的输出结果，我们可以直接应用，无须再修改

C. 智能应用软件能力很强，能自动处理各式各样的信息，所以我们无须干涉它的任一操作

D. 遇到基于知识处理、问题求解、现场感应、环境适应这样几类问题时，我们可以选择相应的智能应用软件来处理

二、简答题

1. 简述知识表示的含义和方法。

2. 请简要回答什么是演绎推理，并举例说明。

3. 简述什么是专家系统。

参考答案及解析

一、单项选择题

1.【参考答案】A。解析： 模式识别是人类的一项基本智能。在日常生活中，人们经常在进行“模式识别”。随着20世纪40年代计算机的出现以及50年代人工智能的兴起，人们当然也希望能用计算机来代替或扩展人类的部分脑力劳动。计算机模式识别在20世纪60年代初迅速发展并成为一门新学科。题中描述的用指纹来登录计算机的行为主要用到了模式识别。故选A。

2.【参考答案】D。解析： A选项与光的反射、折射有关；B选项通过双方的摄像头把双方的视频信号采集后转化成数据，然后通过建立的连接传给对方，在对方处转化成视频信号双方就可以互相看见了；C选项是人们在玩下棋游戏，下棋游戏是一种软件，与人工智能无关；指纹是一种图像，指纹识别就是图像识别，是人工智能的应用。故选D。

3.【参考答案】C。解析： 专家系统是一个智能计算机程序系统，其内部含有大量的某个领域专家水平的知识与经验，能够利用人类专家的知识和解决问题的方法来处理该领域的问题。也就是说，专家系统是一个具有大量的专门知识与经验的程序系统，它应用人工智能技术和计算机技术，根据某领域一个或多个专家提供的知识和经验，进行推理和判断，模拟人类专家的决策过程，以便解决那些需要人类专家处理的复杂问题。故选C。

4.【参考答案】A。解析： 人工智能是计算机科学的一个分支，它试图了解智能的实质，并生产出一种新的、能以与人类智能相似的方式做出反应的智能机器。该领域的研究包括智能信息检索技术、机器人、语音识别、图像识别、自然语言处理和专家系统等。人工智能是对人的意识、思维的信息过程的模拟。人工智能不是人的智能，但能像人那样思考，也可能超过人的智能。题中描述的机器人的行为说明足球机器人采用了人工智能技术。故选A。

5.【参考答案】D。解析： 题中将人的语音信息转化为可被计算机识别的信息的功能主要应用了人工智能技术，属于人工智能中的模式识别。故选D。

6.【参考答案】A。解析： 用指纹解锁手机屏幕主要应用了人工智能中的模式识别。故选C。

7.【参考答案】D。解析： 智能代理在特定的环境中，会给出提示和帮助等相关信息。

Office 助手会在我们操作时给出一些操作提示，所以它属于智能代理。故选 D。

8.【参考答案】C。解析：智能汽车指的是利用多种传感器和智能公路技术实现的汽车自动驾驶，属于人工智能领域的机器学习；语音助手是一种带有辅助功能的软件，主要以使用语言来进行相应的操作，属于模式识别中的语音识别；人脸识别也属于模式识别；遥控器发出信号，飞机上的接收机接收信号，接收机传给舵机信号和电能，舵机转动，带动连杆，操纵飞机飞行，这不属于人工智能范畴。故选 C。

9.【参考答案】D。解析：只要使用恰当，用智能应用软件处理信息不烦琐；在智能应用软件处理信息的过程中，应尽量减少人的参与，但有时还需要人的干预与辅助，当处理的结果不令人满意时，可能还需要进行修正，因此，A、B、C 三项都不正确，D 项正确。故选 D。

二、简答题

1.【参考答案】：

知识表示包含两层含义：

（1）用给定的知识结构，按一定的原则组织、表示知识；

（2）解释所表示知识的含义。

根据知识的静态和动态特性，知识表示的方法可分为陈述性知识表示法和过程性知识表示法两大类。

① 陈述性知识表示法。

陈述性知识表示法通常用来描述事实知识，将对象的有关事实“陈述”出来，这类方法将知识表示与知识推理分开处理。

陈述性知识表示法易于表示“做什么”。它的优点是：通常采用数据结构来表示，清晰明确又容易理解，增强了知识的可读性；具有良好的模块性，知识之间的联系简单，便于获取、修改和补充知识；所表示的知识可独立使用，并可用于不同目的。它的缺点是：不可以直接执行，要通过其他程序来解释其意义，所以它的执行速度比较慢。

② 过程性知识表示法。

过程性知识表示法是指将知识用使用它的过程来表示的方法。该方法描述规则和控制结构知识，给出一些客观规律，一般可用一段计算机程序来描述。

过程性知识表示法通常用来表示“如何做”的知识。它的优点是：能够直接被计算机执行，执行速度快；易于表达如何处理问题的知识，以及如何高效处理问题的启发性知识。它的缺点是：不能被用来表达数量较多的知识。

2.【参考答案】：

演绎推理是指从一般推导出个别的过程。演绎推理常用的形式是三段论法。例如，凡是金属都能导电—铜是金属—所以铜能导电。

3.【参考答案】：

专家系统是一个智能计算机程序系统，其内部含有大量的某个领域专家水平的知识与经验，能够利用人类专家的知识和解决问题的方法来处理该领域的问题。也就是说，专家系统是一个具有大量的专门知识与经验的程序系统，它应用人工智能技术和计算机技术，根据某领域一个或多个专家提供的知识和经验，进行推理和判断，模拟人类专家的决策过程，以便解决那些需要人类专家处理的复杂问题。

专家系统通常由人机交互界面、知识库、推理机、解释器、综合数据库几个部分构成。其中，尤以知识库与推理机相互分离而别具特色。

模块二　初中信息技术课程与教学的理论与实践

第八章　初中信息技术课程

考纲内容

本章内容属于信息技术课程知识，在考纲中要求如下：

1. 理解信息技术课程的课程性质、基本理念、设计思路和课程目标；
2. 熟悉《中小学信息技术课程指导纲要（试行）》所规定的模块结构、内容标准和要求；
3. 理解信息技术教学内容的特点及呈现形式，能够根据学生学习的需要使用教材。

考纲解读

本章内容考查普通初中信息技术课程知识，考试中试题主要以简答题为主。本章介绍的初中信息技术课程的课程性质、基本理念、学科核心素养、课程目标、课程结构、课程内容及实施建议，不仅是考试的重点内容，也是历年考试中的重点考查内容。

第一节　信息技术课程的课程性质和基本理念

一、初中信息技术课程的课程性质

初中信息技术课程仍属于义务教育阶段课程。义务教育阶段的信息技术课程是一门以培养学生的信息素养为主要目标，将综合实践活动的一个学习领域作为课程形态的必修课程。初中信息技术课程旨在帮助学生掌握信息时代生存与发展必需的信息技术基础知识和基本技能，形成在日常生活与学习中应用信息技术解决问题的基本态度与基本能力，形成与信息社会相适应的良好行为习惯，为将来成长为适应信息社会发展挑战的创造性人才打下基础。初中阶段信息技术课程性质主要表现在基础性、高速发展性、实践性、综合性和人文性五个方面。

1. 基础性

信息技术已经成为人们生活、学习和工作必不可少的认知、交流、研究与创新工具，是现代文明的重要组成部分。初中阶段的信息技术课程以培养学生的信息素养为主要目标，要求学生掌握信息技术的基础知识与基本技能，为其今后信息技术知识与技能的持续学习与使用、其他学科的学习、终身学习和自身的全面发展奠定坚实基础。

2. 高速发展性

以计算机和智能技术、感测技术、控制技术和通信技术为核心的信息技术发展迅猛，技术原理、方法和手段都在发生日新月异的变化，使得这一领域不断涌现新技术、新理论、新方法，也使信息技术课程内容具有明显的时代特点和开放性。这使得我们需要不断更新、发展现有的课程内容、课程理论、教学方法，在教学活动过程中注重培养学生的迁移能力以及适应信息技术不断发展并进行创新思维的能力。

3. 实践性

信息技术课程是一门实践性非常强的课程，实践探究是培养学生信息素养的基本手段，是培养学生动手操作能力的主要途径，也是发展非智力因素的一个重要环节。学生学习信息技术的目的是学会学习的方法，学会获取信息并最终应用获取的信息，即将知识与技能内化，以解决日常生活与学习中的实际问题。信息技术知识与技能的学习表现为现实的或模拟的实践探究活动，是一个动手与动脑相结合的活动过程，有利于形成正确而有效的学习方法。

4. 综合性

信息技术课程涉及众多内容与学科，课程内容丰富而广泛，具有较强的综合性。从课程形态看，它作为综合实践活动课程规定的学习领域之一，强调超越自身的学科知识体系和固定的课堂教学时空局限，把信息技术与研究性学习、社会实践以及社区服务等其他部分结合起来，与其他学科课程结合起来。在信息技术课程教育中要以信息技术为工具，以各学科知识的学习为载体，让学生在综合运用信息技术解决问题、完成任务的过程中形成能力。

5. 人文性

信息技术课程是一门注重人文的课程，信息技术总是产生于一定的文化环境中，不同的文化背景对技术有着不同的态度。在初中的义务教育阶段，教师要注意引导学生关注信息技术产生的文化背景，树立起对信息技术的科学态度，激发学生学习信息技术的兴趣，使学生初步认识信息社会的特点，引导学生自觉遵守网络道德和安全规范，合理利用信息资源，加强自我保护的意识，培养社会责任感。

除此之外，初中信息技术课程还具有一定的技术性、工具性和层次性。

二、初中信息技术课程的基本理念

初中信息技术课程的基本理念主要包括以下几个方面。

1. 面向全体学生

信息技术课程是义务教育阶段课程的组成部分，每一个学生在经过学习之后都应该达到本课程标准的要求。不能因地区、经济环境或文化背景的差异而取消或削弱学生在信息技术方面的学习。应当尽可能创造条件让每个学生都获得在信息技术课程方面的发展；不仅应让课程面向全体学生，还应关注学生在学习信息技术课程方面的个体差异，在学生达到基本目标的基础上，鼓励学生的个性发展。

2. 立足于学生的发展

信息技术课程应该通过各种活动形式让学生感受信息技术对社会生活的影响，培养学生学习信息技术的兴趣，使学生体验、了解并初步掌握信息的获取、加工、管理、评价、表达和交流的过程及思想与方法，建立起对待信息技术的科学态度，树立起正确的世界观和价值观，为学生的可持续发展奠定良好的基础。

3. 倡导自主、合作、探究的学习方式

信息技术课程必须根据学生身心发展和信息技术学习的特点，关注学生的个体差异和不同的学习需求，呵护学生的好奇心、求知欲，激发学生的主动意识和进取精神。应积极倡导自主、合作、探究的学习方式，给学生提供充分的探究空间，让学生通过手脑并用的实践活动，体验探究的乐趣，学习科学探究的方法，发展科学探究的能力，形成尊重事实、善于质疑的科学态度，使学生的信息素养在主动学习信息技术的过程中得到发展。

4. 注重学科渗透

信息技术课程在内容和活动编排、组织上应充分拓宽信息技术学习和运用的领域，使师生可以超越学科界限，强调不同学科知识与技能，过程与方法，情感、态度与价值观的相互渗透，进而从整体上来建构学生开放型的知识结构，帮助学生发展知识迁移的能力，使学生得到全方位的发展。

5. 倡导面向学生的发展性评价

信息技术课程倡导面向全体学生的发展性评价，重视每个学生在已有基础上获得的发展。评价既要关注学生学习的结果，更要关注学生学习的过程，还要关注学生在活动中所表现出来的情感与态度，帮助学生认识自我、建立信心；评价的主要目的是为了全面了解学生的学习历程，激励学生的学习；评价指标应该是多元的，要包括信息素养的各个方面；评价方法应该是多样的；评价主体应包括教师、学生、家长等。

第二节　学科核心素养与课程目标

一、学科核心素养

核心素养回答的是“培养什么样的人”这一教育的最根本问题，因而成为我国未来基础教育改革的灵魂。学科核心素养是学科育人价值的集中体现，是学生通过学科学习而逐步形成的能够适应终身发展和社会发展需要的正确价值观念、必备品格和关键能力。研究学生发展核心素养是落实立德树人根本任务的一项重要举措，也是适应世界教育改革发展趋势，提升我国教育国际竞争力的迫切需要。

2014 年教育部研制印发《教育部关于全面深化课程改革落实立德树人根本任务的意见》，提出教育部将组织研究提出各学段学生发展核心素养体系，明确学生应具备的适应终身发展和社会发展需要的必备品格和关键能力。中国学生发展的核心素养以培养“全面发展的人”为核心，分为文化基础、自主发展、社会参与三个方面（如图 8.1 所示），综合表现为人文底蕴、科学精神、学会学习、健康生活、责任担当、实践创新六大素养，具体细化为国家认同等 18 个基本要点。各素养之间相互联系、互相补充、相互促进，在不同情境中整体发挥作用。

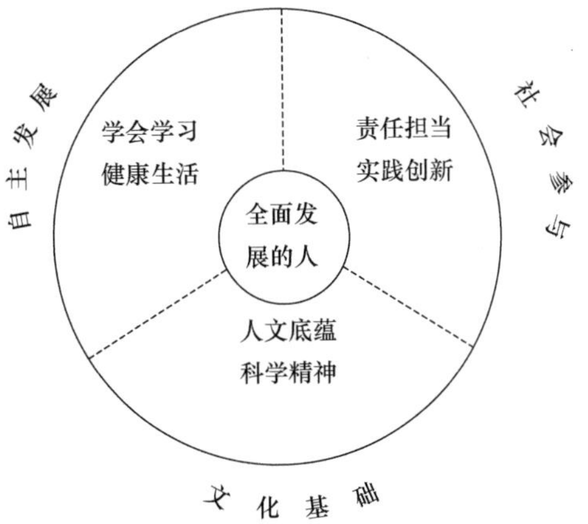

图 8.1　中国学生发展的核心素养

二、初中信息技术学科核心素养

信息技术的发展，不仅要求教师自己知悉最新的科技信息，熟练掌握各种软件的基本操作，不断提高自身专业技能，更需要教师培养学生的信息技术学科的核心素养，以适应日新月异的信息更新。初中信息技术学科的核心素养由信息意识、计算思维、数字化学习与创新、信息社会责任四要素组成。四个核心要素互相支持、互相渗透，共同促进学生信息素养的提升。初中信息技术教学应该培养学生通过信息技术课程，在夯实信息技术知识的基础上，利用学科思维解决复杂问题，利用数字化环境进行协作创新；同时，能自觉遵守信息社会法律规范，从而促使个体能够更好地发展和有效参与社会活动。

1. 信息意识

信息意识是指个体对信息的敏感度和对信息价值的判断力。具体表现形式为：学生能够根据问题的需要，自觉、主动地寻求恰当的方式获取与处理信息；能够敏锐感觉到信息的变化，分析数据中所承载的信息，采用有效策略对信息来源的可靠性、内容的准确性、指向的目的性做出合理判断，对信息可能产生的影响进行预期分析，为解决问题提供参考；在合作解决问题的过程中，愿意与团队成员共享信息，实现信息的更大价值。

2. 计算思维

计算思维是指个体在运用计算机科学领域的思想方法，在形成问题解决方案的过程中产生的一系列思维活动。具体表现形式为：学生在信息活动中能够采用计算机可以处理的方式界定问题、抽象特征、建立结构模型、合理组织数据；通过判断、分析与综合各种信息资源，运用合理的算法形成解决问题的方案；总结利用计算机解决问题的过程与方法，并迁移到与之相关的其他问题解决之中。

3. 数字化学习与创新

数字化学习与创新是指个体通过评估和选择常见的数字化资源与工具，有效地管理学习过程与学习资源，创造性地解决问题，从而完成学习任务的能力，形成创新作品的能力。具体表现形式为：学生能够认识到数字化学习环境的优势和局限，适应数字化学习环境，养成相应的学习习惯；掌握数字化学习系统、学习资源与学习工具的功能和用法，并用来开展自主学习、协同工作、知识分享与创新创造。

4. 信息社会责任

信息社会责任是指信息社会中个体在文化修养、道德规范和行为自律等方面应尽的责任。具体表现形式为：学生具有一定的信息安全意识与能力，能够遵守信息社会的法律法规，信守信息社会的道德与伦理准则，在现实空间和虚拟空间中遵守公共规范，既能有效维护信息活动中个体的合法权益，又能积极维护他人合法权益和公共信息安全；关注信息技术革命所带来的环境问题与人文问题；对于信息技术创新所产生的新观念和新事物，具备积极的学习态度、理性的价值判断能力和负责的行动能力。

三、初中信息技术课程目标

初中阶段仍属于义务教育阶段，义务教育阶段信息技术课程的主要目标是培养学生对信息技术的兴趣和意识，使学生了解信息技术的发展及其应用对人类日常生活和科学技术发展的深刻影响，掌握信息技术基本知识和基本技能；通过信息技术课程使学生具有获取信息、传递信息、处理信息和应用信息的能力；教育学生正确认识和理解与信息技术相关的文化、伦理和社会等问题，负责任地使用信息技术；培养学生良好的信息素养，引导学生把信息技术作为支持终身学习和合作学习的手段，为适应信息社会的学习、工作和生活打下必要的基础。

第三节 初中信息技术教材的特点和课程的特点

一、初中信息技术教材的特点

初中信息技术教材主要具有以学生为本、以应用为主和以培养学生的创新能力为目的的特点。

1. 以学生为本

初中信息技术教材的结构安排不强调知识的系统性和完整性，而注重以学生为本，从学生的知识基础、认知规律来设计知识点的学习顺序。在选择和设计教学模块时，精选学生学习和生活中必备的信息技术基础知识和基本技能，力图鼓励、指导学生结合自己的学习、生活经验，主动理解、建构和应用信息技术知识、技能，培养学生搜集、处理信息并利用信息解决问题的能力，引导学生养成良好的信息意识和应用信息技术的习惯。

2. 以应用为主

初中信息技术教材突出应用性，通常以任务驱动的形式组织内容，学生在完成任务作品的同时享受到成功的喜悦。教材中所涉及的实例，尽可能地选择学生熟悉的或来自其他学科中的内容，目的是强调计算机的应用性和工具性。教材渗透“任务驱动”的学习方式，鼓励学生动手操作，倡导学生主动探究和合作交流；引导学生思考解决该任务的思路、方法及所需的计算机操作步骤；指导学生自己动手尝试，利用已有的经验和知识，理解新概念，掌握并应用有关的命令和操作；指导学生反思整个问题解决的过程，总结其中的重点、难点，帮助学生实现“从特殊到一般”的过渡。

3. 以培养学生的创新能力为目的

培养学生的创新能力是初中信息技术教材的落脚点。信息技术课要保证学生70%的上机时间，这是《中小学信息技术课程指导纲要(试行)》中明确规定的，其目的就是要让学生多动手，培养学生的动手实践能力，切忌教师一讲到底。另外，实践能力的培养还有一个重要方面，就是要培养学生运用信息技术解决学习中、生活中的实际问题的能力，学会应用，突出培养学生的信息意识以及获取、分析、处理和应用信息的能力，培养学生自主学习和合作学习的能力。

二、初中信息技术课程的特点

初中信息技术课程主要具有发展性、综合性、应用性、工具性、实验性和趣味性等特点。

1. 发展性

由于现代信息技术发展日新月异，无论是硬件还是软件均取得了不少突破性的成就，开辟了许多新的领域，提出了许多新的观点，这就使得初中的信息技术课程教学具有明显的时代发展性特点。

2. 综合性

初中信息技术课程与其他学科相比，具有较强的综合性。它涉及众多的边缘和基础科学，比如信息论、控制论、系统论、哲学、美学、文学……这就是说，初中信息技术课程本来就不具备严格意义上的所谓计算机学科性，它兼有基础文化课程、劳动技术教育和职业教育的特点，也兼有学科课程、综合课程和活动课程的特点。从这一特点出发，初中信息技术课程更加强调其综合性。

3. 应用性

初中信息技术课程是一门应用性课程，因此在教学过程中应该体现这样一种教学氛围：创造尽可能多的机会（既包括课内也包括课外）让学生亲自动手参与实践操作，学生只有在不断实践的过程中才能学好信息技术。

真题测试 8.1

4. 工具性

以计算机为代表的信息技术不是一般的工具，而是“人类通用的智力工具”，所以初中信息技术课程具有工具性的特点。这就要求信息技术教师严格执行加强基础、注重应用、强化实践的思想。

5. 实验性

初中信息技术课程是离不开实验的课程，它的创立和发展都离不开对计算机的操作，因此，初中信息技术课程教学也必须突出实验性的特点，上机实验操作直接关系到初中信息技术课程教学的发展水平和教学水平。

6. 趣味性

初中信息技术课程是一门趣味性很强的课程。因此，在教学过程中，应该充分利用计算机的趣味性，无论在哪个年级、无论什么样的教学内容都应该重视挖掘和体现信息技术课程的趣味性，重视激发、培养学生对信息技术的学习兴趣。

第四节　初中信息技术的课程结构与课程内容

一、课程结构

根据《中小学信息技术课程指导纲要（试行）》，初中信息技术课程分为基本模块和拓展模块（带 * 号）两部分，各地区可根据教学目标和当地的实际情况，依据这两个模块的教学内容开展教学。

初中信息技术基础模块课程是全面提升初中学生信息素养的基础，强调信息技术学科核心素养的培养，渗透学科基本知识与技能，是每位初中学生必须修习的课程，是进行拓展模块学习的基础。初中信息技术基础模块课程包括“信息技术简介”“操作系统简介”“文字处理的基本方法”“网络基础及其应用”和“计算机系统的硬件和软件”五个模块。

初中信息技术拓展模块课程是根据学生升学、个性化发展需要而设计的，旨在为学生高中阶段继续开展信息技术学习以及应用提供条件。初中信息技术拓展模块课程包括“用计算机处理数据”和“用计算机制作多媒体作品”两个模块。

初中信息技术课程结构如表 8.1 所示。

表 8.1　初中信息技术课程结构

模块类别	模块内容
基本模块	模块一：信息技术简介 模块二：操作系统简介 模块三：文字处理的基本方法 模块五：网络基础及其应用 模块七：计算机系统的硬件和软件
拓展模块	* 模块四：用计算机处理数据 * 模块六：用计算机制作多媒体作品

初中信息技术基本模块课程是本学科学业水平合格性考试的依据,学生学完必修课程后,可参加初中信息技术学业水平合格性考试。学生在完成信息技术基础模块课程学习后,可根据兴趣爱好和学业发展,学习拓展模块课程,发展个性化的信息技术能力或达到更高的学业水平。拓展模块课程是对基础模块课程的拓展与加深,体现了学科的前沿性和应用性,旨在满足学生升学和个性化发展的需要。学生可根据能力和发展需要选学。

二、课程内容

（一） 基础模块课程

1. 模块一：信息技术简介

本模块的课程内容主要有：

(1) 信息与信息社会；

(2) 信息技术应用初步；

(3) 信息技术的发展趋势；

(4) 与信息技术相关的文化、道德和法律问题；

(5) 计算机在信息社会中的地位和作用；

(6) 计算机的基本结构和软件简介。

2. 模块二：操作系统简介

本模块的课程内容主要有：

(1) 汉字输入；

(2) 操作系统的基本概念及发展；

(3) 用户界面的基本概念和操作；

(4) 文件和文件夹(目录)的组织结构及基本操作；

(5) 操作系统简单工作原理。

3. 模块三：文字处理的基本方法

本模块的课程内容主要有：

(1) 文本的编辑、修改；

(2) 版式的设计。

4. 模块五：网络基础及其应用

本模块的课程内容主要有：

(1) 网络的基本概念；

(2) 因特网及其提供的信息服务；

(3) 因特网上信息的搜索、浏览及下载；

(4) 电子邮件的使用；

(5) 网页制作。

5. 模块七：计算机系统的硬件和软件

本模块的课程内容主要有：

(1) 数据在计算机中的表示；

(2) 计算机硬件及基本工作原理；

(3) 计算机的软件系统；

(4) 计算机安全；

(5) 计算机使用的道德规范；

（6）计算机的过去、现在和未来。

（二）拓展模块课程

1. *模块四：用计算机处理数据

本模块的课程内容主要有：

（1）电子表格的基本知识；

（2）表格数据的输入和编辑；

（3）数据的表格处理；

（4）数据图表的创建。

2. *模块六：用计算机制作多媒体作品

本模块的课程内容主要有：

（1）多媒体介绍；

（2）多媒体作品文字的编辑；

（3）作品中各种媒体资料的使用；

（4）作品的组织和展示。

第五节　初中信息技术课程的实施建议

一、教学与评价建议

（一）教学建议

信息技术教学是培养学生信息技术学科核心素养的基本途径。教师在教学中要紧紧围绕学科核心素养，凸显“学主教从、以学定教、先学后教”的专业路径，把项目整合于课堂教学中，重构教学组织方式，创设有利于学生开展项目学习的数字化环境、资源和条件，引导学生在数字化学习的过程中，领悟数字化环境对个人发展的影响，养成终身学习的习惯。具体的教学建议如下。

1. 领会学科核心素养的内涵，全面提升学生的信息素养

全面提升学生的信息素养是初中信息技术课程的根本任务。学科核心素养是信息素养的具体表现。为了将学科核心素养落实于课堂教学中，实现课程的根本任务，信息技术教师首先需要领会学科核心素养的内涵。

信息意识是指个体对信息的敏感度和对信息价值的判断力，是在具体信息情境和信息活动中逐步养成的。教师在教学中要为学生创设信息情境，提供发现问题、自主解决问题的机会，引导学生主动将问题求解与信息技术进行关联。

计算思维作为一种思维方式，需要在解决问题的过程中不断经历分析、思考、实践求证、反馈调适而逐步形成。教师在教学设计时，可根据教学内容提炼计算思维的具体过程与表现，将其作为学生项目学习的内在线索，引导学生在完成不同项目的情境中，反复亲历计算思维的全过程。

数字化学习与创新强调了学生在数字化环境中的发展。教师在教学设计时，可根据学生的学习基础，创设适合学生需要的数字化环境与活动，引导学生在运用计算思维完成项目的实践过程中，通过自主学习和协作学习，利用数字化资源与工具，创造性地解决问题或创作出有个性的数字化作品。

信息社会责任的形成需要学生直面问题，在思考、辨析、解决问题的过程中逐渐形成正

向、理性的信息社会责任感。教学时，教师可结合学习过程中的生成性资源，引导学生挖掘、观察现实世界中的典型信息事件，鼓励学生面对信息困境，通过求证、讨论和交流，做出正确的选择和行动。

2. 把握项目学习的本质，以项目整合教学

基于项目的学习是指学生在教师引导下发现问题，以解决问题为导向开展方案设计、新知学习、实践探索，具有创新特质的学习活动。项目学习很大程度上还原了学习的本质，这种基于真实情境的学习能促进学生对信息问题的敏感性、对知识学习的掌控力、对问题求解的思考力的发展。在项目实施过程中，各种能力的综合也促进了学生信息技术学科核心素养的形成。教师在组织学生开展项目学习时，要创设适合学生认知特征的活动情境，引导他们利用信息技术开展项目实践，形成作品。因此，项目学习应以信息技术学科核心素养的养成为目标，在项目实践中渗透学科核心素养，整合知识与技能的学习。

教学中，教师可以先整体梳理各课程模块的教学内容，再以阶段性教学内容（模块或者单元）为依托，提炼学生习得知识后应具备的学科核心素养，并以此为节点设计项目的推进路径，力争使项目实施既能合理渗透信息技术学科核心素养，又能有效整合相关的教学内容。

3. 重构课堂教学组织方式，加强学生探究性学习

在项目学习，特别是开放性项目学习的过程中，学生是项目的设计者、实施者和项目成果的推介者，教师是学生项目设计和实施过程中的引领者和指导者。在教学中，教师应淡化知识的单一讲解，鼓励学生通过自主探究解决项目中的问题，在解决问题的过程中整合知识学习，促进思维发展。教师要从“学会操作”的课堂价值取向转向“形成学科核心素养”的价值诉求，引导学生从实际生活中发现项目素材，培养学生的信息意识，在“尝试→验证→修正”的“试错”过程中发展学生的计算思维，引导学生从自主寻求项目实施所需知识和技能的过程中形成数字化学习能力与创新能力，在项目成果的推介交流中提升信息社会责任。

项目的开放性及解决方案的多样性，既能调动学生学习的积极性，激发他们的学习兴趣，也能引发更多生成性问题。在项目活动中，教师可以根据学生学习的需要，采用个性化教学的指导方式，既为学生提供自由创作的空间，又确保学生的个性化问题得到及时支持与解决。建议教师创建网络学习空间，通过知识详解、范例创作、常见问题答疑等，帮助学生解决一般性问题；通过组建互助小组，引导学生在交流互助中共同提升思维与能力，甚至可以将合作互助行为纳入评价范畴，引导学生开展更深入的交流合作。

案例

计算机安全与防护

一、教学方法

合作探究、小组竞赛、启发引导、自主探究

二、教学过程

（一）情境导入

教师：2006 年 12 月 27 日，互联网上很多用户遭受不明病毒攻击，计算机中所有可执行文件都变成一种“熊猫烧香”的图案，中毒症状表现为系统蓝屏、频繁重启、硬盘数据被破坏等。该病毒可通过局域网进行传播，感染局域网内所有的计算机系统，最终导致整个局域网瘫痪。大家听说过这种计算机病毒吗？

今天，就让我们一起来认识和了解计算机病毒，掌握计算机安全与防护的知识。相信通过大家的共同努力，我们能够更好地使用和维护计算机。

（二）新课讲授

1. 计算机病毒

(1) 计算机病毒的概念。

教师：什么是计算机病毒呢？它和我们平时提到的生物病毒一样吗？

学生阅读教材并回答以上问题。教师给予适当的评价和鼓励。

教师：计算机病毒是一种人为编制的程序，这种特殊的程序能够在计算机系统中通过自我复制来传播，在一定条件下被激活并破坏计算机系统，从而造成不可估量的损失。这种程序具有类似生物病毒的特点，如繁殖性、传染性和潜伏性等，所以人们用“计算机病毒”一词来称呼这类破坏性程序。

针对教材中的“讨论学习”内容，学生分组讨论，教师可适当参与并进行引导。

最后，每组选取代表进行总结，教师给予适当的评价和鼓励。

(2) 计算机病毒的特征。

请一位学生谈谈感染计算机病毒的过程，再度激发学生的学习兴趣，师生共同探讨教学内容。

教师：同学们可能接触过一些计算机病毒，但是真正了解计算机病毒的并不多，除了以上提到的“熊猫烧香”病毒以外，同学们还知道哪些计算机病毒？还了解哪些与计算机病毒相关的知识呢？

教师发送准备好的计算机病毒资料给学生。

学生阅读资料，并尝试进行概括和总结。

学生分组活动，并由小组代表进行总结，教师给予适当的评价和鼓励。

教师：通过同学们的介绍，我们认识了很多计算机病毒，那么，同学们有没有发现它们具有哪些共同特征呢？

学生分组活动，阅读计算机病毒的资料及教材中的相关内容，并联系实际生活中生物病毒的特征，总结、归纳出计算机病毒的特征。

2. 计算机病毒的防治

教师：对于计算机病毒，我们要以积极的心态去面对它，想办法防治它，那么，我们具体应该怎么做呢？

学生自学教材内容，并进行总结，教师给予适当的评价和鼓励。

3. 计算机安全

教师：我们做了那么多的工作，现在的计算机是不是已经真正安全了呢？什么才是计算机安全？除了病毒以外，计算机还存在哪些方面的不安全因素？我们如何解决这些问题？

(1) 计算机安全的定义。

计算机安全是由计算机管理派生出来的一门技术，目的是为了改善计算机系统和应用中的某些不可靠因素，以保证计算机正常、安全地运行。

(2) 培养使用计算机的良好道德规范。

任务小结：小组合作讨论，总结所学的计算机安全与防护的知识。教师对本课的知识点进行总结。

（三）课堂小结

通过学习，学生认识和了解了计算机病毒，还知道如何去防治它。同时，学生也认识到，计算机病毒的防治不能仅仅依赖于杀毒软件，更重要的是要提高防病毒意识，认识计算机安全的重要性。这节课学生还尝试利用网络资源来解决问题，这让学生受益匪浅。

三、教学反思

在本节课开头，教师明确提出了本节课的目标要求，学生的注意力一下子就被吸引住了，学生在平时也会遇到计算机安全的相关知识，现在有机会较为系统地学习，学习积极性相当高。

4. 创设数字化学习环境，为学生提供丰富的课程资源

为促进学生学科核心素养的发展，教师在充分利用真实情境的教学活动空间时，也应通过信息技术帮助学生创设个人虚拟的网络活动空间，形成应用便捷、资源丰富、内容可靠、环境安全的数字化学习环境。现实空间与虚拟空间的结合，有助于改善学生的学习方式，激发学生的探究欲望，与此同时，也丰富了教师的教学手段，拓宽了师生互动交流的渠道。学生在亲历数字化学习的过程中，体验数字化环境对教育发展的影响，并促进终身学习习惯的养成。

“互联网＋”正在深刻影响着社会各个领域的行业生态。教学过程中，教师可围绕学科核心素养，通过互联网构建可持续发展的学习资源建设规划，将学生项目学习中的生成性资源转化为后续学习资源，引导学生成为资源的使用者和建设者，促进学生在信息意识、计算思维、数字化学习与创新、信息社会责任等学科核心素养方面的全面发展。

（二）评价建议

评价是信息技术教学的有机组成部分，应基于信息技术学科核心素养展开。教师可以综合运用多种评价手段，在教学中起到有效导向的作用。评价的主要目的是促进学生的学习，改善教师的教学，完善课程方案的设计。评价方式要有利于学生学习，有利于教学活动的开展。评价内容要从单纯关注知识与技能向关注学生学业成就转变，同时还要关注解决现实问题和团队合作等多种能力的提升。通过评价的合理实施，不断提高信息技术教师的教学水平，激发学生学习、应用信息技术的兴趣，帮助学生逐步提升信息素养。

1. 评价的原则

初中信息技术教学评价应遵循以下原则。

(1) 强调评价对教学的激励、诊断和促进作用，发挥评价的导向功能。

在信息技术教学过程中，教师应通过灵活多样的评价方式激励和引导学生学习，培养学生的信息素养。教师应注意观察学生实际的技术操作过程及活动过程，分析学生典型的信息技术作品，全面考查学生信息技术操作的熟练程度和利用信息技术解决问题的能力。建议教师在向学生呈现评价结果时，多采用评价报告、学习建议等方式，适当采用鼓励性语言，激发学生的内在学习动机，帮助学生明确自己的不足和努力方向。

在对学生学业进行总结性评价时，应根据评价目的、学习内容及课程特点，采用多种形式的评价方式，评价内容与手段要有利于学生学习，有利于教师反思和改进自己的教学过程，发挥评价与教学的相互促进作用。

(2) 评价应面向全体学生，尊重学生的主体地位，促进学生的全面发展。

促进学生全面发展是现代教育评价应有的价值取向。在评价过程中，教师应尊重学生的水平差异和个体差异，要创造条件让学生甚至家长主动参与到评价中，增强学生自主评价的积极性。要以多样化的评价促进学生核心素养的提升，不能简单地以分数或等级来评估

学生，要多采用表现性评价语言，注重学生在不同起点上的提高，而不仅仅是看重他们是否都达到了某一共同标准。

（3）评价应公平公正，注重过程性评价与总结性评价相结合。

评价方案的设计和实施应考虑全体学生的实际情况，评价方案要事先制订并及时公布，不仅让教师、学生知晓，还应让家长、社会了解。信息技术学科具有很强的操作性和实践性，学生经历的学习过程也是评价的重要依据，对学生的学业评价应尽量采用过程性评价和总结性评价相结合的方式。要充分利用信息技术的学科优势，采用电子作品档案袋、学习平台记录表等技术手段记录学生的学习状况，客观评价学生的学习过程与学习态度，力求全面、公平、公正地评价学生的学业状况。

（4）评价应科学合理，应不断提高评价的信度和效度。

评价内容的选择应从学科基本要求出发，评价情境的创设要科学合理，应注重评价的信度和效度。信息技术学科具有很强的应用性，学习内容大多与生活息息相关，如信息处理技术、网络技术、数据管理技术等，因此，评价内容的设计与选择应贴近学生的学习和生活，注重评价的实用性和导向性。评价情境的创设既要有利于评价目标的落实，也要有利于学生学习能力的提高。

案例

表 8.2 是基于项目的评价的各级指标举例，大家在参考运用时可根据教学实际情况为各个指标标明权重。

表 8.2　基于项目的评价的各级指标举例

学习阶段	一级指标	二级指标
选定项目阶段	分析项目能力	分析研究目的、研究意义 分析难度、可行性
	发现问题能力	探索的敏锐性 批判思维 冒险精神
	信息收集处理能力	选择检索工具的能力 确定检索词的能力 系统整理能力
制订计划阶段	制订计划能力	设定目标能力 制订方案能力
活动探究阶段	分析问题能力	分析论证能力 抽象推理能力 总结归纳能力
	解决问题能力	联想能力 转移经验能力 动手操作能力 组织协调能力 独立决策能力 鉴别评价能力
	团队协作能力	交流能力 小组协作能力

续表

学习阶段	一级指标	二级指标
作品制作阶段	作品质量	体现创新性 作品的表现形式
成果交流阶段	语言表达能力	阐述问题的清晰度 阐述问题的明了度
	提出问题能力	提问数量 事实性问题的提出 推论性问题的提出 批判性问题的提出
	分析问题能力	迅速反应能力 总结归纳能力
	回答问题能力	回答问题数量 有借鉴价值 有引申价值
	兼容能力	接纳新观点能力 批判新观点能力

2. 评价活动的设计与实施

初中信息技术评价活动要根据评价的目的、要求、对象等进行设计，针对不同的评价目的，应该设计不同的评价情境。

(1) 确定评价目标与内容。

评价目标与内容应根据学科核心素养的水平层级、各课程模块相应的学业质量水平等确定。学科核心素养水平是确定评价目标的重要依据。义务教育阶段信息技术课程教育目标为培养、发展学生学习和探索信息技术的兴趣，促使学生养成良好的信息意识，掌握健康负责地使用信息技术的方法，形成和提高信息处理能力，培养和强化学生使用信息技术支持各种学习和解决各类问题的意识和能力。

课程的内容要求、学业要求与学业质量标准是确定评价活动内容的重要依据。各课程模块内容规定了一个模块的基本教学内容与学业要求，而学业质量标准是衡量学生学业水平的基本指标。面向核心素养的评价尤其要关注情境的设计，要从多个维度设计合理的评价活动。情境要来源于学生的学习和生活，要从问题解决的过程与方法层面设计评价方案。评价活动应能有效诊断学生的信息技术学科核心素养发展水平，为学生毕业、升学提供依据，为学生未来的发展提供建设性的意见。

(2) 确定评价方式和评价的具体指标。

初中信息技术学业评价一般包括纸笔测试、上机测试等方式。

纸笔测试和上机测试各有所长，适合不同的评价内容和目标，应相互补充、综合运用。纸笔测试的效率较高，适于短时间内对大量学生进行集中考查，适于考查学生对信息技术基础知识的掌握和理解，但不适于评价学生的实际操作技能。在设计纸笔测试试卷时，要控制选择题、填空题等客观题型的比例，适度设置和增加要求学生通过理解和探究来解决的开放性题目，如问题解决分析、作品设计等，以拓展纸笔测试在评价内容和评价目标等方面的广度和深度。上机测试是信息技术总结性评价中不可或缺的重要组成部分。上机测试可以评价学生使用技术工具的熟练程度，能够考查学生利用信息技术解决问题的能力。

根据不同的评价目的和要求，学业评价也可以采用多种方式展开。学业水平考试这类总结性评价，可采用纸笔测试、上机测试相结合的形式；一般过程性评价可通过课堂观察、学习行为分析、作品评价、档案袋资料采集等方式，从知识、能力、情感等方面全面衡量学生的学习状况，并可以作为学业评价的依据。

初中信息技术课程日常学习中的过程性评价应围绕信息技术学科核心素养展开，所选择的评价维度要能充分体现学生的信息技术学科核心素养水平，尤其要关注信息意识、信息社会责任等总结性评价相对较难测量的素养。在课程实施过程中采取目标与过程并重的策略，记录学生的动态学习过程，评价时尽量体现出学生在学习过程中各方面能力的提升情况。例如，对于信息技术技能评价，可通过学生的信息活动，引导学生正确、规范地使用数字化工具，并能运用数字化工具解决实际问题，提升学生运用数字化工具改善学习和生活的能力，促使学生形成信息社会责任意识。

（3）评价结果的解释与反馈。

对利用评价工具所获得的信息和数据进行分析处理，最终得出的评价结论，就是评价结果。评价结果解释的重点应聚焦在学生学科核心素养的发展与变化上。要结合学习过程，针对学生的个性特点，对评价结果做出个性化、发展性的解读。对于评价结果的反馈，应注意方式和范围，要积极创造条件，让学生参与评价结果的判断和解释过程。在呈现评价结果时，应根据评价目的和要求，选择恰当的反馈方式，关注学生的隐私保护，遵循有利于学生成长、学校管理和教师教学的原则。

二、地方和学校实施本课程的建议

课程的实施涉及教育行政部门、教育教研机构及初中学校。各地应充分认识到信息技术课程在整个初中课程体系中的重要地位，重点做好师资队伍建设、基础设施设备建设及教学资源建设等诸方面工作，使信息技术课程能在本地生根发芽并健康成长。

（一）关于师资

随着课程改革的深入，信息技术的课程理念及教学内容也发生了相应的变化，给地方和学校实施课程提出了新的挑战。建议各地采取有效措施加强信息技术教师队伍的建设，按课程要求配足信息技术专职教师，为课程开设提供基本的保障。同时，各地还应开展多样化的教师培训和教研活动，提高信息技术教师的教学能力。开展教师培训时，建议将重点放在以下四方面。

（1）明确新课程的理念，让教师明确学科课程蕴含的立德树人价值，明确学科课程追求的核心素养内涵，为准确依据课程标准实施教学指明方向。

（2）明确课程标准所表述的内容及教学要求，让教师了解课程标准的内容结构体系，明确教学要求，创新教学手段，彰显先进的教学观念及方法，使课程标准的教学要求得以有效实施。

（3）提高信息技术教师的知识水平和技能水平，让一线教师了解当前信息技术发展的最新动向及趋势，了解信息系统的基本原理及基本应用方法，掌握数据结构及算法求解的基本原理和编程实现，掌握数字化学习的基本路径及常见方法。教师信息意识的增强、信息素养的提升，可以为课程标准的实施打下良好的基础。

（4）加强教师的学科专业知识培训。依据课程标准中涉及的课程模块，以专项培训的方式加大信息技术教师本学科知识技能的培训力度，提高信息技术教师的学科专业水平。

此外，建议各地教研部门组织形式多样、内容丰富的教研活动，鼓励信息技术教师积极参与其中，不断提高自身的教学研究能力和自我发展能力，使课程教学更具方向性。各初中学校也要立足本校实际，开展丰富多彩的校本教研活动，反思教学得失，促使教师教学水平的提高。

（二）关于基础设施设备

对于信息技术课程而言，必要的基础设施、基本设备是课程实施的物质基础。各初中学校要根据学生人数的多少、教学课时的需求，设立能满足各模块教学需要的信息技术教室和信息技术实验室，配备数量合理、配置适当的计算机和相应的实验设备，并配备满足各模块教学需要的软件及网络设施。有条件的地区及学校可以为开设移动应用课程、变革课堂教学方式和学生学习方式创造条件。

各初中学校首先要根据本校平行班的数量，设立信息技术教室。建议按照教育技术装备要求，配足配齐计算机和相关网络设施，努力保证每班上课时一人一台计算机，并安装能保证课程正常开展的软件。

同时，学校应设立信息技术实验室。实验室应针对每个模块单独设立，着重满足学生实践操作的需求；除了考虑配备实验用品之外，还应当考虑配备适当的工具和测试仪器，以保证实验的水平和质量。条件不足的学校，也应设立多个模块共同使用的信息技术实验室，以保障教学的正常开展。

（三）关于教学资源

信息技术课程教学资源主要包括教师的教学材料、学生学习的材料和教与学的环境等与教师教学、学生学习密切相关的资源。这些资源是课程实施必不可少的素材，直接关乎信息技术教学的质量，应当给予足够的重视。

信息技术课程教学资源的建设，应以数字化的教学资源建设为重点。建议各地教育相关部门依托本地教育行政部门设立的教育资源应用平台，结合信息技术课程的特点，建设适应教学需要的教学资源，提供给本地区信息技术教师教学使用。特别倡导初中学校在校本教研的基础上，积极鼓励教师使用信息化教学手段，应用数字化教学资源，并在使用的过程中锐意创新，改进和完善数字化教学资源，丰富适合本学科教学的一线经验，为课程实施提供鲜活的素材。教研机构要在教学资源建设中发挥引领导向作用，把握资源建设的正确方向，使之有效地支持教学、服务教学，提高资源的利用水平，促进教师发展，提升教学质量。

本章知识结构

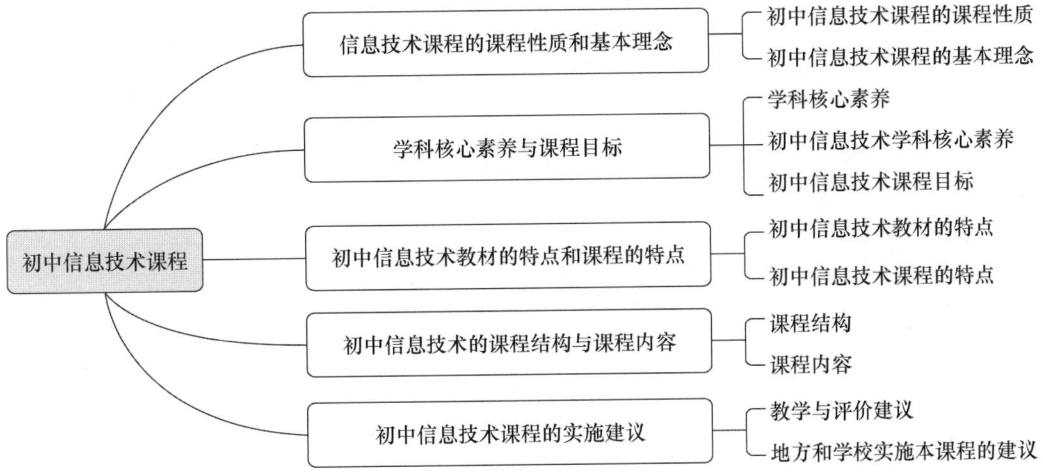

本章小结

（一）本章重难点

本章的重点是理解信息技术课程的课程性质、基本理念、学科核心素养和课程目标；掌握初中信息技术学科的课程结构；本章的难点是理解初中信息技术课程相关基础知识，并能用以开展学科教学和指导学生实训实践。

（二）学习时要注意的问题

本章内容对初中信息技术课程做了较全面的梳理，考生需要在理解的基础上进行记忆。在学习本章内容时考生要注意理解信息技术学科的核心素养和课程目标，能够根据学生学习的需要使用教材。

备考指南

本章内容主要包括信息技术课程的课程性质、基本理念、学科核心素养、课程目标、课程结构、课程内容及实施建议，本章内容主要出现在历年考试的主观题中，要求考生能够熟练掌握课程性质、课程目标、学科核心素养、课程结构以及教学要求。

自测训练

一、简答题

1. 简述初中信息技术课程的课程性质。
2. 简述初中信息技术课程的学科核心素养。
3. 简述初中信息技术课程基本理念。

参考答案及解析

一、简答题

1.【参考答案】

初中信息技术课程仍属于义务教育阶段课程。义务教育阶段的信息技术课程是一门以培养学生的信息素养为主要目标，将综合实践活动的一个学习领域作为课程形态的必修课程。初中信息技术课程旨在帮助学生掌握信息时代生存与发展必需的信息技术基础知识和基本技能，形成在日常生活与学习中应用信息技术解决问题的基本态度与基本能力，形成与信息社会相适应的良好行为习惯，为将来成长为适应信息社会发展挑战的创造性人才打下基础。

初中信息技术课程的课程性质主要有基础性、高速发展性、实践性、综合性和文人性。此外，初中信息技术课程还具有技术性、工具性和层次性。

2.【参考答案】

初中信息技术课程的学科核心素养主要包括以下四个方面：

（1）信息意识；

（2）计算思维；

（3）数字化学习与创新；

（4）信息社会责任。

这四个方面互相支持、互相渗透，共同促进学生信息素养的提升。

3.【参考答案】

初中信息技术课程的基本理念包括以下五点：

(1) 面向全体学生；

(2) 立足于学生的发展；

(3) 倡导自主、合作、探究的学习方式；

(4) 倡导面向学生的发展性评价。

第九章　初中信息技术教育教学

考纲内容

本章内容属于信息技术教育教学知识，在考纲中要求如下：

1. 掌握信息技术教育理念、教学原则、教学策略等一般知识；

2. 理解信息技术教学的特点、规律及一般过程，掌握信息技术教学的基本技能及教学方法；

3. 了解根据学生身心发展规律开展教学活动的基本知识；

4. 掌握信息技术教育研究的一般方法。

考纲解读

通过本章的学习，考生需要掌握初中信息技术的教学原则、教学策略、教学方法、多元智能理论、建构主义理论、混合学习理论等，并能在现实教学中加以运用，这些是历年考试中的重点考查内容。

第一节　中学信息技术教学原则和教学策略

一、教学原则

教学原则是在教学工作中必须遵守的一般原理或者准则，教学原则是在教学目标、教学的客观规律以及总结教学实践经验基础上制定出来的。

（一）我国中学教学原则

目前，我国中学教学原则主要有直观性原则、启发性原则、系统性原则（循序渐进原则）、巩固性原则、发现性原则（可接受性原则）、教育性与科学性统一原则、理论联系实际原则和因材施教原则。这八种教学原则的含义及要求如表 9.1 所示。

表 9.1 我国中学八种教学原则及其含义和要求

教学原则	含义	要求
直观性原则	教师在教学过程中通过引导学生观察所学事物或者图像，让学生能够直观地感受学习对象，对有关事物形成具体清晰的表象，使学生达到理解所学知识的目的	① 根据实际教学选择直观的教具与现代化的教学手段 ② 教师的讲解应该与直观对象相互结合 ③ 在教学中使用正确的直观形象 ④ 重视教学过程中语言的直观作用
启发性原则	在教学中教师要激发学生的学习积极性，引导学生自觉地探索科学知识，主动学习，以达到理解和掌握所学知识的目的	① 激发学生主动学习 ② 利用问题引发学生探求欲，引导教学步步深入 ③ 发扬教学民主 ④ 在实际问题中启发学生
系统性原则 （循序渐进原则）	在教学中教师应该参照学科的逻辑顺序和学生的认识发展规律开展教学，使学生能够掌握好复杂的课程体系和科学理论体系	① 参考学科、教材中的系统开展教学 ② 针对教学中的主要矛盾进行教学 ③ 教学要按照从易到难、从浅到深的层次来进行 ④ 在教学中将系统连贯性与灵活多样性结合起来
巩固性原则	在教学过程中，教师要引导、帮助学生对学过的知识进行复习，使学生能够牢固地掌握知识内容	① 学生需要已经理解知识内容 ② 教师组织教学活动帮助学生进行巩固 ③ 可以通过扩充、改组和运用知识的形式进行巩固
发展性原则 （可接受性原则）	指教学中的内容、方法和进度要适合学生的发展水平，但是学生需要付出一定的努力才能解决教学中的问题	① 教师要掌握学生的实际水平，从学生实际出发进行教学 ② 考虑不同时代中学生认识发展的特点
教育性与 科学性统一原则	教书和育人并重，基于科学的教学方法开展教学，在教学中教授学生科学知识和伦理道德	① 教学和教材要有科学性 ② 在教学中注意学生的思想品德教育 ③ 教师要不断提高自己的专业水平和思想修养
理论联系 实际原则	教师在教学中要把理论知识和实际生活联系起来，注重培养学生学以致用的能力	① 在教学中找到知识与实际生活的联系点 ② 培养学生综合运用知识的能力
因材施教原则	从学生的实际情况、个别差异与个性特点出发，在教学中照顾到学生的差异，开展有针对性的教学	① 对存在着差异的学生开展有针对性的教学 ② 教师在教学中应该采取有效措施帮助学生扬长避短

（二）信息技术课程的教学原则

信息技术课程的教学原则是将对信息技术新课标的分析与信息技术教学实践经验相结合而形成的。信息技术课程的教学原则主要包含四个方面：基础性与发展性相结合原则、全面发展与个性发展相统一原则、信息技术与日常生活和学习相整合原则、科学教育与人文教育相融合原则。

1. 基础性与发展性相结合原则

基础性与发展性相结合是针对学生信息素养的培养提出来的，它包括三个方面。

(1) 人类社会已经迈入了信息社会，信息技术成为一种基础性工具，信息素养成为社会公民的一项基本素养，这种社会背景就必然要求我们注重对学生信息素养这种基础文化素质的培养。

(2) 信息技术以及信息社会是建立在一定基础上并不断朝前发展的。这种历史发展规律见之于信息技术课程的教学：一方面，在教学目标的定位上，教师不仅要为学生打牢知识基础，也要让学生掌握学习信息技术的方法，即授之以“渔”，让学生的信息素养保持可持续的发展，适应技术时代的瞬息万变；另一方面，在教学内容的选择上，既要注重基础，也要适度反映一些新的技术，使学生在掌握基础知识的同时，对社会未来的发展趋势有所了解，增强学生对信息技术发展前景的向往和对未来生活的追求。

(3) 学生的心智发展存在一个循序渐进、逐步成熟的客观规律，而信息技术的各个组成部分在技术深度和文化内涵上也存在程度上的区分。学生心智发展和信息技术的这些特点主要体现在信息素养的培养上，这就要求教师把握好学生的“最近发展区”，注意在内容的难度、深度、广度上的取舍，坚持基础性与发展性的有机结合，促进学生信息素养的全面发展。

坚持基础性和发展性相结合原则，需要注意以下三点。

(1) 重视信息技术基础知识、基本技能、基本方法的学习和基本态度的培养，为学生的终身发展夯实根基。

“基础性”原则体现在中小学信息技术课程的内容选取上，应该选取信息技术领域内对学生未来实际生活具有帮助作用，有使用功能，能够进行迁移应用的内容作为课程内容。例如，信息和信息技术的重要价值、计算机系统的组成和基本工作流程等内容。

(2) 以发展的眼光促进学生信息素养的一般发展。

“发展的眼光”具有两层意思：一是教师教学过程的发展，二是教学内容的不断发展。教师在教学过程中，要坚持“发展本位”的教育价值观，将提升学生的信息素养作为教学宗旨，动态地认识学生信息素养的发展水平。

(3) 加强学习方法的培养，提高学生对信息技术发展变化的适应能力。

第一，教师要提升自身的业务能力和信息素养，能够在教学中归纳和总结信息技术的基本特征和一般发展规律。第二，在平时的教学过程中，教师要有意识地引导学生进行自主学习，培养学生“提出问题—分析问题—解决问题”的能力。第三，教师在教学中还要注意培养学生的评价能力，培养学生认识自身的能力和批判的意识，让学生成为自己学习真正的主人。

2. 全面发展与个性发展相统一原则

我国地域辽阔，各个区域经济的发展水平不同，教育水平也存在差异，不同地区的信息技术教育的发展水平也不同。教师在进行信息技术教学时，应当注重学生之间的差异，做到全面发展与个性发展相统一、共同施教和因材施教相结合。要做到这些，教师应从以下四个方面努力。

(1) 研读课程标准，设立多层目标。

信息技术教师应认真研读课程标准，帮助学生达到课程标准的基本要求。在此基础上，教师还要根据学生的信息技术学习实际情况设计多层的教学目标，通过分层次的教学帮助不同基础的学生得到更适合自己能力层次的发展。

(2) 使用多种教学软件，丰富学生任务的设计。

在教学过程中，教师不能只局限于一种或者几种教学软件工具，而应给学生更多的选择空间，让学生结合自身的兴趣特长进行信息技术课程学习。此外，教师还应针对学生能力的差异，设计不同层次和难度的学习任务和内容，满足学生在学习过程中的不同需求。

（3）了解学生的学习风格，开展针对性教学指导。

不同的学生存在着不同的认知风格，教师应该关注学生的这些认知风格差异，并且在实际的教学中体现出来。在教学过程中，教师应该采用多种教学策略，对不同认知风格的学生给予不同的教学指导，鼓励学生在学习过程中产生思维的碰撞，采取多种方式、使用多种方法解决问题。

（4）多种教学方式结合，共同开展课程教学。

根据实际的教学情况需要，教师可以采取多种有效的教学组织形式开展课程教学。比如，对待教学中出现的共性问题，教师可以采用集体教学的形式；对能力差异较大的学生，教师可以采取分别授课的方式或者小组学习辅导方式，消除他们的恐惧感和畏难感，增强其学习的信心。

3. 信息技术与日常生活和学习相整合原则

信息技术课程是一门基础性、时代性、工具性兼具的课程。学生在信息技术课程中学习到的知识或形成的能力，应该在日常生活中得以整合应用。教师不仅要把教学目标设立在课堂中，更应该设立在学生的日常生活中，训练学生应用信息技术的能力，为日常生活和学习服务。因此，信息技术的课堂教学非常有必要与学生的日常生活相结合，结合时不仅要贴近学生的日常生活，还要贴近学生的学习日常。

4. 科学教育与人文教育相融合原则

（1）科学教育与人文教育。

所谓科学教育，就是将科学主义作为教育价值取向，以社会发展需要为标准的功利性教育价值观。所谓人文教育，就是培养人文精神的教育，以人文主义价值理性为教育价值取向的教育。

在信息技术的教学中，科学教育与人文教育都扮演了重要的角色，各自发挥着不同的功能。科学教育和人文教育的侧重面不同：科学教育注重知识、技能、原理的掌握，追求效率与速度，目的是适应信息社会的需要，它有着定量和统一的标准；人文教育强调信息社会中的生存方式和价值取向，目的是探求信息技术对人类生活的影响和意义，追求生动性、丰富性和评价标准多样性。

（2）科学教育与人文教育相融合的重要性。

科学教育和人文教育不仅存在着现实价值，也存在自身的局限性与不足，在教育技术中，二者是相辅相成且不可分割的。从社会发展的宏观角度看，把人文教育融入科学教育中是社会发展的必然；从个体发展的微观角度看，人文教育与科学教育融合的呼声也越来越高。

（3）科学教育与人文教育相融合的思路。

在信息技术教育中融入人文教育的精髓，是信息技术教育中科学教育和人文教育相融合原则的主要思路。一般可以通过让学生在学习中感受信息技术的作用与价值，感悟信息活动中人们的合作和探究精神，理解信息技术提供的思想情感，积极表达和交流等几个环节，实现将人文教育融入信息技术教育当中的目标，最终帮助学生获得精神的自由与升华。

二、教学策略

（一）教学策略

教学策略是为达到某种预测的教育效果所采取的多种教学行动的综合方案，指在教学目标确定以后，根据已定的教学任务和学生的特征，有针对性地选择与组合有关的教学内容、教学组织形式、教学方法和技术，从而形成的有效率、有意义的特定教学方案。

（二）教学策略的基本特征

教学策略主要有综合性、可操作性、灵活性三个基本特征。

1. 综合性

综合性是指选择或制定教学策略时必须对教学内容、教学组织形式、教学方法、教学步骤等要素加以综合考虑。

2. 可操作性

可操作性是指教学策略应该有明确的内容，能够在教学中供教师和学生参照执行或操作。

3. 灵活性

灵活性是指教学策略不是一成不变的，而是要根据学生的初始学习状态，结合不同教学目标与任务，有目的地对教学内容、教学媒体、教学组织形式、教学方法等进行选择和组合，完成特定的教学任务。

（三）几种主要的教学策略

1. 先行组织者教学策略

先行组织者教学策略是美国认知教育心理学家奥苏贝尔的有意义学习理论的一个重要组成部分。[①] 先行组织者是指教师在教授新教材之前，先给学生一种引导性材料，它要比新教材更加抽象、概括和综合，并能清晰地反映认知结构中原有的观念和新的学习任务的联系。

先行组织者可以分为陈述性组织者和比较性组织者两类。使用陈述性组织者能为新的学习提供最恰当的类属者。使用比较性组织者需要用到学生熟悉的学习材料，教师提供的比较性材料与学生原有的认知结构存在类似的地方，因此，能使学生对新旧知识的分辨能力得到加强。

2. 情境教学策略

广义上讲，教学情境是指作用于学习主体，能使其产生一定情感反应的客观环境。狭义上讲，教学情境是由教学的具体环境和教学内容、师生情绪和情感等所构成的教学氛围，它包括物理的和心理的两方面内容，是“情”和“境”的融合。

情境教学策略倡导教学在与真实情境相类似的环境中发生。因为在真实情境中的学习可以在提高学生学习的参与度，促进其对所学内容意义建构的同时，减少知识与要解决的问题之间的差距，提高学生知识迁移的能力。

动机激发和学习情境的创设是情境教学策略的两个主要方面。动机激发是指在课程开

① 何克杭．建构主义——革新传统教学的理论基础（上）[J]．电化教育研究，1997(03)：3-9.

始前，利用班级的多媒体和其他现有条件为学生创设尽量真实且吸引人的情景，目的是引发学生的关注和激发学生的学习兴趣。学习情景的创设应根据教学的实际需要，通过情境的设计，还原知识的背景，恢复其原来的生动性和丰富性。

根据教学情境与现实世界存在之间的关系，教学情境可以分为真实型情境、仿真型情境、提供资源型情境等。根据创设教学情境的目的，教学情境可以分为问题情境、探究学习情境、合作学习情境、练习情境等。

3. 动机教学策略

学习动机是学生内在的学习需要。学习动机的作用主要有三：一是帮助学生加强新旧知识的相互作用；二是促进学生有意义学习的发生和对所学知识的保持；三是影响学生对知识的提取（回忆）。所以，动机教学策略的重点是教师在教学中发挥主导作用，引发学生内在的学习动机。

奥苏贝尔认为，动机由认知内驱力、自我提高内驱力和附属内驱力三种成分组成。认知内驱力是学生渴望认知、理解和掌握知识，以及陈述和解决问题的倾向。自我提高内驱力是一个人要求凭自己的才能和成就获得相应的社会地位的愿望。附属内驱力是学生为得到家长和教师的赞扬而学习的需要。

引发学生的学习动机，教师可以从以下六方面努力。

（1）对学生进行学习目的教育，让学生认识到学习的意义。

（2）唤起学生的认知兴趣，引起学生学习的需要和兴趣。

（3）提高学生的志向水平，使其对自己持有较稳定的抱负和期望。

（4）注意教学内容与方法的新颖性，以引起学生学习和探究的欲望。

（5）注意与学生的情感交流。

（6）注意评估、反馈和奖励的频率，在学习中，为了使学生尽力而为，教师应该经常对学生进行鼓励，给予学生反馈。对于学生来说，小而经常的鼓励比大却极少的奖励更有激励作用。

4. 启发式教学策略

孔子的“不愤不启，不悱不发”是对启发式教学策略的高度概括。当学生在思考某一问题且遇到困难急于解决却难以突破时，教师应该适时对学生进行指导，帮助学生打开思路；当学生进行了一定的思考之后，却难以表达时，教师应该向学生提供帮助；当明确思路，探究清事物的本质后，学生就能够用语言准确地表达出来。从以上的概括我们可以发现，给学生指导的时机和给学生指导采用的方法是启发式教学中教师应该重点注意的内容。

教师在应用启发式教学策略进行教学时，应遵循如下原则。

（1）关注学生的思维过程，重视其中的矛盾，能够及时察觉学生产生急于解决却难以解决困难的时刻，分析困难产生的根本原因。

（2）教学中应做到因材施教，对于同一道题目，不同学生可能会产生不同的疑问点，此时教师应该根据学生困惑的不同，给予不一样的指导。

（3）能够在教学中把握启发的度，在指导的过程中，教师不能直接给学生呈现解决问题的思路，而应在学生遇到困难的时候不断地帮助学生推进思路的发展。

5. 九段教学策略

美国心理学家加涅认为，学习的发生要同时依赖外部条件和内部条件，教学的目的就是合理安排可靠的外部条件，以支持、激发、促进学习的内部条件。加涅在此观点的基础上提出了九段教学策略(如图 9.1 所示)。该策略将教学过程分为九个教学事件,每一个教学事件都体现着学习者不同的内部心理加工过程。

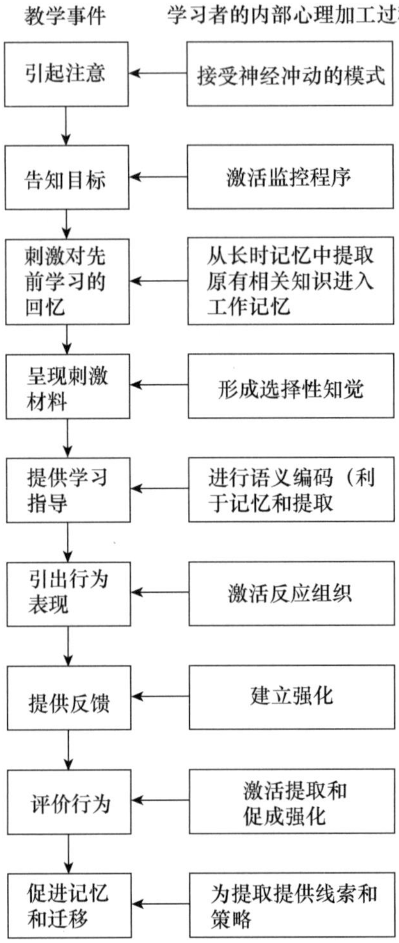

图 9.1　九段教学策略

但是我们需要注意的是,图 9.1 所列的九个教学事件并不是绝对的、不能改变的,图 9.1 只是将九个事件开展的可能性最大、最合乎逻辑的顺序展示了出来,在实际教学中,教师可以根据实际的教学情况有选择地设计相应的教学事件。

6. 情境-陶冶教学策略(暗示教学策略)

情操-陶冶教学策略主要应用于情感领域的教学目标中,这是因为该教学策略主要通过创设某种与现实生活类似的情境,让学生在思想高度集中但精神完全放松的情境下进行学习。在学习中,学习者通过与他人的充分交流与合作,不断提高合作精神和自主能力,最终达到陶冶个性和培养人格的目的。除此之外,情境-陶冶教学策略还在认知教学的一些领域中被使用。

情境-陶冶教学策略主要包括创设情境、自主活动和总结转化三个环节。

(1) 创设情境。

在创设情境环节,教师通过语言描绘、实物演示和音乐渲染等方式或利用教学环境中的有利因素为学生创设生动形象的场景,激起学生的情绪。

（2）自主活动。

在自主活动环节，教师安排学生加入各种游戏、唱歌、听音乐、表演、操作等活动中，使学生在特定的气氛中积极主动地从事各种智力操作，在潜移默化中进行学习。

（3）总结转化。

在总结转化环节，教师通过启发总结，使学生领悟所学内容的情感基调，达到情感与理智的统一，并使这些认识和经验转化为指导学生思想和行为的准则。

7. 自主学习教学策略

自主学习教学策略的主线是“自主探索、自主发现”，其核心是要发挥学生学习的主动性、积极性，充分体现学生的认知主体作用，其着眼点是如何帮助学生“学”。自主学习教学策略关注学生自身对基本概念及原理等内容的提取，使学生在自主学习的探究过程中发展和锻炼思维，并不断提升能力。

自主学习教学策略的基本思想是让学生通过对具体事例的归纳来获得一般法则，并用它来解决新的问题。其过程如图 9.2 所示。

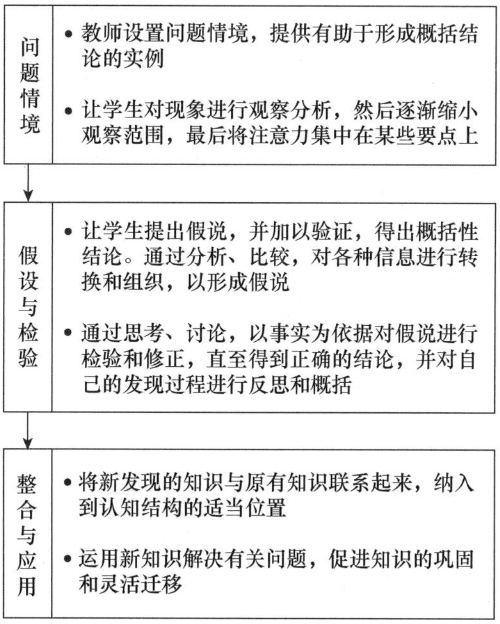

图 9.2　自主学习教学策略

自主学习教学策略能够帮助教师培养学生的探索能力和学习兴趣，使学生的知识保持和应用能力得到提升。需要注意的是，与其他教学策略相比，自主学习教学策略中学生需要花费更多的时间，学习效率较低。因此，教师在使用自主学习教学策略时，为了达到更好的教学效果，要注重学生在学习中的主动性，给学生设立明确易懂的教学目标，向学生提供适时且必要的指导，帮助学生开展自我反馈。

8. 抛锚式教学策略

抛锚式教学策略的使用往往建立在有感染力的真实事件或真实问题的基础上。确定这类真实事件或问题被形象地比喻为“抛锚”。值得注意的是，一旦教学中这类真实事件或问题被确定下来，教学的整个进程也将被确定下来。

抛锚式教学策略包括创设情境、确定问题、自主学习、合作学习和效果评价五个环节（如

图 9.3 所示）。

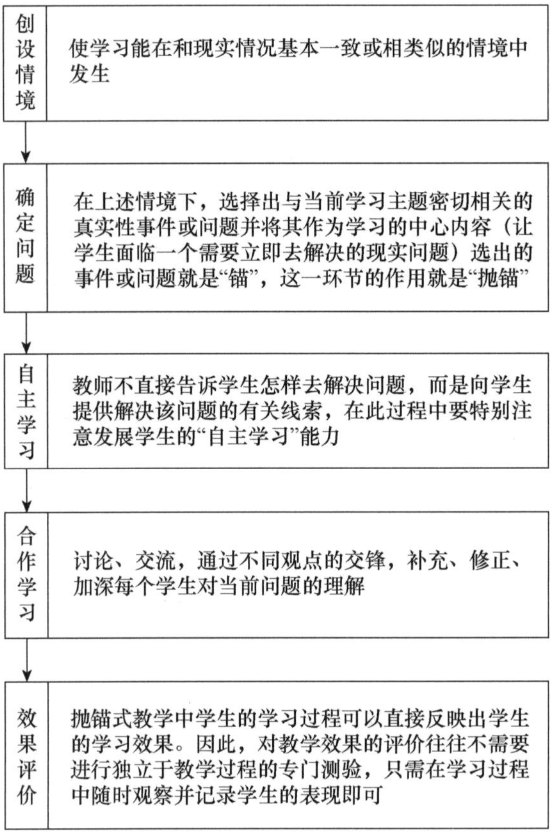

图 9.3　抛锚式教学策略

9. 随机进入式教学策略

学习者可以随意通过不同途径、不同方式进入同样教学内容的学习，从而获得对同一事物或同一问题的多方面的认识与理解，这就是随机进入式教学策略。

随机进入式教学策略主要由呈现基本情境、随机进入学习、思维发展训练、小组合作学习和学习效果评价五个环节构成（如图 9.4 所示）。

图 9.4　随机进入式教学策略

第二节　信息技术教学的特点及规律

一、信息技术教学的特点

信息技术教学与其他课程的教学既有共性亦有不同，随着课程发展和教育改革的推进，信息技术教学在延续自身传统的同时，又呈现出许多新的特点，也对信息技术教师的教学实施提出了新的要求。

（一）教学目标：在多元化和全面性中培养学生的信息素养

信息素养对信息技术课堂教学目标的确立和落实提出了更高的要求，主要体现在：要重视对问题解决能力，特别是创新能力和实践能力的培养，力求知识传授和能力发展的统一；要重视对学习能力的培养，从机械模仿、单纯接受向学会学习跃迁；要重视对非智力因素的培养，力求认知、情感、态度和谐发展；要重视对信息文化的内化，力求技术教育与文化教育的完美统一。

（二）教学对象：由被动接受向主动建构转向

由被动接受向主动建构转向，就是要尊重学生的主体性，把作为施教客体的学生转变为学习的主体。培养学生自主学习的能力，反对将学生作为“扶贫对象”，在教师控制下按既定路线被动学习，提倡将学生作为学习的“自强标兵”，在教师的指导下自主学习，使学生由知识的“容器”转变为知识的“发生器”。

（三）教学方法：以教学需要为中心

1. 教学方法要有针对性

教师要针对学生的准备状态、教学内容的特点、具体的教学目标、教学方法的适用范围、已有的软硬件条件和教师自身的素养条件等，综合权衡，选择和使用合适的教学方法，而不是无原则地仅凭个人好恶或者因循传统，盲目地或者随意地选择使用教堂方法。特别是有关态度和情感方面的教学目标，它与信息技术运用能力的培养有很大的不同，各有其适用的教学方法，比如前者可以开展课堂讨论，作品欣赏等方法开展教学，后者则可以采用任务驱动教学法等。

2. 教学方法要有灵活性

教师要根据教学过程中的各种条件及其变化灵活选用教学方法。灵活性与针对性是相连的，灵活选用的目的主要是要保证教学方法的针对性，要使教学方法具有针对性就必须灵活地选择和运用。

3. 教学方法应该多样化

教师要选择和使用多样化的教学方法以丰富教学过程，而不是用一种或者几种教学方法一教到底，长期没有变化。多样化与针对性和灵活性也是相互关联的，能做到针对性和灵活性，基本就可以保证教学方法的多样化，多样化的教学需要灵活、有针对性地选择教学方法。

（四）教学过程：贴近生活、探究学习和因材施教

1. 贴近生活

贴近生活突出体现在教学过程要贴近学生的学习和生活经验，在“真实”的情境中通过实际问题的解决培养学生的信息素养。贴近学生的学习和生活经验实质在于连接学生的已

有经验，唤起学生的学习愿望，并以此作为出发点，更好地改造和拓展学生已有的经验。可以根据实际需要有针对性地选择不同的“贴近”方式。

2. 探究学习

教学过程要克服以往单纯依赖教师传授知识和技能的做法，重视学生在教师的引导和启发下通过自身的探讨和研究创造性地获取知识，在探究过程中培养能力。教师在教学过程中要加强对学生学习的引导和启发，给学生以帮助并给学生留下思考和想象的空间。

3. 因材施教

教学过程要从一刀切和整齐划一向因材施教转变，提倡在教师的指导下学生的个性化学习和特色发展。这个问题主要表现在两个方面：第一，由于受经济和教育发展水平不平衡的制约，地区与地区之间，学校与学校之间，即便在同一个学校的每一个班级内部，学生信息技术的起点水平也存在较大差异，导致长期以来，小学、初中、高中各学段的信息技术教学内容和目标都是从“零”开始的。随着课改的深入，学生零起点问题基本得到解决，但学生与学生之间的差异仍将客观存在，需要教师因材施教，满足不同学生的发展水平和学习需求。第二，为了兼顾学生的特殊发展，需要教师主动地去发现和培养有专长的学生。

二、信息技术教学的规律

（一）教学双边交互影响辩证统一的规律

教与学的矛盾是教学过程的主要矛盾，教学双边相互依存、相互影响，构成教学过程的复杂关系。教学双边关系中的教师和学生，都是教学过程中的能动性因素，二者的交互影响和辩证统一是非常值得深入探讨的课题。

（二）间接经验和直接经验相互作用的规律

所谓间接经验是指他人认识的成果，他人通过实践获得的理性认识，大多表现为书本知识；直接经验是指学生通过亲身实践，接触外界事物所获得的感性认识。在教学过程中，间接经验和直接经验是相互作用的。

（三）学生的发展依存于知识传授的规律

教学过程的基本功能是向学生有组织、高效率地传授系统的科学文化知识，学生的智能、品德、体质、个性等方面的发展，均依存于对科学文化知识的学习。科学文化知识在教学中以教材为主要载体，学生的发展便以有组织地认识教材为主要中介。

（四）教学效果取决于教学系统的和谐优化的规律

教学过程的各种要素、各个环节能否共同组成优化结构，并作为一个和谐的系统发挥其整体最佳功能，从根本上制约着教学的最终效果。这是教学过程的一条非常重要的规律。

第三节　初中信息技术课程教学的方法与理论基础

一、初中信息技术课程教学的方法

教学方法是师生活动的方式和措施，最为具体，最具有操作性，某种程度上可以看作教学策略的具体化。

初中信息技术课程的教学方法主要有以下几种。

（一）讲授教学法

讲授教学法就是教师对知识进行系统讲解的一种教学方法，是在实际教学中最常见，也最常使用的一种教学方法。一般在信息技术常识性知识的教授中，会使用到讲授教学法，比如在讲解计算机的发展史、计算机的原理等概念性教学内容时会使用到该教学方法。

（二）示范教学法

示范教学法就是教师操作，学生从教师的示范性操作中学习操作的步骤和方法的一种教学方法。这种教学法能够很直观地让学生从教师的示范性操作中学到操作方法，从而完成学习任务，因此，示范教学法非常适合讲解操作性较强的教学内容。

（三）同步教学法

同步教学法就是在授课中，教师和学生同步进行操作，学生掌握所学知识和操作内容来源于和教师同步操作的过程。基于同步教学法的这个特点，它也适用于讲解操作性较强的教学内容。此教学法有两种应用模式，分别是教师在教师机上边操作边讲解和教师面对全体学生的操作进行指导。

1. 教师在教师机上边操作边讲解

教师在教师机上操作（边操作边讲解），通过计算机投影仪展示给学生看，学生则跟着教师的操作和讲解一步一步地操作，直到完成整个操作过程。这种教学方法在信息技术教学中应用很广。该教学方法要求计算机教室必须装有计算机投影仪。对有条件的学校来说，采用这种教学方法进行教学效果非常好。

2. 教师面对全体学生的操作进行指导

教师先讲解或演示一遍，使学生有一个初步印象，然后学生在教师的指导和讲解下同时进行同样的操作，一步一步直到完成整个操作过程。这种教学方法适用于更为广泛的学校，因为应用这种教学方法进行信息技术教学时，教师不需要使用计算机投影仪。

相比于边操作边讲解的方法，在教学中面对全体学生的操作进行讲解时教师会更累，因为此时学生缺乏视觉参照引导，教师就要通过讲解为全体学生解释具体的操作。为了让每一位学生都能完成操作，教师在采用此教学方法时，可以辅助采取让学生互相帮助的方法，并借此营造良好的学习氛围。

（四）探索式教学法

根据教学内容，教师为学生设计一个教学任务，教师不做讲解或者是仅仅给学生一个简单的提示，学生依靠自身的探索完成教师给定的任务，并通过探索的过程完成知识的学习，这就是探索式教学法。当学生具有一定计算机基础，教学内容具有趣味性和复杂探索性时，使用探索式教学方法能够取得较好的效果。在探索式教学中，学生应该在学习兴趣的激发下，配合任务的引领和教师的引导，开放思路，积极探索。

（五）任务驱动教学法

任务驱动教学法是指在学习的过程中，学生在教师的帮助下，紧紧围绕一个共同的任务活动中心，在强烈的问题动机的驱动下，通过对学习资源的积极主动应用，进行自主探索和互动协作的学习，并完成既定任务的一种教学方法。

任务驱动教学法的根本特点是“以任务为主线、以教师为主导、以学生为主体”，基本环节包括创设情境、确定任务、自主学习/协作学习、效果评价四个部分（如图 9.5 所示）。

真题测试 9.1

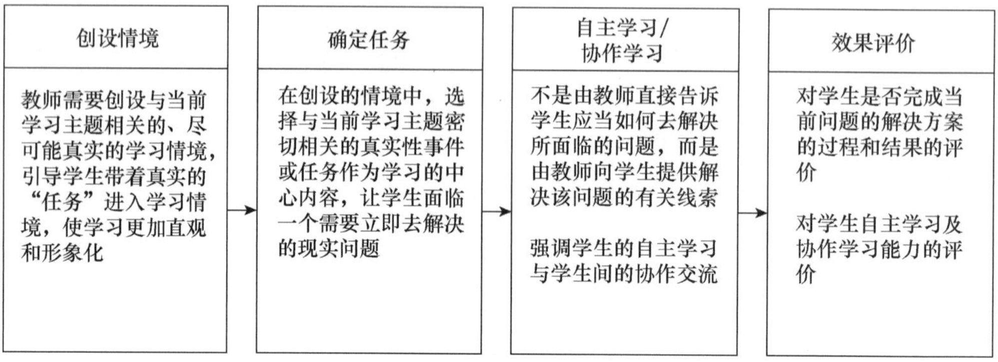

图 9.5　任务驱动教学法

需要注意的是，使用任务驱动教学法之前，教师应该为学生创设与现实情况基本一致或相类似的情境。

任务驱动教学法改变了传统教学法中以教师为主体的模式，在这种教学模式下，学生从被动接受者转变成真正的主体。在整个教学过程中，教师和学生都围绕如何完成具体的任务而开展活动，教师的教学思路更为清晰，教学层次更为分明；学生的学习目的更加明确，学生还会不断地获得成就感，逐步形成一个感知心智活动的良性循环，从而不断提高独立探索、勇于开拓进取的自学能力。

（六）讨论法

讨论法是指在教师的指导下，学生以全班或小组为单位，围绕教材的中心问题，各抒己见，通过讨论或辩论活动获得知识或巩固知识的一种教学方法。讨论法的优点在于全体学生都参加活动，可以培养学生的合作精神，激发学生的学习兴趣，提高学生学习的独立性。

（七）游戏教学法

游戏教学法，顾名思义，就是以游戏的形式教学，使学生在轻松的氛围中，在欢快的活动中，甚至在激烈的竞争中，不知不觉地学到教材上的内容或者学到必须掌握的课外知识的教学方法。简单地说，游戏教学法就是将“游戏”与“教学”两者巧妙地结合在一起，从而引起学生学习兴趣的教学方法。

（八）范例教学法

范例教学法是指教师在教学中选择真正基础的本质的知识作为教学内容，通过对“范例”内容的讲授，使学生达到举一反三掌握同一类知识的规律的方法。运用此法的目的在于促使学生独立学习，而不是要学生复述式地掌握知识，要使学生将所学的知识迁移到其他方面，进一步发展所学的知识，以改变学生的思维方法和行动能力。

（九）问题教学法

问题教学法是指在教学中从学生的认知规律和实际出发，科学地设计问题，巧妙地提出问题，通过师生的互动，启发学生敢于和善于提问，理论联系实际，围绕教材而又不拘泥于教材，解决学生认识上的错误和模糊观点，然后得出正确结论的教学方法。

（十）情境教学法

情境教学法是指把教材中讲述的事情的场景再现于课堂，贯穿于课堂，通过教师的引导，让学生置身于教材所讲的环境当中，调动学生的想象力、思维力和感受力，再经过教师巧妙设问，使学生得到预期学习效果的一种教学方法。情境教学法的基本环节包括：选择案例、课外准备、课堂演练和答疑、分析总结。

以上是信息技术课程常用的教学方法，各种教学方法并非独立运用于课堂教学中，而是根据教学内容，在同一堂课中不同教学阶段选用合适的教学方法进行教学，才能最大限度地发挥学生的潜能，调动学生的学习积极性，从而获得更好的教学效果。

二、初中信息技术课程教学的理论基础

（一）多元智能理论

1. 多元智能理论概述

多元智能理论又叫多元智力理论，是由世界著名教育心理学家霍华德·加德纳提出的。智能是在某种社会和文化环境的价值标准下，个体用以解决所遇到的实际问题或生产及创造某种产品的能力。

人的智能是多元的，主要包括语言智能、逻辑-数学智能、空间智能、肢体动觉智能、音乐智能、人际智能、内省智能和自然观察智能。

这八种智能没有重要层次之分，在个体中占据同样的重要地位，而且在不同个体上有不同的表现特点。多元智能理论注重人的全面发展与个性发展的统一，有利于培养具有解决实际问题能力和创新能力的新型人才。

2. 多元智能理论对信息技术课程教学的启示

多元智能理论为信息技术课程教学带来新的启示，为开发学生的多元智能，培养学生的创新精神和解决实际问题的能力提供了坚实的理论基础，多元智能理论对信息技术课程教学的启示主要有以下三点：

(1) 应树立新的学生观、人生观；

(2) 应扬长补短，使用个性化教学策略，发展学生的多种智能；

(3) 应构建多元化的信息技术评价体系。

3. 多元智能理论在信息技术课程教学中的应用

信息技术课程作为一门基础教育中的工具性课程，具有很强的综合性、实践性、创新性，它除了与计算机技术相关外，还不同程度地涉及语文、英语、数学、音乐、美术等学科。正是这种综合性的特点为学生展示自己的多元智能提供了多种可能和机会，为发展学生的多元智能提供了广阔的空间，创造了一个培养学生多元智能的最佳环境。

信息技术是一门促进多元智能发展和进行多元智能教学的有效学科，在信息技术学科中的因材施教、人性化教育、学生的全面发展等方面，多元智能理论的应用有重大的意义。

（二）建构主义理论

1. 建构主义理论概述

建构主义理论是由瑞士儿童心理学家让·皮亚杰提出的学习理论。建构主义认为，知识不是通过教师传授得到的，而是学生在一定的情境下，借助他人（包括教师和学习伙伴）的帮助，利用必要的学习资料，通过意义建构的方式获得的。[①] 建构主义提倡在教师指导下以学生为中心的学习，课堂中师生的角色也应发生改变，教师的角色应从传统的灌输者和传授

---

① 盛明兰.建构主义理论在计算机教学中的应用[J].中国科技信息，2006(01)：88-89.

者变为帮助学生意义建构的促进者；学生的角色应从被动的接受者变为意义的主动建构者。尽管建构主义强调的是学习者的主体认知作用，但是在理解建构主义时也不能忽视教师在教学中的指导功能。

2. 建构主义理论观点构成

第一，在知识观上，建构主义强调知识的动态性，认为知识不是问题的最终答案，而是人对客观现实的一种解释、假设，是不断发展的。

建构主义强调意义不是独立于我们而存在的，是由人建构起个体的知识，并且知识不能以实体的形式存在于个体之外。来自事物的信息本身没有意义，意义的产生是由于人的建构。同时，对事物的理解不光来源于事物的本身，还来源于个体原有的知识经验背景。

第二，在学习观上，建构主义认为学习不单是知识由外到内的转移和传递的过程，更是学生主动地建构自己的知识经验的过程。

学生的知识建构过程具有三个重要特征：① 学习的主动建构性。学生在面对新信息、新概念和新命题时，会在自己原有的知识经验之上建构，形成自己的理解。② 学习的社会互动性。在学习过程中，学习的成员能够相互沟通交流，分享学习资源，最终完成学习任务。③ 学习的情境性。知识存在于情境之中，如果要理解知识，需要通过在实际情境中应用知识。故而，学习不能只发生在学校之中，还应该提供社会实践机会，让知识和情境化的社会实践结合。

第三，在学生观上，建构主义强调学生已有知识经验、认知结构、兴趣、需要等对意义建构的影响，因而主张学生是学习的主体。

第四，在教学观上，建构主义的教学变为了激发出学生原有的相关知识经验，促进知识经验的“生长”的知识建构活动，以促成知识经验的重新组织、转换和改造。

（三）混合学习理论

混合学习理论主张把传统教学方式的优势和 E-learning 的优势结合起来，既要发挥教师引导、启发、监控教学过程的主导作用，又要充分体现学生作为学习过程认知主体的主动性、积极性与创造性。

混合学习理论的核心是根据不同的问题采用不同的解决方式，在教学中体现为根据不同的教学内容选择不同的媒体和信息传递方式进行学习，而且所选择的方式要求付出的代价最小、取得的成绩最大。

第四节　信息技术教育研究

一、教育研究

教育研究即教育科学研究，就是对教育开展科学研究，在研究过程中使用科学的研究方法，并且遵循一定的研究程序，有原则、有目的、有计划、有系统地探索和揭示教育的本质属性和规律的活动过程。

二、信息技术教育研究的方法

（一）观察法

观察法是指研究者在自然条件下，通过感官或借助于一定的科学仪器，有目的、有计划地对研究对象进行系统考查，从而获取经验事实的一种研究办法。观察法是教育科学研究中使用广泛的基本的研究方法。

观察法的设计和实施可分为六个步骤(如图 9.6 所示)。

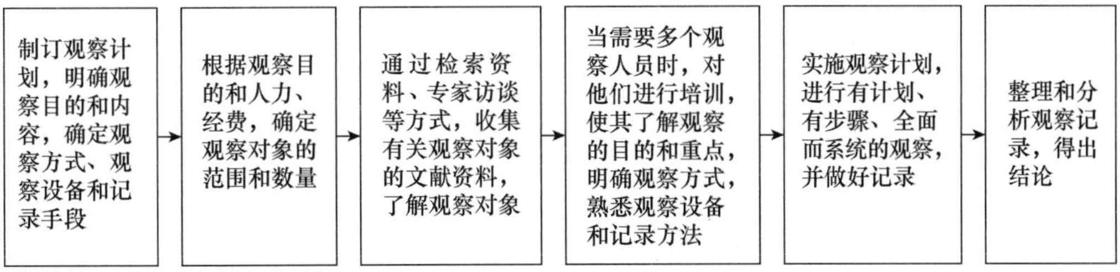

图 9.6 观察法的基本步骤

(二) 调查法

调查法是指研究者通过问卷、访谈等方式，有目的、有计划地收集研究对象的有关资料，对取得的第一手资料进行整理和分析，从而揭示事物的本质和规律，寻求解决实际问题的方案的一种研究方法。调查法是教育科学研究中的一种重要的方法，在实际研究中应用得比较广泛。

调查法包括调查表法、问卷法、测验法和访谈法等不同的具体方法，不同方法在程序上虽各有侧重，但都包含七个步骤(如图 9.7 所示)。

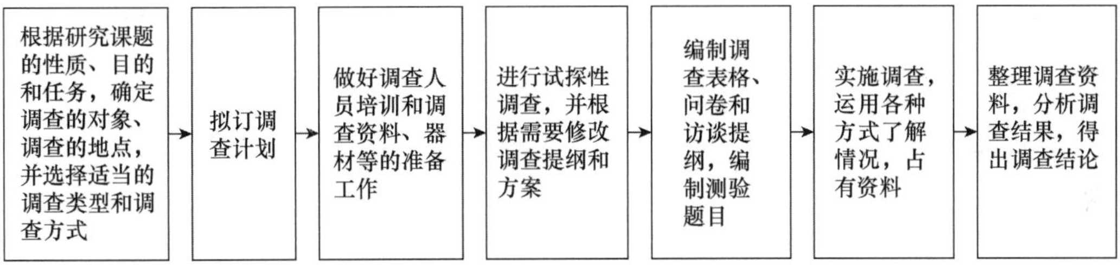

图 9.7 调查法的基本步骤

(三) 历史法

历史法是指研究者通过收集某种教育现象发生、发展和演变的历史事实，加以系统客观的分析研究，从而揭示其发展规律的一种研究方法。

历史法并没有固定不变的模式和程序，研究者可以根据研究的具体情况设计研究程序。一般来说，其基本步骤如图 9.8 所示。

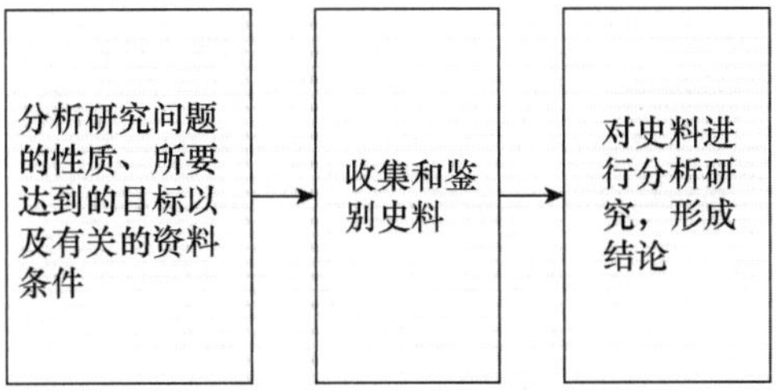

图 9.8 历史法的基本步骤

（四）实验法

实验法是指研究者按照研究目的，合理地控制或创设一定的条件，人为地影响研究对象，从而验证假设，探讨条件和教育现象之间的因果关系的一种研究方法。实验法一般包括三个步骤：准备阶段、实验阶段和结果评价阶段（如图 9.9 所示）。

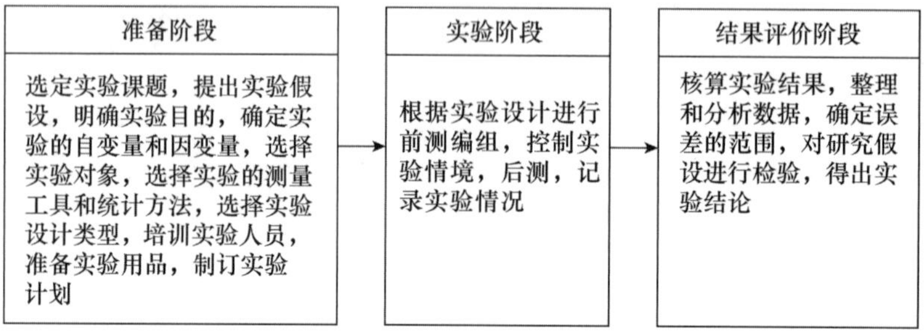

图 9.9　实验法的基本步骤

（五）行动研究法

教育行动研究是指教师在现实教育数学情境中自主进行反思性探索，并以解决工作情境中特定的实际问题为主要目的，强调研究与活动一体化，从工作过程中学习、思考、尝试和解决问题。教育行动研究一般包括确定研究课题、拟订研究计划、实施行动研究和进行总结评价四个步骤（如图 9.10 所示）。

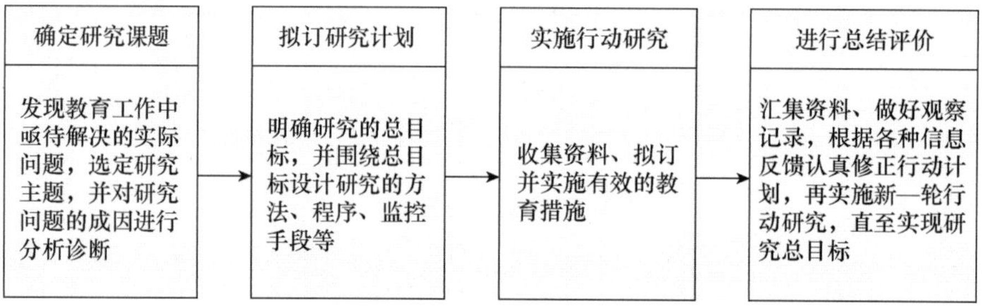

图 9.10　教育行动研究的基本步骤

（六）文献研究法

文献研究法是指研究者对文献进行查阅、分析、整理并力图找寻事物本质属性的一种研究方法。该方法通过对文献资料进行理论阐述和比较分析，帮助研究者发现事物的内在联系，寻找教育现象产生的规律性。文献研究法的基本步骤如图 9.11 所示。

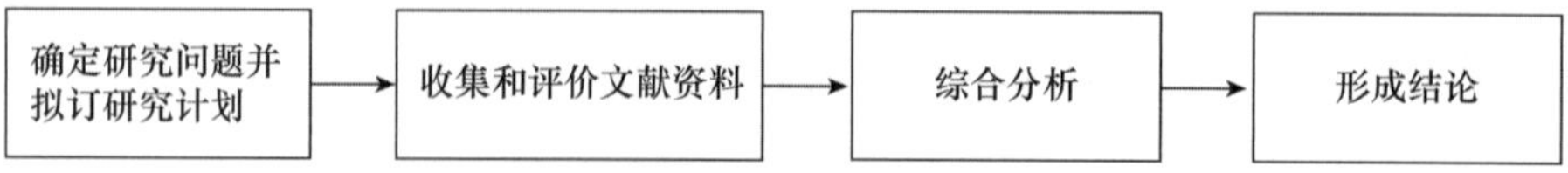

图 9.11　文献研究法的基本步骤

本章知识结构

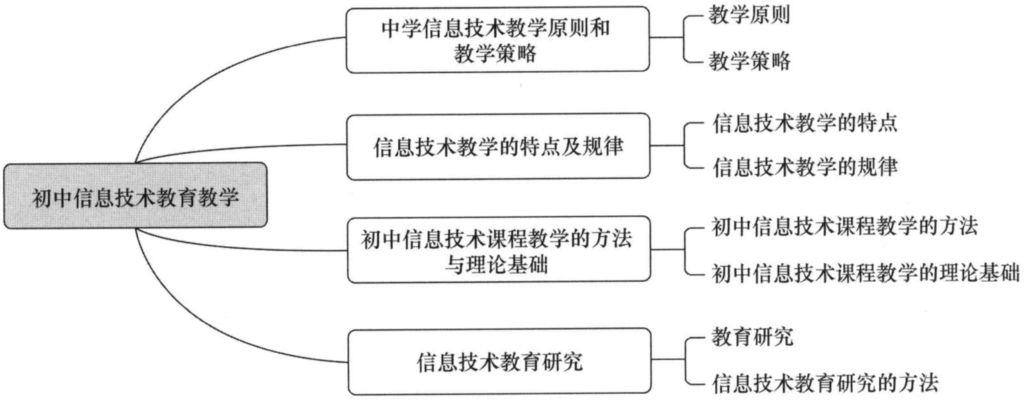

本章小结

（一）本章重难点

本章的重点是掌握信息技术的教学原则、教学策略等一般知识；本章的难点是理解信息技术教学的特点、规律，掌握信息技术教学的基本方法。

（二）学习时要注意的问题

本章知识点在考试时往往结合具体案例或教学实际进行考查，考题设置灵活。考生在学习本章内容时要注意熟练掌握和运用信息技术教学策略、教学方法，尤其是任务驱动教学法，掌握多元智能理论、建构主义理论、混合学习理论。

备考指南

本章重点考查初中信息技术学科教学的基本理论和方法、教学原则、教学策略等一般知识，考试中多以简答题或案例分析题的形式出现，也可能出现选择题，考查方式较灵活。学习时还需要考生熟记多元智能理论、建构主义理论、混合学习理论，了解信息技术教学的特点、原则及教学方法，熟练掌握任务驱动教学法，这是历年考试中的重点内容。

自测训练

一、简答题

1. 请简述信息技术课程的教学原则。
2. 请简述信息技术课程的主要教学策略。
3. 请简述初中信息技术课程的教学方法。

二、案例分析题

1. 案例：

在“PowerPoint 演示文稿的制作”这节课的教学当中，张老师想让学生利用课堂所学的知识制作一个简单的电子作品，用以介绍信息技术的历史及在生活中的应用。张老师给出的任务是“制作关于信息技术发展历史的演示文稿”。然而，学生们出现了无精打采地进行复制粘贴，组合 PPT 的现象。

问题：

（1）张老师采用了什么样的教学方法？

（2）学生为什么会出现案例中描述的现象？

（3）采用这种教学方法应注意什么？

参考答案及解析

一、简答题

1.【参考答案】

信息技术课程的教学要遵守如下四个原则：

（1）基础性与发展性相结合原则；

（2）全面发展与个性发展相统一原则；

（3）信息技术与日常生活和学习相整合原则；

（4）科学教育与人文教育相融合原则。

2.【参考答案】

信息技术课程主要有如下几种教学策略：

（1）先行组织者教学策略；

（2）情境教学策略；

（3）动机教学策略；

（4）启发式教学策略；

（5）九段教学策略；

（6）情境-陶冶教学策略；

（7）自主学习教学策略；

（8）支架式教学策略；

（9）抛锚式教学策略；

（10）随机进入式教学策略。

3.【参考答案】

初中信息技术课程主要可采用如下几种教学方法：

（1）讲授教学法；

（2）示范教学法；

（3）同步教学法；

（4）探索式教学法；

（5）任务驱动教学法；

（6）讨论法；

（7）游戏教学法；

（8）范例教学法；

（9）问题教学法；

（10）情境教学法。

二、案例分析题

1.【参考答案】

（1）张老师采用的是任务驱动教学法。

(2) 任务驱动教学法的主要特点是：以任务为主线，以教师为主导，以学生为主体。张老师提出的任务是“制作关于信息技术发展历史的演示文稿”，任务较为单一，对于学生而言，此任务缺少足够的吸引力，以至于没有激发学生的创作激情，没有让学生产生真正的内在驱动力。

(3) 在使用任务驱动教学法进行教学时，为了达到教师主导下学生主动探究解决问题的教学目标，使学生的信息技术能力得到综合提升，应该注意以下几个方面：

① 任务的设计要恰当，任务要真实、有趣、开放，能够激发学生的兴趣与创作欲望，给学生留有自主开拓的余地，这样，学生才会迸发出真正的内在驱动力，才会主动探索，创造性地进行创作。

② 任务要有层次，要有难易梯度，不能过于简单，也不能太难。

第十章 信息技术教学设计

考纲内容

本章内容属于信息技术教学设计，在考纲中要求如下：

1. 学生学习需求分析

（1）了解学生认知特征，分析学生的学习需要，确定学生的学习起点。

（2）具有分析学生已有的信息技术学习经验和个体差异的能力。

2. 信息技术教材分析

（1）根据《中小学信息技术课程指导纲要（试行）》及教材编写思路和特点，了解信息技术教材内容和信息技术教学目标之间的关系，能结合学习需要对信息技术教学内容进行合理的选择和组织。

（2）通过教材内容分析和学生已有的知识基础与技能，确立教学重点与难点，并设计相应的教学解决方案。

3. 确定信息技术教学目标

（1）领会“知识与技能”“过程与方法”“情感态度与价值观”三个维度教学目标的含义。

（2）能够根据《中小学信息技术课程指导纲要（试行）》、教材和学生的认知特征，确定具体课程内容的教学目标并准确表述。

4. 选择教学策略和方法

（1）能够根据信息技术学科的特点和学生认知特征，选择合适的教学策略和教学方法。

（2）能够根据学生的学习起点，明确教学内容与学生已有知识和技能之间的关系，确定教学内容的相互关系和呈现顺序。

（3）了解信息技术资源的多样性，能根据所选教学内容合理开发、选择和利用教学资源。

5. 信息技术教学设计的综合应用

（1）理解信息技术学科教学内容组织的基本形式和策略，能够设计合理的教学流程。

（2）通过研究典型的信息技术学科教学设计的案例，掌握教学设计的方法，评析教学案例。

（3）能够在规定时间内完成所选教学内容的教学设计。

考纲解读

在学习本章内容时，考生应做到以下几点：

(1) 通过学习者分析，了解学生认知特征，分析学生的学习需要，确定学生的学习起点，包括已有的信息技术学习经验和个体差异。

(2) 了解信息技术教材内容和信息技术教学目标之间的关系，能结合学习需要对教学内容进行合理的选择和组织，确立教学重点与难点。

(3) 领会“知识与技能”“方法与过程”“情感态度与价值观”三个维度教学目标的含义，能够准确确定信息技术教学目标并表述。

(4) 能够根据信息技术学科的特点和学生认知特征，选择合适的教学策略和教学方法。

(5) 了解信息技术资源的多样性，能根据所选教学内容合理开发、选择和利用教学资源。

(6) 理解信息技术学科教学内容组织的基本形式和策略，能够设计合理的教学流程，掌握教学设计的方法，评析教学案例；能够在规定时间内完成所选教学内容的教学设计。

第一节　教学设计概述

一、教学设计

教学设计是指以优化教学效果为目的，以学习理论、教学理论和传播理论为理论基础，运用系统方法分析教学问题、确定教学目标、建立解决教学问题的策略方案、试行解决方案、评价试行结果和修改方案的过程。

二、教学设计的内容

一般说来，教学设计的内容包括以下几个方面：学习需要分析、教学内容分析、学习者分析、教学目标的阐明、教学策略的制定、教学媒体的选择和应用、教学设计效果的评价。我们通常会采用教学设计的过程模式来清楚地描述教学设计的基本过程，如图 10.1 所示。

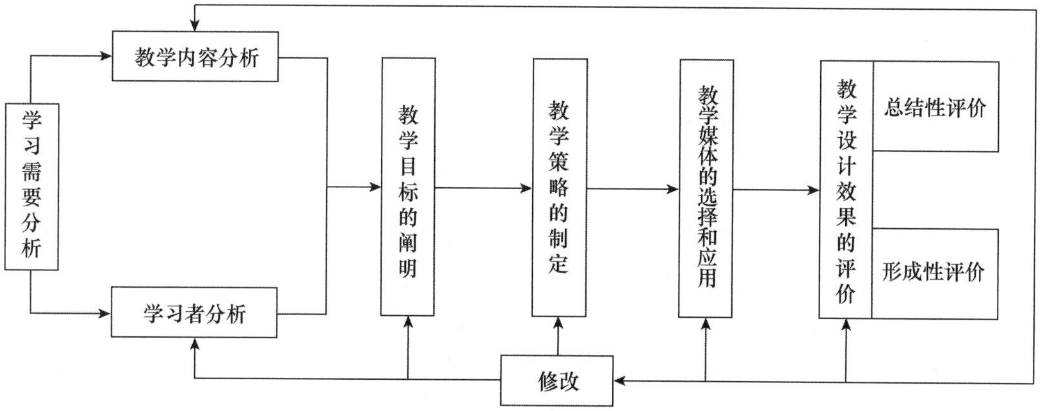

图 10.1　教学设计的过程模式

第二节　教学设计前端分析

信息技术教学设计前端分析一般包括学习需要分析、学习者分析和教学内容分析三个方面。

一、学习需要分析

教学系统是一个问题解决的过程，只有发现了问题，认识问题的本质，才能着手解决问题。而对问题的鉴别与分析通常也称学习需要分析。它是指通过系统化的调查研究过程，发现教学中存在的问题，分析问题产生的原因，确定问题的性质并论证解决该问题的必要性和可行性。其核心是发现问题，而不是寻求解决问题。

学习需要分析主要是进行三方面的工作：一是深入调查研究，分析教学中需要解决的问题；二是通过分析该问题产生的原因，以确定解决该问题的必要途径；三是分析现有的资源条件和制约因素，明确设计教学方案以及解决该问题的可行性。

学习需要分析的结果是提供“差距”的有效资料和数据，从而帮助教师形成教学设计项目的总的教学目标。

（一）学习需要分析的步骤

学习需要分析可以分为以下四个基本步骤，教师在实践中可根据实际情况灵活掌握。

1. 规划

规划是融合多要素、多人士看法的某一特定领域的发展愿景，即做比较全面的、长远的发展计划，是对未来整体性、长期性、基本性问题的思考，并思考和设计未来整套行动的方案。规划具有综合性、系统性、时间性、强制性等特点。

2. 收集数据

收集数据主要分为以下三个步骤：

(1) 明确调查的目的，确定调查对象；

(2) 选择合适的调查方式；

(3) 展开调查活动，收集数据。

3. 分析数据

分析数据主要分为以下两个步骤：

(1) 数据的整理：收集的数据往往比较混乱，为了便于分析，可采用以下几种方式对数据进行整理，如条形图、扇形图、表格等；

(2) 分析数据，得出结论。

4. 撰写分析报告

分析报告是对数据的分析和总结，得出结论以方便应用。

（二）学习需要分析的方法

学习需要分析是找出“是什么”与“应该是什么”之间的差距的过程，学习需要分析的基本方法有内部参照分析法和外部参照分析法两种，两者的最主要区别在于目标参照系不同。

1. 内部参照分析法

内部参照分析法是由学习者在所在的组织机构内部，用已经确定的教学目标（期望状态)与学习者的学习现状做比较,找出两者之间存在的差距,从而鉴别出学习需要的一种分析方法。

内部参照分析法的前提是以接受既定的目标作为期望值来分析学习需要的,通常主要是将学习者所选课程的课程目标与学习者的学习现状做比较,找出两者的差距,从中鉴别出学习需要。因此,这里就存在一个内部目标是否合理的问题,如果目标的制定充分反映了机构内部环境对它的要求,充分考虑了学习者自身发展的特点,那么内部参照法是有效的;否则它不能揭示真正的需要。

2. 外部参照分析法

外部参照分析法是根据机构外社会的要求(或职业的要求)来确定对学习者的期望值,以此为标准衡量学习者的学习现状,找出差距,从而确定学习需要的一种分析方法。外部参照分析法以社会实际需要作为参照物,揭示学习者目前状况与其之间存在的差距,其特点是以社会目前和未来发展的需要作为准则和价值尺度去揭示教育中存在的问题,从而确定学习需要,制定出教育、学习目标。

综上所述,可知内部参照分析法和外部参照分析法两者最大的区别就是期望值的参照系不同,以及由此带来的信息收集方法也略显不同。内部参照分析法容易操作,省时省力,但该方法分析学习需要往往局限于教育系统内部,而对该目标的设定与社会实际要求是否相符并不关心;外部参照分析法操作比较难,要耗费大量的精力和时间,但能使目标与社会需求直接发生联系,保证系统目标的合理性。一般情况下,我们可以将两种方法结合起来使用,确保学习需要分析的合理性。

(三) 学习需要分析的重要性

通过学习需要分析,我们可以获得有关"差距"的资料和数据,由此可形成教学系统设计的总目标,这个总目标是教学系统设计一系列后续步骤(如内容分析、目标编写、策略制定、媒体选择以及评价等)的重要依据。所以,学习需要分析的成功与否,总目标是否明确,直接影响到教学系统设计各部分工作的方向和质量。

另外,通过学习需要分析,论证了教学系统设计是否是解决问题的必要途径,以及在现有资源和约束条件下是否可解决问题。所以说通过学习需要分析,可以让教师与学生的精力、时间以及其他资源被有效地利用,以解决教学中真正的问题,从而提高整个教学活动的效益。

二、学习者分析

(一) 学习者一般特征分析

初中阶段的学习者即初中学生。学生的一般特征是指对学生学习产生影响的生理、心理及社会等方面的特点,包括年龄、性别、心理发展水平、学习动机、个人对学习的期望、生活经历、经济文化与社会背景等。学生的一般特征分析主要可通过观察法、问卷调查与访谈调查、查阅学习者的人事或学习档案等方法进行。

(二) 初中生的一般特征分析

1. 初中生的认知发展特点

初中生的认知结构体系基本形成,其认知结构中的各种要素迅速发展,认知能力不断提高,认知的核心成分——思维能力更加成熟,基本上完成了向理论思维的转化,抽象逻辑思维占优势地位,辩证思维和创造性思维有了很大发展。

初中生认知活动的自觉性明显增强。由于理论思维和自我意识的发展，初中生的观察力、有意识记能力、有意想象能力迅速发展，思维的目的性、方向性更明确，认知系统的自我评价和自我控制能力明显增强。

认知发展离不开情感、意志和个性等。初中生的认知与情感、意志、个性等得到协调发展。情感、意志、需要、兴趣、动机、理想、世界观、人生观、价值观等，对认知活动起定向、发动、维持和调控的作用；同时，认知发展又促进了情感意志、个性等的发展。因此，中学生的认知结构和情感、意志、个性等形成协调发展的新局面，可使心理的整体水平得到提高。

2. 初中生的社会性发展特点

道德：初中生能够更加自觉地规范自己的道德行为，并通过具体的事实概括出一般的伦理性原则，指导自己的行为。然而，初中生的自我控制能力不强，容易出现自相矛盾的行为。

自我意识：初中生自我评价的全面性和深刻性有所提高，他们对自己了解全面，判断更加准确，具有初步的自我控制能力，可以相对理智地控制自己的行为和情绪。

社会关系：初中生比较在意同龄人对自己的态度和评价，他们对成年人则表现出更多的反抗和抵触。

（三）学习者学习风格分析

1. 学习风格

学习风格就是学习者持续一贯的带有个性特征的学习方式和学习倾向。学习风格会影响每个学生的思维方式、行为方式、学习方式和信息加工方式。

2. 学习风格的构成要素

学习风格的构成要素主要包括生理因素、心理因素、社会因素和环境因素四个方面，如表10.1所示。

表10.1 学习风格构成要素

要素	具体要素	学习者表现
生理因素	视觉型	学习者习惯通过视觉通道来接受学习材料，喜欢通过视觉媒体提供的图像进行学习，善于观察，视觉记忆较强
	听觉型	学习者习惯通过听觉来接受学习材料，对语言、音乐的接受能力有较强的优势
	动觉型	学习者喜欢通过做、触摸直接参与学习过程，在完成学习的过程中喜欢身体的参与，对能够自己动手操作的学习和认知活动感兴趣
心理因素	认知方面	指归类、信息加工、分析和综合、记忆过程中的趋同、沉思和冲动等
	情感方面	指学习者的自觉性、学习动机、成就动机、控制点、抱负水准、焦虑水平等
	意动方面	指学习者的坚持性、语言与表达、冒险与谨慎、动手操作能力等
社会因素	自我	喜欢单独行事
	结伴	喜欢有同伴
	同伴、团队	喜欢作为团队的一员参加活动，喜欢和小组在一起
	成人	喜欢和家长或教师在一起开展活动
	程序化	喜欢程序化的任务
	多样化	喜欢过程不定的任务
环境因素	声音	学习者对背景音乐的要求，喜欢安静或者喜欢有背景声音
	光线	学习者对光照条件的要求，喜欢温和的、昏暗的或者明亮的光照条件
	温度	学习者在学习或活动时对温度的要求
	坐姿	坐姿与学习者所处学习环境及陈设有关，即学习者喜欢正式的桌椅还是非正式的沙发、地毯等

3. 学习风格的特征

学习风格具有三方面的特征，如表 10.2 所示。

表 10.2 学习风格的特征

特征	说明
稳定性	学习风格的形成需要一个长期的过程，形成之后很少因学习其他内容或学习环境改变而改变
独特性	学习风格在学习者个体神经组织结构及其机能基础上，受到家庭、教育和社会文化的影响，通过自身长期的学习活动而形成，具有鲜明的个性特征
兼有活动和个性两种功能	人的个性，诸如能力、气质和性格等对学习的影响和作用往往是间接的。而学习风格是学习者惯常使用的、有所偏爱的学习策略和学习方式，它直接参与学习过程，一方面使学习过程得以顺利进行，另一方面使学习过程和学习结果受个性的影响

（四）学习者初始能力分析

1. 初始能力

初始能力是指学生具备的关于特定学科内容学习的有关知识和技能的基础，以及对有关教学内容的认识和态度。

2. 初始能力分析

初始能力分析主要包括预备技能分析、目标技能分析和学习态度分析三个方面。

(1) 预备技能分析。

预备技能分析是指了解学生是否具备了进行新的学习所必须掌握的知识与技能，也就是学习新知识内容的基础。

最常采用的预备技能分析方法是预测，即先在学习内容分析结果图上选择一个起点，起点以下的知识与技能作为预备技能，并以此为依据编写测试题，测试学生预备技能的掌握情况。

(2) 目标技能分析。

目标技能分析是指了解学生是否掌握或部分掌握了教学目标中的技能，若已掌握了部分目标技能，说明这部分内容的教学没有必要进行，这有助于教师确定教学内容。

目标技能分析可以采用一般性了解的方法，也可以结合预测同时运用。

一般性了解就是教师在开始上新课之前，通过分析学生以前学过的内容，查阅考试成绩或向学生、班主任及其他任课教师了解情况，获得学生掌握预备技能和目标技能的情况。

预测是在一般了解的基础上，通过编制专门的测试题，测定学生掌握知识的一种方法。与一般性了解相比，这种方法会更加客观、准确。预测的过程一般包括编写测试题、进行学前测试、分析测试结果三步。

(3) 学习态度分析。

学习态度分析是指了解学生对所要学习的内容是否存在偏爱或误解，有无兴趣，有没有畏难情绪等。

学习态度分析的方法有问卷法、采访法、面试法、观察法、谈话法等。这里简单介绍一下谈话法和观察法。谈话法就是通过与学生、班主任及其他任课教师谈话，了解学生学习态度的方法。观察法是通过观察学生在学习过程中的言谈举止来了解学生的学习态度的方法。

三、教学内容分析

（一）教学内容的选择与组织

1. 分析知识点

（1）知识点。

教学内容有一定的结构体系，一般可划分为章、节、目、点的不同层次。对选定的教材内容进行分析、组织和安排时，可将教学内容划分为课程、单元和知识点等层次。通常，一门课由若干个单元构成，一个单元又由若干知识点组成。

知识点是知识中的最小单位，是最具体的内容，有些情况也叫"考点"。学校教师一般按单元组织教学。每个单元可能由几章或几课组成（有时候一章就是一个单元），单元下面设章、节（课），在节（课）下面，一般分设知识点。知识点有时和教材中的"目"重合，但很多情形下，需要再认真分析、研究教学内容，将组成单元学习内容的知识点一一列出。

（2）教学重难点。

教学重点是依据教学目标，在对教材进行科学分析的基础上而确定的最基本、最核心的教学内容。

教学难点是指学生不易理解的知识或不易掌握的技能技巧。教学难点不一定是教学重点，也有些内容既是教学难点，又是教学重点。难点有时又要根据学生的实际水平来定，同样一个问题，在不同班级里不同学生中，就不一定都是难点。在一般情况下，使大多数学生感到困难的内容，教师要着力想出各种有效办法加以突破。

2. 教学内容的逻辑关系

教学内容之间存在着一定的逻辑关系，单元反映了学科的总结构，随学科特点不同划分为不同关系类型，一般有以下三种关系类型。

（1）并列型。

各单元内容相对独立，顺序上可以互换位置，先学习哪一部分或后学习哪一部分都可以，如图 10.2 所示。

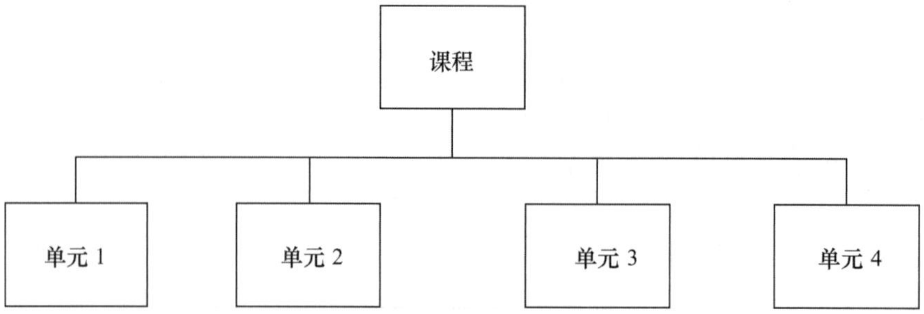

图 10.2　并列型

（2）顺序型。

各部分教学内容之间的顺序是固定的，前一部分的学习将构成后一部分学习的基础，如图 10.3 所示。

（3）综合型。

同时具有并列型和顺序型的特点，如图 10.4 所示。

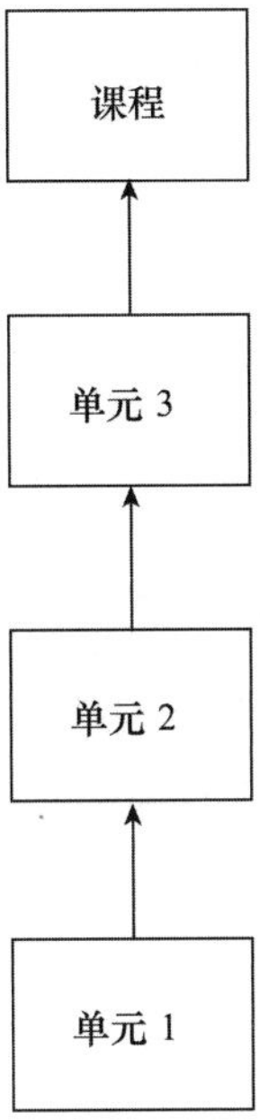

图 10.3 顺序型

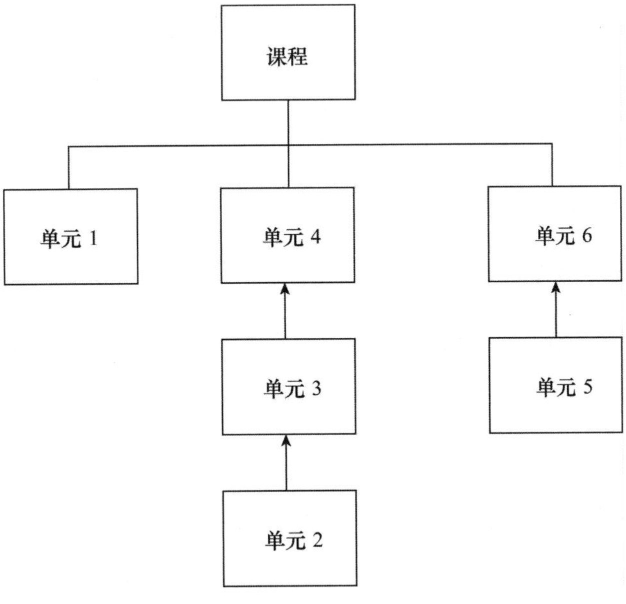

图 10.4 综合型

（二）教材内容的分类

1. 广义的知识分类

现代认知心理学家广义上把知识定义为：主体通过与其环境相互作用而获得的信息及其组织。知识是人脑中的一种内部状态，是通过主体与客体相互作用而建构的。广义的知识可分为三类：陈述性知识、程序性知识和策略性知识。

(1) 陈述性知识。

陈述性知识主要是指言语信息方面的知识,是个人根据一定的线索能够陈述的知识,用于说明事物"是什么""怎么样""为什么"等问题,如描述一个事实,陈述某种观点等。这类知识也可以称为描述性知识。

(2) 程序性知识。

程序性知识主要是指"做什么""怎么做"的知识,是一种实践性的知识。这类知识也称为操作性知识,是从已知状态向目标状态转化的知识。程序性知识对应于加涅学习结果分类中的智慧技能和认知策略。

(3) 策略性知识。

策略性知识主要是指关于"如何学习、如何思维"的知识,是调节学习者的注意、记忆、思维的能力的知识。让学习者"学会学习、学会创造"的关键点就是策略性知识。它是对陈述性知识和程序性知识进行灵活运用的一种技能,是一种控制自己学习和认知过程的知识。

2. 加涅的学习结果分类

加涅将学习结果分为五类,分别是言语信息、智慧技能、认知策略、动作技能和态度。这五类学习代表了个体所获得的所有学习结果。教学设计和安排上的差异是由于学习结果的类型及其学习条件的不同而导致的。

(1) 言语信息。

言语信息的学习即掌握语言信息传递的内容,帮助学生解决是什么的问题,学习的结果是通过言语信息表现出来的。比如,北京是中国的首都。言语信息也指有关事物的名称、时间、地点、定义以及特征等方面的事实信息(比如,学习认识时钟、四季的形成)和有组织的整体的知识(如天体的运行)。

(2) 智慧技能。

学习者运用符号与外界保持接触的能力就是智慧技能。智慧技能包括辨别、概念、规则、高级规则等。辨别是最基本的智慧技能。智慧技能主要是运用智慧帮助学习者解决怎么做的问题,是对外界的符号、信息进行处理加工的技能。比如,怎样把分数转换成小数;怎样使动词与句子主体一致等。

(3) 认知策略。

认识策略是学习者用以控制注意、学习、记忆、思考等行为的内在组织技能。认知策略包括复述、精细加工、组织等,比如画出组织结构图。

(4) 动作技能。

动作技能又称运动技能,是指身体动作的质量(比如敏捷、准确、有力和连贯等)不断改善从而形成的整体动作模式,如体操运动、写字技能。它也是能力的一个组成部分。

(5) 态度。

态度是影响个体对人、对物、对事的行为的复杂的内部状态,它带有情感和行动,而不需要很多知识的参与。态度的习得有多种形式,有些可能是源于个别的事件,也可能是源于个体对某种事物的成功与欢乐的体验,有些则可能是常常模仿或观察他人的行为而获得的。虽然个体的很多态度是在家族和社会中获得的,但学校在个体的态度培养上也有非常重要的作用。

(三) 教学内容分析的一般步骤和方法

1. 教学内容分析的一般步骤

分析教学内容一般包括以下六个步骤:

(1) 选择与组织单元；

(2) 将总的教学目标分为具体的目标；

(3) 确定具体教学目标的类型；

(4) 分析并选择学习内容；

(5) 安排学习内容的顺序；

(6) 初步评价学习内容。

2. 教学内容分析的方法

教学内容分析一般有以下几种方法：

(1) 归类分析法。

归类分析法主要是对有关信息进行分类的办法，旨在鉴别为实现教学目标而需要学习的知识点。具体操作为：在确定分类的标准后，把要实现教学目标所需的知识点归纳为若干方面，从而确定教学内容的范围。

(2) 图解分析法。

图解分析法是一种用直观形式揭示教学内容要素及其相互联系的内容分析方法，常用于对知识类教学内容进行分析。图解分析法会简明扼要、提纲挈领地从内容和逻辑上高度概括出教学内容的一套图表和符号。其优点是使分析者容易察觉内容的残缺或多余部分以及相互联系中的割裂现象。

(3) 层级分析法。

层级分析法是用来揭示为了实现教学目标而所需掌握的从属技能(从属技能是指学生为了有效地达到教学目标而必须掌握的那部分技能)的内容分析方法。

(4) 信息加工分析法。

信息加工分析法是由加涅提出的，是将教学目标要求的心理过程揭示出来的内容分析方法。这种心理操作过程及其所涉及的能力构成了学习内容。实际上就是将学习者解决问题的思考过程展示出来，在这个过程中所需要的知识与能力就是要学习的内容。

(5) 解释结构模型法。

解释结构模型法是用于分析和揭示复杂关系结构的一种分析方法，它是将复杂的系统分解为若干子系统要素，利用人们的实践经验和知识以及计算机的帮助，最终构成一个多级递阶的结构模型。它在揭示系统结构，尤其是分析教学资源内容结构和进行学习资源设计与开发研究、教学过程模式的探索等方面具有十分重要的作用，它也是教育技术学研究中的一种专门研究方法。

(6) 程序分析法。

程序分析法常用来确定同动作技能相关的从属技能。在对心理动作目标的各组成部分进行说明时，可以提出以下问题："当完成这一步动作时，学生具体做些什么?"对这一问题的回答可以说是学生要完成这一步动作实际上涉及了若干个具体活动，它们合在一起就是对第一步做了程序分析。

第三节　教学目标设计

一、教学目标概述

(一) 教学目标的概念

教学目标是一个教学程序的意向的计划，是希望学生通过学习，行为、情感、思维得以变化。它是预先确定的，通过教学可以达到的并且能够用现有技术手段测量的教学结果。

（二）布卢姆的教学目标分类

布卢姆将教学目标分为认知领域、情感领域、动作技能领域三大类，并且提出每一类别的目标具有层次性。

1. 认知领域的教学目标

认知领域的教学目标包含从低级到高级、由简单到复杂的六个水平：知识、领会、运用、分析、综合、评价。

（1）知识：记住所学材料，包括对具体事实、方法、过程等的回忆，可使用的描述动词有定义、叙述、背诵等。

（2）领会：领悟所学材料的意义，但不一定将其与其他事物相联系，可使用的描述动词有解释、辨别等。

（3）运用：将所学概念、规则等用到新情境中，可使用的描述动词有计算、操作等。

（4）分析：将整体材料分解成其构成成分并理解其组织结构，可使用的描述动词有分解、说明等。

（5）综合：将所学的零碎知识整合为知识体系，强调创造能力，需要产生新的模式或结构，可使用的描述动词有创造、编写等。

（6）评价：对材料做价值评判，包括按材料内在标准或外在标准进行评判，可使用的描述动词有评价、对比等。

2. 情感领域的教学目标

依据价值内化的程度，情感领域的教学目标可以分为接受、反应、价值化、组织、价值与价值体系的性格化五个级别，各级别的含义和举例如表 10.3 所示。

表 10.3 情感领域的教学目标的五个级别及其含义和举例

水平	含义	举例
接受	学习者愿意注意某些特定的现象或刺激。学习结果包括从意识到某事物存在的简单注意，再到选择性注意，是低级的价值内化水平	如静听讲解、参加班级活动、意识到某问题的重要性
反应	学生主动参与，积极反应，表现出较高的兴趣。学习结果包括默认、愿意反应及反应的满足	如阅读规定的材料、自愿阅读规定范围之外的材料、以愉快的心情阅读材料
价值化	学生将特殊的对象、现象或行为与一定的价值标准相联系，包括接受某种价值标准、偏爱某种价值标准和为某种价值标准做奉献	如欣赏文学作品、为发挥集体的有效作用而承担义务
组织	学习者在遇到多种价值观念呈现的复杂情境时，将价值观组织成一个体系，对各种价值加以比较，确定它们的相互关系及它们的相对重要性，接受自己认为重要的价值观，形成个人的价值体系	如先处理集体的事，然后考虑自己的事；形成一种与自身能力、兴趣、信仰等协调的生活方式等
价值与价值体系的性格化	个人具有长时间控制自己的行为以至发展出性格化“生活方式”的价值体系。教学目标着重描述学生的一般适应模式（包括个人的、社会的、情绪的），强调学生行为的典型化和性格化。达到这一阶段以后，行为是一致的和可以预测的	如保持谦逊的态度和良好的行为习惯，在团队中表现出团队精神等

3. 动作技能领域的教学目标

动作技能领域的教学目标较著名的分类是美国学者辛普森的方法。他把动作技能领域的教学目标分为知觉、定向(定势)、有指导的反应、机械动作、复杂的外显反应、适应、创新七个级别。各个层次也均有各自的一般目标,这些目标可以用一些特殊学习结果和行动动词加以表示。

(1) 知觉:指运用感官获得信息以指导动作。

(2) 定向(定势):指对稳定的活动的准备。

(3) 有指导的反应:指复杂动作技能学习的早期阶段,包括模仿和尝试错误。

(4) 机械动作:指学习者的反应已成习惯,能以某种熟练和自信的水平完成动作。此阶段的动作模式并不复杂。

(5) 复杂的外显反应:只包括复杂动作模式的熟练动作操作,操作的熟练性以迅速、连贯、精确和轻松为指标。

(6) 适应:指技能的高度发展水平,如学生能修正自己的动作模式,以适应特殊装置或满足具体情境的需要。

(7) 创新:指创造新的动作模式,以适应具体情境。

二、教学目标的阐明

以研究行为目标著名的美国学者马杰强调,应该以具体明确的方式说明学生完成学习任务后能做什么,用马杰自己的话说就是:假如你对要去的目的地不清楚的话,那么你很可能会抵达另一个地点,而且不知道自己走错了目的地。

马杰在 1962 年出版的《程序教学目标编写》这本经典著作中提出,一个完整的教学目标应包括三个基本要素:行为、条件和标准。

在教学设计的实践中,有的教育研究者认为有必要在马杰的三要素的基础上,加上对教学对象的描述。这样,教学目标就包含了四个要素。为了便于记忆,我们把这四个要素简称为 ABCD 模式。

A ——对象(Audience):阐明教学对象。

B ——行为(Behavior):说明通过学习以后,学习者能做到什么(行为的变化)。

C ——条件(Condition):说明上述行为在什么条件下产生。

D ——标准(Degree):规定达到上述行为的最低标准(即达到所要求行为的程度)。

(一) 教学目标的编写

1. 对象的表述

教学目标的表述中应注明教学对象,例如,“高中二年级(5)班学生”“参加编程大赛的全体同学”等。在教学目标的编写过程中,有的学者还主张说明对象的基本特点。

2. 行为的表述

在教学目标的表述中,行为的表述是最基本的,即说明学习者在教学结束后,应该获得怎样的能力或者可以达到怎样的行为。如果用传统的方法表述教学目标,较多使用“知道”“领会”“掌握”等动词来描述学习者将拥有的能力,有时如果需要,再加上表示程度的词语,如“深刻理解”“充分掌握”等。因为程度副词的程度不好确定,所以这种表达方式会给后续的评价带来一些困难。这些词语可用来表述总括性的课程目标和单元目标,但在编写具体的教学目标时并不适合使用。

描述行为的基本方法是使用一个动宾结构的短语，其中行为动词说明如何学习，宾语则说明学习什么。例如，“描述”“对比”“列举”“比较”等都是行为动词，在它们后面加上动作的对象，就构成了教学目标中关于行为的表述。例如，（能）操作计算机，（能）说出五大洲、四大洋的名称，（能）列举选择教学策略时应考虑的基本因素，（能）比较单词中同一字母的不同发音。

3. 条件的表述

在教学目标的表述中，还应列出学习者完成规定行为所需要的条件，即说明在评价学习者的学习结果时，应在什么样的情况下评价。如要求学习者“能写出800字左右的文章”，条件则可能指“在哪些提示下，有哪些资料的帮助下，利用什么工具”等环境因素。条件主要包括下列几个因素。

（1）环境因素，如空间、光线、气温、室内外噪音等。

（2）人的因素，如各人单独完成、小组集体进行、各人在集体的环境中完成、在教师指导下进行等。

（3）设备因素，如工具、设备、图纸、说明书、计算器等。

（4）信息因素，如资料、教科书、笔记、图表、词典等。

（5）时间因素，如速度、时间限制等。

（6）问题明确性的因素，如为引起行为的产生，提供什么刺激和刺激的数量等。

4. 标准的表述

标准是行为完成质量可被接受的最低程度的衡量依据。对行为标准做出具体描述，是为了使教学目标可测量。标准一般从行为的速度、准确性和质量三方面来确定。例如，在2分钟以内准备好必需的加工配件（速度）；测量正方形的宽和长，误差在±3mm以内（准确性）；加工件质量要达到国家Ⅱ级标准（质量）。

教学目标编写范例：

小学六年级的学生，通过一周的信息技术Word课程学习，至少能够输入文字、插入图片、修改文字的大小和颜色、修改行距，并可以在1小时之内完成400字的字体、字号、行距、对齐排版。

上面的教学目标实例中包含了上述对象、行为、条件和标准四个要素。

（二）编写教学目标的注意事项

1. 教学目标的行为主体须是学习者，而不是教师

在编写教学目标时，行为主体必须是学生，而不能是教师。因为教师的行为按要求发生了，并不等于学生的学习目标就实现了。例如，“培养学生的数学思维能力”这样的教学目标表述是不恰当的。因为，该教学目标的行为主体是教师而不是学生。这样意味着只要教师组织学生进行了学习活动，学生的学习目标就达成了，实际则常常不是这样。

2. 教学目标须用教学活动的结果来描述，而不能用教学活动的过程或手段来描述

从这个意义上讲，诸如“学生应受到观察的训练”就是一个不合适的教学目标表述。虽然该教学目标的行为主体是学生，但它没有说明最终要达到的结果。我们可以这样表述：“初中二年级学生在观看各种风的图片时，应能将微风、狂风、台风分别标记出来，准

确率达90%。”“将微风、狂风、台风分别标记出来”这样的表述表达出了具体的、可观察的教学结果。

3. 教学目标的行为动词须是具体的，而不能是抽象的

这具体是指学习动词应是可以观察的，如说出、能正确操作等，像“明白”“知道”“掌握”“理解”等抽象动词，会给以后的教学评价带来困难。这些抽象的词语可用来表述总括性的课程目标和单元目标，但在编写具体的教学目标时应避免使用。

三、教学目标的制定

（一）新课程的三维教学目标

新课程的三维教学目标包括：知识与技能，过程与方法，情感、态度与价值观。

1. 知识与技能

知识：主要是指学生要学习的学科知识（教材中的间接知识）、意会知识（生活经验和社会经验等）、信息知识（通过多种信息渠道而获得的知识）。

技能：是指通过练习而形成的完成某种任务所必须掌握的活动方式。技能一般可分为四种：基本技能、智力技能、动作技能和自我认知技能。

2. 过程与方法

过程：其本质是以学生认知为基础的知、情、意、行的培养和开发过程，是以智育为基础的德、智、体全面发展的过程，是学生的兴趣、能力、性格、气质等个性品质全面形成和发展的过程。

方法：指学生在学习过程中采用并学会的解决问题的办法。

3. 情感、态度与价值观

情感：主要是指人的社会性需要是否得到满足时所产生的态度体验。人的情感可分为七类：情绪、热情、兴趣、动机、求知欲、道德体验和美的体验。

态度：不仅包括学习态度和对学习的责任，还包括乐观的生活态度、求实的科学态度和宽容的人生态度等。

价值观：一般是指人们对问题的价值取向的认识，这里主要是指学生对教学中问题的价值取向或看法。

真题测试
10.1

（二）三维教学目标的编写

1. 三维教学目标的陈述方式和叙写要点

教学目标可分为结果性目标和体验性（或表现性）目标两大类。

结果性目标的陈述方式就是指出学习的结果。该方式所采用的行为动词明确、可测、可评。

体验性（或表现性）目标的陈述方式就是描述学生的心理感受、体验（或明确安排学生表现的机会）等。该方式所用行为动词是体验性的、过程性的。

要想清晰而明确地表述教学目标，在编写的时候至少应涵盖行为和内容两个方面，所用的行为动词必须能区分所表述的具有不同特征的行为。

2. 三维教学目标常用行为动词

根据不同的学习水平，从每一水平中的层次特征出发，我们列出了三维教学目标常用行为动词，如表10.4所示。

表 10.4　三维教学目标常用行为动词

学习水平	层次特征	常用行为动词
知识	了解——再认或回忆、识别、举例说明、描述对象的特征	说出、举例、识别、背诵等
	理解——把握内在逻辑联系，对知识做出解释、扩展、提供证据、判断等	解释、概括、判别、猜测、推断等
	应用——使用抽象的概念、原则，总结、建立新的合理联系等	设计、撰写、解决、总结、推广、证明等
技能	模仿——在原型示范或指导下完成操作，对提供的对象进行模拟、修改等	模仿、临摹、重复、例证、缩写、听唱、跟奏等
	独立操作——独立完成操作，进行调整与改进，尝试与已有技能建立联系	完成、演唱、演奏、测试等
	迁移——在新情景中使用已有技能或是同一技能在不同情景中使用	改编、转换、灵活运用、举一反三等
过程与方法	经历——经历知识形成的过程，独立或合作参与活动，获得初步经验，建立感性认识	经历……的过程
	体验——经历知识的形成，并能对知识做一定解释和应用的过程	体验……的过程
	探索——经历应用所获得的知识探索发现问题、分析和解决问题的过程	探索……的过程
情感、态度与价值观	感受——经历学习活动后建立的感性认识	感受、感悟、聆听、参观、观摩、访问等
	认同——经历学习活动后表达感受、态度及价值判断等	接受、同意、采纳、拥护、怀疑、抵制、反对等
	内化——确立相对稳定的态度，表现出持续的行为	养成、树立、具有、追求、塑造等

四、教学内容与教学目标的关系

教学内容与教学目标的二维层次模型是阶梯的递进关系，说明学习是由浅入深、由简单到复杂的循序渐进的过程。该模型直观地显示了不同类型的学习内容所要达到的教学目标层次。该模型横向代表各学科内容的分类，纵向代表认知领域的教学目标的各个水平层次，具体内容如图 10.5 所示。

				(15) 问题——综合
			(10) 原理——分析	(14) 问题——分析
		(6) 技能——应用	(9) 原理——应用	(13) 问题——应用
	(3) 概念——理解	(5) 技能——理解	(8) 原理——理解	(12) 问题——理解
(1) 概念——识记	(2) 概念——识记	(4) 技能——识记	(7) 原理——识记	(11) 问题——识记

图 10.5　教学内容与教学目标的二维层次模型

第四节　教学策略和教学方法的选择

一、教学策略和教学方法

（一）教学策略和教学方法概述

1. 教学策略

教学策略是指在教学过程中，为完成特定的教学目标，依据教学的主客观条件，特别是学生的实际，对所选用的教学顺序、教学活动程序、教学组织形式、教学方法和教学媒体等的总体考虑。也就是说，教学策略是在教学的各个环节中使用的指导思想和方法。

2. 教学方法

教学方法是为了实现教学目标，完成共同的教学任务，教师和学生在教学过程中运用的方式与手段的总称。

教学方法包括教师教的方法（教授方法）和学生学的方法（学习方法）两大方面，是教授方法与学习方法的统一。教授方法必须依据学习方法，不然的话，教学行为可能会缺乏针对性和可行性，从而不能有效地达到目的。但是，因为教师在教学过程中处于主导地位，所以在教授方法与学习方法中，教授方法处于主导地位。

3. 教学方法与教学方式

教学方法与教学方式并不相同，但两者联系密切。一方面，教学方式是构成教学方法的细节，是运用各种教学方法的技术。教学方法是由一系列的教学方式组成的。另一方面，教学方法是一连串有目的的活动，能独立完成某项教学任务；而教学方式只被运用于教学方法中，并为促成教学方法所要完成的教学任务服务，其本身是不能完成一项教学任务的。

（二）选择教学策略和教学方法的依据

在教学过程中，教学策略和教学方法是多种多样的，选择教学策略和教学方法需要充分依据教学规律与原则、教学目的与任务、教学内容、教师风格特点、学习者的身心发展特点等。没有任何单一的教学策略和教学方法能够适用于所有的教学情况，因此，教师需要依据具体的教学实际来制定教学策略和选择教学方法，具体的依据包括以下几点：

（1）从教学目标出发；

（2）根据学习理论和教学理论；

（3）要符合学习内容的客观要求；

（4）要适合教学对象的特点；

（5）考虑教师本身的素养条件；

（6）要考虑教学条件的可能性。

二、信息技术教学中常用的教学方法

信息技术教学中常用的教学方法在本书模块二第九章第三节已详细介绍，主要有讲授教学法、示范教学法、同步教学法、探索式教学法、任务驱动法、讨论法、游戏教学法、范例教学法、问题教学法、情境教学法等。此处不再赘述。

三、信息技术教学策略的选择

信息技术课堂中常用的教学策略在本书模块二第九章第一节已经详细介绍，此处针对信息技术教学中常见的合作学习模式和探究学习模式，对小组合作学习策略和支架式教学策略加以讲述。

（一）小组合作学习策略

小组合作学习就是以合作学习小组为基本形式，系统利用教学中动态因素之间的互动，促进学生的学习，以团体的成绩为评价标准，共同达成教学目标的教学活动。新课标提倡“自主、合作、探究”，那么课堂中利用小组合作学习形式可以让学生进行自主探究学习，构建学科知识，还可以调动他们的学习积极性，活跃课堂气氛，最终有利于培养学生的探究意识和合作精神，也有利于学生交际能力和解决问题能力的发展。

真题测试 10.2

小组合作学习要求把全班学生按“组内异质、组间同质”的原则，分成学习小组，以便启发引导之后，学生面对面地进行小组讨论。小组成员一般为 4～5 人。

小组合作学习中教师的角色定位：教师是全班小组合作学习的组织者和掌控者、组内研讨的参与者以及小组研讨的引导者。

（二）支架式教学策略

支架式教学应当为学习者建构一种对知识理解的概念框架，用于促进学习者对问题的进一步理解。因此，事先要把复杂的学习任务加以分解，以便于把学习者的理解逐步引向深入。支架式教学策略是根据苏联教育家心理学家维果茨基的最近发展区理论，对较复杂的问题通过建立“支架式”概念框架，使得学习者自己能沿着“支架”逐步攀升，从而完成对复杂概念意义建构的一种教学策略。

支架式教学策略由搭脚手架、进入情境、独立探索、合作学习和效果评价五个环节组成，如图 10.6 所示。

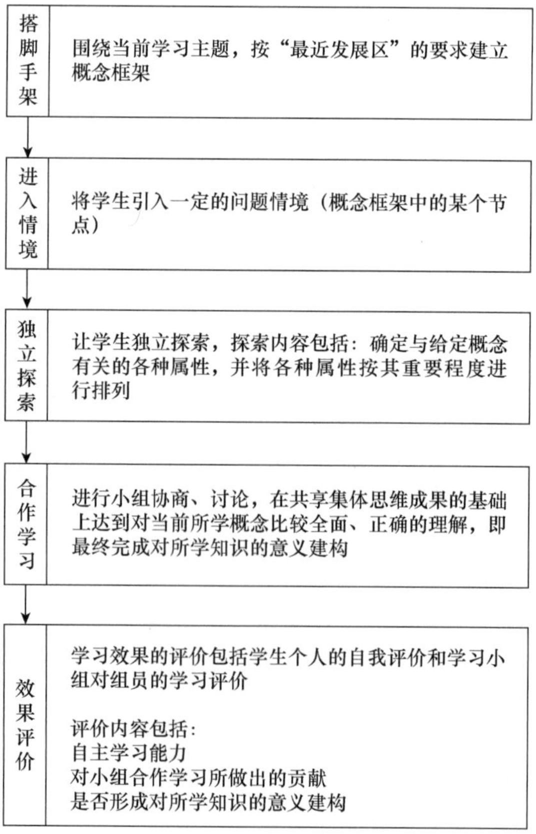

图 10.6　支架式教学策略

第五节　教学媒体的选择与应用

媒体是指承载、加工和传递信息的介质或工具。当某一媒体被用于教学目的时，作为承载教育信息的工具，该媒体就被称为教学媒体。教学媒体是教学内容的载体，是教学内容的表现形式，是师生之间传递信息的工具，如实物、口头语言、图表、图像以及动画等。教学媒体往往要通过一定的物质手段而实现，如书本、板书、投影仪以及计算机等。

现代教学媒体是指利用现代技术承载和传递教学信息的工具。它由两个相互联系的要素构成：一是硬件或现代教学设备，即用以储存和传递教学信息的多种教学机器；二是软件，又叫教材，即录制或承载了教学信息的各种片、带、软盘等。

一、教学媒体的分类

依据不同的标准，教学媒体可以分为不同的类型。

（一）依据印刷与否进行分类

依据印刷与否，教学媒体可分为印刷媒体和非印刷媒体。

1. 印刷媒体

印刷媒体是指各种出版或印刷的资料，如图书、报纸、期刊、报表以及其他印刷文字资料等。

2. 非印刷媒体

非印刷媒体泛指各类非印刷的视听材料，如幻灯片、投影、录音带、录像带、电影、计算机软件等。

（二）依据信息传播过程中信息流动的相互性进行分类

依据信息传播过程中信息流动的相互性，教学媒体可以分为单向传播媒体和双向传播媒体。

1. 单向传播媒体

这类媒体，信息都是由教师流向学生，没有交互性。当采用这类媒体时，学生几乎没有机会去影响或者改变信息。如果使用恰当，这些媒体（大班授课、电影、电视、书刊和演示等）可以在尽可能短的时间内，向大量的人传递大量的信息。

2. 双向传播媒体

双向传播媒体即相互作用媒体。它们在传递信息方面不像单向媒体那样有效，但它允许学生积极参与学习。教师也可以从学生那里获得有关学生理解和接受课程内容的反应信息，利用这种信息改进教学。

（三）依据作用于人的感官和信息的流向进行分类

依据作用于人的感官和信息的流向，教学媒体可分为视觉媒体、听觉媒体、视听觉媒体、交互媒体和综合媒体。

1. 视觉媒体

如黑板、挂图、标本、幻灯机、投影仪、普通光学照相机、数码照相机、视频实物展示台、大屏幕电子投影仪等设备以及相应的教学软件等都属于视觉媒体。它们又分为非投影视觉媒体和投影视觉媒体。

2. 听觉媒体

收音机、录音机、扩音机、CD唱机、MP3播放器、语言实验室等设备以及相应的教学软件都属于听觉媒体。

3. 视听觉媒体

电视机、录像机、摄像机、DVD和无线电视系统、闭路电视系统等设备以及相应的教学软件都属于视听觉媒体。

4. 交互媒体

如程序教学机、语音室、计算机网络等都属于交互媒体。

5. 综合媒体

如多媒体综合教室等都属于综合媒体。

（四）依据是否使用电源进行分类

依据是否使用电源，教学媒体可分为传统教学媒体和现代教学媒体。

凡是使用时不需要电源的称为“传统教学媒体”，凡是使用时需要电源的称为“现代教学媒体”。

1. 传统教学媒体

传统教学媒体主要包括语言、文字、印刷材料、图片、黑板、模型和实物及教师的各种表情、体态等。这些媒体历史悠久，使用方便，一直是传递教育教学信息的重要媒体，在未来的教育教学活动中，仍将是不可或缺的工具。

2. 现代教学媒体

现代教学媒体是近代才产生和发展起来的，主要有光学投影、录音机、电视机、计算机、各种网络等。

二、选择教学媒体的依据

通常情况下，选择教学媒体的依据主要有以下四个方面。

（一）依据教学目标

每个知识点都有教学目标，每个教学目标的达成都需要使用教学媒体，那么，要达成不同的教学目标，就需要选择适合的教学媒体去传递教学信息。

（二）依据教学内容

各个学科的特点各有不同，所以选择教学媒体的时候应该有所区别，同一学科内的不同章节，在选择教学媒体的时候也可能会有所不同。

（三）依据教学对象

不同年龄阶段的学生具有不同的特点，接受能力也不尽相同，选择教学媒体的时候必须考虑这一点。

（四）依据教学条件

教学条件不同，教学媒体也会有很大不同，比如选择教学媒体时需要考虑资源状况、经济能力、师生技能、管理水平等。

此外，还要考虑媒体的特性，以及使用成本、可获得性、便利性、学生的偏爱等因素。总之，教学媒体的选择是一个决策过程。

三、选择教学媒体的程序和方法

（一）选择教学媒体的程序

选择教学媒体的程序可以用流程图来表示，如图10.7所示。

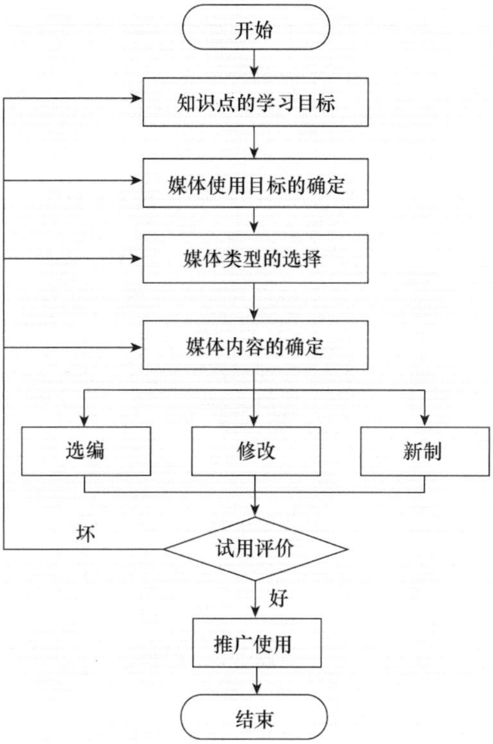

图 10.7　选择教学媒体的程序

（二）选择教学媒体的方法

为了指导一线教师在教学过程中教学媒体选择得更加合理，人们还积累了一系列教学媒体选择的方法。

1. 问题表

问题表就是列出一系列问题，媒体使用者可以通过回答问题，对比回答结果，然后选择出适用于一定教学情境的教学媒体。

2. 矩阵式

矩阵式以教学方法为一个维度，以媒体的技术水平为另一个维度，然后以适合使用的典型教学媒体作为描述两者之间关系的参数，表 10.5 所示为某矩阵式案例。

表 10.5　矩阵式案例

教学方法	媒体的技术水平		
	低技术	中技术	高技术
讲解	印刷材料、黑板、录像/录音、实物展示台、书写白板、幻灯/投影	多媒体播放系统、电子讲稿（如 PPT）、概念地图、DVD、语言实验室、电子记录白板、视频广播、Web 资源	多媒体网络教室、虚拟教室、双向视频会议系统、数字语音室、卫星电视、Web 资源/主题资源、电子互动白板、视频流/音频流
演示	录音（如语言、音乐）、录像、幻灯/投影、实物展示台	多媒体播放系统、电子讲稿（如 PPT）、概念地图、DVD、音频会议系统、Web 资源	电子互动白板、虚拟现实软件、数字博物馆、双向视频会议系统、卫星电视

续表

教学方法	媒体的技术水平		
	低技术	中技术	高技术
个别指导	印刷材料(如指导手册)、面谈、电话(课外)	超媒体课件、音频会议系统、语音邮件、Web资源	个性化教学软件、数字语音室、即时聊天系统、桌面视频会议系统
操练与练习	印刷材料、录像、录音	DVD、PC课件、Web资源、语音系统/语言实验室	数字语音室、Web课件、桌面会议系统、音频流
自主学习	印刷材料、录像、录音、E-mail	DVD、Web资源、新闻组、电子图书馆	Web课件、主题资源、网志(BLOG)、数字图书馆、桌面会议系统、双向视频会议系统
小组讨论	记事本、E-mail、录音	音频会议系统、语音邮件	虚拟学习社区、即时聊天系统、桌面会议系统、Web电话
全班交流	黑板/墙报、问答、口头汇报、幻灯/投影	电子小报、音频会议系统、新闻组、电子讲稿(如PPT)	虚拟学习社区、BBS、电子表决系统、双向视频会议系统、桌面会议系统
合作学习	印刷材料、E-mail、电话	音频会议系统、FPT、传真、语音邮件	虚拟学习社区、即时聊天系统、桌面会议系统、Web电话

3. 算法型

在确定运用何种教学媒体的过程中，有些教师会对备选媒体的功能与其所需要付出的代价进行量化比较，得到不同媒体的效益指数，从而确定适用于特定教学情景的教学媒体，这种媒体选择方法一般称为算法型。对于代价的计算，只是一个相对概念，例如，在选择幻灯片和计算机展示图片的代价时，可以根据学校的情况，如果学校的计算机数量有限，那么制作一张幻灯片的代价要小一些，但是在计算机已经很普及的情况下，在网络上寻找一张图片的代价就要小很多。

4. 流程图

将教学媒体选择的过程分解成一套按序排列的步骤，每个步骤都会设置一个问题，将问题以框图的形式呈现，由选择者回答“是”或“否”，然后按逻辑被引入不同的分支，根据对问题的回答来确定使用哪种教学媒体。

第六节　教学过程设计

一、教学过程设计的几个方面

（一）课堂导入的设计

1. 课堂导入概述

导入是课堂教学中的重要一环，是教师在一项新的教学内容或教学活动开始前，引导学生做好心理准备和认知准备，并让学生明确学习目标、学习内容以及学习方式的一种教学行为。在信息技术教学中，根据教学的具体内容，在上课开始或新教学内容开始时教师在短短的三五分钟内组织导入语，抓住学生的心理，立疑激趣，促使学生情绪高涨，有助于整堂课教学的成功。

2. 课堂导入的方法

课堂导入的方法有很多，这里主要介绍以下十种课堂导入方法。

（1）直接导入。

直接导入是最简单和最常用的一种导入方法。上课伊始，教师直接阐明学习目标和要求，以及各个重要部分的内容及安排，通过简短的语言叙述、设问等方式引起学生的关注，使学生迅速地进入学习情境。

（2）直观导入。

直观导入是指教师通过实物、标本、挂图、模型、图表等直观教具，以及幻灯、投影、电视、录像、计算机等媒体设备对与教学内容相关信息的演示的一种导入方法。

（3）故事导入。

故事导入是指教师利用学生普遍爱听故事、趣闻轶事的心理，通过讲述与教学内容有关的具有很强的科学性、哲理性的故事、寓言、传说等，激发学生的兴趣，启迪学生思维，创造一种情境引入新课，使学生自觉进行新知识学习的一种导入方法。

（4）实验导入。

实验导入是指教师通过演示生动有趣的实验，引导学生认真观察、积极思考实验中的各种现象，使学生进入学习情境的一种导入方法。

（5）问题导入。

问题导入是指教师提出富有挑战性的问题，使学生顿生疑虑，从而产生进一步思考和学习欲望的一种导入方法。

（6）情境导入。

情境导入是指教师通过音乐、图画、动画、录像及满怀激情的语言创设新奇、生动、有趣的学习情境，使学生展开丰富的想象，产生如闻其声、如见其形、置身其中、身临其境的感受，从而唤起学生情感上的共鸣，使学生情不自禁地进入学习情境的一种导入方法。

（7）温故导入。

温故导入是指教师通过帮助学生复习与即将学习的新知识有关的旧知识，温故而知新，从中找到新旧知识联系的节点，合乎逻辑、顺理成章地引出新知识的一种导入方法。

（8）悬念导入。

悬念导入是指在教学中，教师通过创设带有悬念性的问题来导入新的内容，使学生产生一种神秘感，从而激起学生的好奇心和求知欲的一种导入方法。

（9）设疑导入。

设疑导入是指教师以提出问题的方式导入教学内容，使学生在学习新知识前思想上产生一些疑惑，引起学生的回忆、联想、思考，从而达到激发学生学习兴趣、巩固所学知识、活跃课堂气氛的作用的一种导入方法。

真题测试
10.3

（10）活动游戏导入。

活动游戏导入是指教师通过组织学生做与教学内容密切相关的活动或游戏，激发学生的学习兴趣，活跃课堂气氛，使学生在既紧张又兴奋的状态下不知不觉地进入学习的一种导入方法。这种导入在课堂教学中的时间不能太长，还要体现出教师的匠心。

3. 课堂导入的原则

课堂导入一般应遵循以下几个原则。

(1) 符合教学的系统性。

导入是课堂教学的一部分，各个教学程序要互相联系，形成统一体，才能形成课堂教学的高潮，才能更有效地完成教学任务。

(2) 符合教学内容本身的科学性。

课堂导入语要从教学内容的科学性出发，以充分理解教学内容为基础，从知识、思维和情感价值观出发，设计导入，才有可能深层地激发学生的思考。

(3) 从学生的实际出发。

教师的导入要根据学生的主体地位、心理特征、问题视阈来确定，应注意联系学生生活实际，激活学生的生活经验，拨动学生理解与求知的心弦。

(4) 从课型的需要入手。

导语设计要因课型不同而不同，新授课应注意温故而知新，复习课应注意分析比较、归纳总结。

(5) 导语尽量简洁。

导语设计要短小精悍，不要故意绕弯子、走弯路，导入时间不宜过长，语言要简洁明快、切中要害，起到立竿见影的效果，否则会喧宾夺主。

(6) 形式要多种多样。

导无定法，切忌生搬硬套，不能千篇一律。要从学生生理、心理发展规律出发，采取多种多样的方法，激发学生的学习兴趣，引人入胜。

（二）教学活动的设计

1. 讲授型课堂教学活动的设计

讲授型课堂以陈述性知识的教学为主，教学的主要目标是促进学生对知识的理解，并在理解的过程中促进学生对知识的保持。它的基本程序为：激发学习动机—感知理解教材(复习和新授)—巩固运用—检查评价。通过教师传授，使学生对所学的内容由感知到理解，然后再组织学生练习、巩固所学的内容，最后检查学生学习的效果。

2. 探究型课堂教学活动的设计

探究型课堂教学是指教学过程是在教师的启发诱导下，以学生独立自主学习和合作讨论为前提，以现行教材为基本探究内容的课堂教学。探究型课堂教学以学生周围世界和生活实际为参照对象，为学生提供充分的自由表达、质疑、探究、讨论问题的机会，让学生通过个人、小组、集体等多种解难释疑尝试活动，将自己所学知识应用于解决实际问题中。整个教学过程分三个阶段进行。

(1) 第一阶段：教师列出教学目标，提出问题，创设教学情景。

(2) 第二阶段：学生根据问题展开探索，分析问题和解决问题。这个阶段是探究型课堂教学的主要环节。在探究的过程中，学生可以通过自主或互相协作等多种形式展开探索。通过各种各样的探究活动，诸如观察、调查、制作、网上资源搜索、图书查阅和上机验证等，发现解决问题的规律，从而达到教学目标。在这个过程当中，教师要及时启发诱导，以便使探究不断地进行下去，在经过努力以后，让学生有所发现和收获。

(3) 第三阶段：学生自我评价和教师教学评价。探究过程结束后，学生要对本堂课的探究效果进行自我评价，如自己是否积极参与探究活动？会不会分析问题？如何解决问题？

最终找出规律没有？是否达到了教学目标？教师也应针对全体学生和教师自身去评价整个探究过程，对学生的优点和成绩给予肯定，对存在的问题应多给一些鼓励并提出一些可行性的意见和建议。

3. 基于网络资源的探究(WebQuest)教学活动的设计

WebQuest 是基于网络环境的探究式学习，是基于网络的研究性学习的一种学习模式。一个 WebQuest 主要有以下几个板块。

(1) 引言。

在 WebQuest 中，引言的提出，目的就是让学生知道将要学习的是什么，并引起学生的学习兴趣。

(2) 任务。

一个好的 WebQuest，首先应有相对明确的任务。这个任务不能太过于笼统，但又不能太细，可以提几个方向供学生参考，学生可以自主选择问题，挖掘问题。

(3) 过程。

过程的设计要对学生的活动起很好的指导作用，与一般的教案相比更增加了一些复杂性。如将完成任务的过程分解成"调查前""调查中""调查结束"循序渐进的几个步骤，在每个步骤里提出了短小清晰的建议，促使学生以此为基础，小组讨论确定完成时间，并提交计划方案。

(4) 资源。

网络提供了相当大的信息量，但因其信息量大，层面复杂，学生在学习中容易迷航，所以教师首先必须对网上资源进行了解，在"资源"栏目里为学生整合一些对课题研究有帮助的站点和页面，同时在里面插入搜索引擎，提醒学生完全可以打破这个限制，自己运用搜索引擎查找相关资料，甚至还可以采用其他(如读书看报、调查访问、收看电视及录像等)方式来获得相关资料。

(5) 评价。

研究性课程采用"重过程、轻结论"的评价方式，教师可以设计一份评估表来考查学生作品的不同方面(包括过程、结果、态度、情感等)。

(6) 总结反思。

从学生展评各自作品开始，总结反思阶段就已经开始了。WebQuest 在"结论"部分提供机会总结经验，鼓励对过程的反思，拓展和概括所学知识，鼓励学生在其他领域拓展其经验。"结论"部分还可以为结合专题的内容提出许多相关问题，引发学生的进一步思考，促进他们对专业课中有关知识的学习。

(三) 结课的设计

结课是整个课堂教学过程中教师对所授知识或教学内容进行梳理、定型、概括、深化，对整个课堂教学情况做出科学的总结和评价，以及对后面的教学建立某种联系，进行适当沟通的一个极为重要的环节。

1. 结课的作用

结课主要具有以下几个方面的作用。

(1) 重申所学知识的重要性和注意点。

(2) 概括本单元(本节课)的知识结构，强调概念、定理、公式以及解题的关键。

(3) 引导学生分析自己的思维过程和解题所体现的思想和方法。

（4）布置思考题、练习题、作业题，安排学生对所学知识及时复习、巩固和运用。

2. 结课的组织形式

结课主要有以下四种组织形式。

（1）归纳总结式。

归纳总结式的结课是教学中最常用的一种结课方法。它要求用准确、精炼、简洁的语言，提纲挈领地把整堂课的主要内容、重点和难点加以总结概括归纳，进一步突出强调，给学生以系统、完整的印象，促使学生加深对所学知识的理解和记忆，培养其综合概括能力。

（2）迁移扩展式。

迁移扩展式要求学生运用已有的知识去探求新知识，解决新问题。在课堂教学结束时，教师可设计一些练习题，让学生动脑、动口、动手，在实践中触类旁通，真正实现知识与能力的迁移。

（3）巧设悬念式。

结课，不仅仅是一堂课的结束，也可以是另一堂课的序幕。不少有经验的教师常常在教学结课时运用设置悬念的方法，使学生在“欲知后事如何”的探究欲望产生的时候戛然而止，从而给学生留下一个有待探索的未知空间，激发学生探求新知识的迫切愿望，使“且听下回分解”成为学生的一种学习期待。

（4）检查巩固式。

一堂课讲完了，学生掌握得怎样，教师心中往往是不清楚的，这时需要通过提问、测验等手段来调查实情。因此，在课堂教学结束时，抓住一堂课的教学重点、难点，教师可设计一些精巧的问题，引导学生动脑、动口、动手，强化和巩固所学内容，以实现知识和技能的迁移。

（四）提问的设计

提问是课堂提问的简称，是课堂教学过程中，教师根据教学需要向学生提出问题的一种教学方式。课堂教学过程中，师生之间进行信息双向交流的途径很多，提问是其中用得较多且有效的行为方式。

1. 提问的类型

根据不同标准，提问可以分为不同的类型。

（1）根据认知水平，提问可分为回忆提问、理解提问、分析提问、运用提问、综合提问和评价提问。

（2）根据教学阶段，提问可分为课前提问、课堂提问和课后提问。

（3）根据提问技巧，提问可分为诱导提问、疏导提问、台阶提问和迂回提问。

（4）根据提问在教学环节中的作用，提问可分为课前检查复习知识的掌握情况的提问、导入新课时为集中学生注意力的提问、针对教学的重难点的提问、由旧知识引入新知识的提问、调节课堂气氛的提问、联系实际的问题、指导学生阅读课文的提问、检查学生听课效果的提问。

（5）根据提问问题的内部结构，提问可分为总分式提问、递进式提问和追问式提问等。

（6）根据提问的方式，提问也可分为多种类型，如突破式提问、揭疑式提问、比较式提问、诱导式提问、追踪式提问等。

2. 提问的应用要点

要想发挥课堂提问的作用，教师就要在掌握不同提问类型的作用的基础上，研究提问的设计技巧、各类提问的表达方式和提问策略等，并对这些内容进行整体考虑。以下是提问的几个应用要点。

(1) 根据教学需要，在关键处设问。

(2) 问题要有联系性与层次性，要有核心问题。

(3) 问题要角度新、难度适宜，多少要适量，要富有启发性。

(4) 问题要明确、具体，表述要清晰、准确。

（五）板书的设计

板书，从动态的角度理解，它是教师上课时在黑板上书写的文字、符号，以传递教学信息，是教书育人的一种言语活动方式，又称教学书面语言。从静态的角度理解，它是教师在教学过程中为帮助学生理解、掌握知识而利用黑板以凝练、简洁的文字、符号、图表等呈现的教学信息的总称。板书设计应遵循以下六个原则。

1. 内容明确

板书可以帮助学生构建知识框架，板书必须准确、科学地呈现知识。因此，教师在设计板书时，要明确哪些内容需要板书，哪些内容不需要板书，尽量做到"能不板书就不板书"。

2. 位置合适

通常情况下，我们可将黑板分成左、中、右三个部分，左边展示本节课所学内容，中间展示教学重难点，右边为备用部分。

3. 内容科学

内容科学，即板书的设计要符合科学规律，同时还要符合不同年龄段、不同知识水平的学生的要求。

4. 布局美观

板书的设计要考虑到学生的审美情绪，布局美观、书写美观、色彩艳丽的板书，能给人以美的享受，让学生获得美感，在享受中学习知识。

5. 形式多样

形式多样的板书，可以使学生感受到新鲜感，不会厌倦。这就要求板书的设计必须新、活、变。

6. 把准时机

在教学过程中，教师应该把握好板书的时机。这就要求教师备课时应事先安排好何时板书课题，何时板书重点和难点内容，何时板书练习题，何时去留相关内容等。教师还要统筹好讲解和板书之间的配合，如锻炼思维的内容应在讲解之前板书，总结性的内容应在学生思考过后板书。

（六）作业的设计

在新课标背景下布置作业不能仅限于书本知识或理论知识，必须加强课程内容与学生生活以及现代社会发展的联系，注重学生的学习经验和兴趣，减少死记硬背、机械训练的内容，倡导有利于学生主动参与、乐于探究、勤于动手的方式和措施，通过作业培养学生收集和处理信息的能力、获取新知识的能力、分析和解决问题的能力以及交流、合作的能力。

一般情况下，教师在布置作业时应注意以下几点。

1. 作业内容要精选

作业要有助于学生巩固与加深理解所学知识，并形成相应的技能技巧，符合新课标和教材的要求；作业要精心设计，形式要有利于激发学生的学习兴趣，在保证教学质量的前提下，力求少而精。

2. 作业量要适当

教师不得布置机械、重复和大量抄写的作业；难易要适度，作业的难度要以中等学生水平为准，设计要有梯度、有明确的目的。

3. 作业要求要明确

教师布置的作业，应明确规定完成时间，凡能在课内完成的作业不到课外去做，不加重学生学习负担。对较难的题目，教师应向学生做适当的提示，启发学生独立思考，但不能越俎代庖。

4. 作业态度要端正

教师应教育、引导学生先复习，后作业，养成独立思考，按时完成作业的习惯。

5. 作业形式可多样

教师布置作业应力求全面，除必要的课外书面作业外，还应布置预习作业、复习作业、实验操作等。

二、教学过程设计流程图

教学过程设计流程图是教师实施教学活动的蓝图，其作用在于：它可以直观地显示整个课堂活动中各个要素之间的关系、比重；教学中的重点和难点部分也可以简洁地呈现出来；它也可以较好地反映出教师教学过程设计的逻辑性、层次性等。

教学过程设计流程图是浓缩了的教学过程，它层次清楚、简明扼要，使读者一目了然。常见教学过程设计流程图的图例如表 10.6 所示。

表 10.6　常见教学过程设计流程图的图例

图形	意义说明
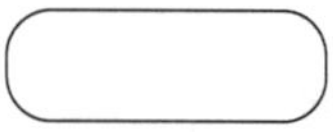	开始、结束
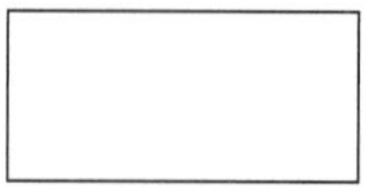	教师活动
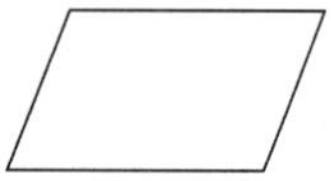	学生活动
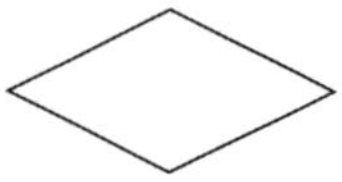	决策、判断
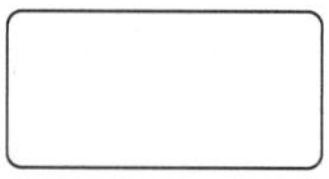	一般教学内容

续表

图形	意义说明
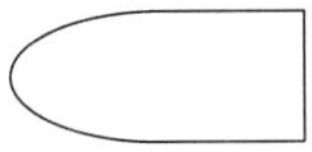	教学媒体
	流程线

三、教学过程设计方案

教学过程设计方案可用文字叙述形式表示，也可用表格形式表示。下面我们分别给出文字叙述式模板和表格式模板以供大家参考。

（一）文字叙述式模板

课题名称

一、教学背景分析

（1）说明学科和年级；

（2）简要描述课题来源和所需课时；

（3）概述教学内容。

分析本阶段内容在整体信息技术课程中的地位和作用，以及本节课在本阶段中的地位和作用。

二、教学目标

三维目标：知识与技能，过程与方法，情感、态度与价值观。

教学目标一般应符合以下要求：

（1）目标的主语是学生；

（2）目标要体现出学生应掌握的技术内容；

（3）目标要体现出学生技术应用能力方面的内容；

（4）目标要体现出对应课标中课程目标中的内容；

（5）目标要体现出能力层次（学习目标的行为动词）。

三、学习者特征分析

说明学习者在知识与技能，过程与方法，情感、态度与价值观三个方面的学习准备（学习起点），以及学生的学习风格，要注意结合特定的情境，切忌空乏。

四、教学重点和难点

重点：本节课的主要支撑部分（不宜很多），教学过程中应该有一定的篇幅和时间用于突出重点。

难点：学生不易理解和掌握的部分（不一定是重点），教学过程中应该有一定的篇幅和时间，设计一些环节用于突破难点。

一节课不宜重难点过多，也不宜没有重难点。

五、教学策略的选择与设计

说明本课题设计的基本理念，主要采取的教学策略与活动策略，以及这些策略实施过程中的关键问题。

六、教学资源与工具设计

教学资源与工具包括两个方面：一是支持教师教的资源与工具；二是支持学生学习的

资源与工具，包括学习的环境、多媒体教学资源、特定的参考资料、参考网址、认知工具以及其他需要特别说明的传统媒体等。

如果是其他专题性学习、研究性学习方面的课程，可能还需要描述需要的人力支持等。

七、教学流程

教学流程，即对教学过程结构的设计，这是课堂教学设计的关键所在。前面所进行的教学目标、教学内容、教学对象的分析，教学策略、教学媒体的选择，课堂教学结构类型的选择与组合等工作，都将在教学过程结构的设计中得到体现。

为了便于教学和交流，课堂教学过程结构设计中一般统一使用如表 10.5 所示的图形符号：

八、教学评价设计

(1) 评价方式：评价方式要多样化，但一节课的评价方式也不宜过多。

(2) 评价内容：评价内容不要过于繁复，要易于操作。

(3) 评价结果：评价结果的用途是为了了解学生的掌握情况、学习过程情况、学生之间学习情况的认可程度、学生对自己的了解程度等。

(4) 评价标准：要设计评价量规，量规内容不宜过多，形式可以是填写分数、给出等级、简单评语等。

九、关于板书

(1) 板书的用途：提醒学生、突出重点。

(2) 提醒的内容：技术的主要环节、学习任务的要求等。提醒重点要起到标尺的作用，应帮助学生把握自己的学习方向。

（二）表格式模板

表格式模板如表 10.7 所示。

表 10.7　课堂教学设计表

学科________　教师姓名________　学校名称________　授课班级________

<table>
<tr><td colspan="2">章节名称</td><td colspan="2"></td><td>计划学时</td><td></td></tr>
<tr><td colspan="2">教材内容分析</td><td colspan="4"></td></tr>
<tr><td rowspan="2">教学目标</td><td>知识点编号</td><td>学习目标</td><td colspan="3">具体描述语句</td></tr>
<tr><td></td><td></td><td colspan="3"></td></tr>
<tr><td colspan="2">学习者特征分析</td><td colspan="4"></td></tr>
<tr><td colspan="2">项目</td><td>内容</td><td colspan="3">解决措施</td></tr>
<tr><td colspan="2">教学重点</td><td></td><td colspan="3"></td></tr>
</table>

续表

教学难点			
教学策略的选择			
教学环境及资源准备			
教学过程	教师活动	学生活动	设计意图及资源准备
教学评价设计			
帮助和总结			

四、教学过程设计方案的评价

教学过程设计方案是教学设计过程中各要素分析和设计的外化成果，对教学过程设计方案的正确评价有助于设计人员反思自己的设计过程，避免一些由于设计上的疏漏而导致试用效果不理想的问题。教学过程设计方案的评价可以从设计方案的完整性和规范性、可实施性、创新性几个方面来进行。

（一）完整性和规范性

一份规范的教学设计方案是一个整体解决问题方案的设计，而不是各个要素的简单汇集。

1. 教学目标

教学目标不仅反映知识与技能，过程与方法，情感、态度与价值观，而且能体现不同学生之间的差异；清晰、具体的目标阐述不仅符合学科的特点，而且便于教学中进行形成性评价。

2. 学生特征分析

从认知特征、起点水平和情感态度等方面详细、明确地列出学生的特征。

3. 活动设计

活动设计和策略一致，符合学生的特征，既能激发学生的兴趣，又能有效地完成教学目标。

4. 资源设计

综合多媒体的优势，信息技术的运用有效；资源能促进教和学，发挥必需的作用。

5. 过程设计

教学思路清晰、结构合理，重难点突出，有层次性，能够体现学生的发展过程。

6. 学习评价和反馈设计

有评价内容和标准，练习的内容合理，有层次性。注重形成性评价，针对不同的评价结果提供及时的反馈，根据不同的评价信息，明确提出矫正方法。

（二）可实施性

对一个教学设计方案的评价，要从环境、时间等方面来考虑它是否具有可实施性。

1. 环境因素

教学设计方案对教学环境和技术的要求没有必要过高。

2. 时间因素

时间的多少包括教学时间、学习时间、布置作业的量等。

3. 教师因素

教师因素包括教学风格、特点及其技能等。

4. 学生因素

针对学生的学习方法要合理。

（三）创新性

教法上有新的突破，能激发学生的兴趣，有利于促进学生高级思维能力的培养。

第七节　教学设计案例及评析

一、讲授法教学设计案例及评析

案例

信息与信息技术——信息

一、教学内容分析和设计

“信息及其特征”是初中《信息技术》教材第一章第一节的内容。由于这部分内容理论性较强，如果只是由教师来讲，学生可能会觉得枯燥，所以在教师的引导下，举出现象，让学生进行探讨，然后归纳获得知识，这样效果会更好。若有不足之处，由教师或学生来补充。这样能让学生积极参与，活跃课堂气氛，既让学生学到知识，又培养了学生将学习与生活联系的习惯和自主学习的习惯。

二、教学对象分析

知识的获取者是刚刚升入初中的学生，按照个体的成长认知规律，学生对知识的获取开始由感性认识提升到理性认识。对于“信息”这一事物的认识，可以让他们从大量存在的现象中，发现并归纳出他们应该获得的知识。教师在此过程中起着引导的作用。

三、教学目标

1. 知识与技能目标：学生能够列举学习与生活中的各种信息，感受信息的丰富多彩性；举例说明信息的一般特征；不断提高分析问题、解决问题的能力。

2. 过程与方法目标：学生不断发展从日常生活、学习中发现或归纳出新知识的能力。

3. 情感、态度与价值观目标：学生理解信息技术对日常生活和学习的重要作用，产生对信息技术强烈的求知欲，养成积极主动学习和使用信息技术、参与信息活动的态度。

四、教学重点

信息特征的认识。

五、教学难点

信息的含义。

六、教学方法

本节知识概念性强，实践性弱，因此，采用讲授法和讨论法。

七、教学过程

谈话引入：同学们，信息技术这门课程，我们在小学阶段就已经学习过。那么下面请同学们说一说，什么是信息？在我们日常生活中，你认为哪些属于信息？（举例）

生 1：校园里铃声响，可以告诉我们信息：上课或下课。

生 2：观看校运会，可以获得很多运动会赛场上的信息。

生 3：从网上可以获得很多信息，如学习资料、娱乐、新闻报道等。

生 4：在报纸上可以了解国内外的信息。

…………

师：同学们举的例子非常好。

其实信息在我们日常生活中无时不在，无处不有，当然，信息不仅存在于我们的周围，大家同样可以在我们身体内部找到它的影子，如医生通过听诊器来感知我们身体内部的信息以确定病因。因此，我们可以说：信息是用文字、数字、符号、图形、图像、声音、情景、状态等方式传播的内容。

师：信息无处不在，无时不有。信息的存在形式多种多样，作为万物中的一种，它们同样有着固有的特性，也就是相同的本质。下面，我们通过所获取到的信息，找出它们共同的特性吧。

师：在我们周围的信息中，书刊上的文字依附于纸张，颜色依附于物体的表面，老师讲课的声音依附于空气。还有很多的信息，同学们能举出其他的现象吗？

生：（讨论）我们的体重依附于身体，CD 音乐依附于光盘，……

师：有没有信息是不依附于任何载体而存在的呢？

生：（讨论）找不到。

师：这说明了什么？

生：（齐）信息必须依附于载体而存在，信息依附的载体多种多样。

师：通过前面的学习，我们知道信息必须依附某一载体，不能独立存在；文字既可以印刷在书本上，也可以存储到电脑中；信息可以转换成不同的载体形式而被存储下来或传播出去供更多的人分享，而“分享”的同时也说明信息具有可传递性和可存储性。

师：（演示课件）

1. 载体依附性

（1）信息不能独立存在，需要依附于一定的载体；

（2）同一个信息可以依附于不同的媒体；

（3）载体的依附性具有可存储、可传递、可转换的特点。

师：老师讲课中传授的信息能增长同学们的知识，广播传出的音乐能给大家带来快乐，下课的铃声能给大家带来兴奋。还有很多的信息，它们的存在能给我们带来怎样的作用呢？

生：（齐）信息的存在有一定的价值。

师：（演示课件）

2. 信息的价值性

信息不能直接提供给人们物质需要，信息的价值体现在两个方面：

① 信息能满足人们精神生活的需要；

② 信息可以促进物质、能量的生产和使用；

另外，信息可以增值；

信息只有被人们利用，才有价值。

生 1：（疑问）信息可以增值，怎么理解呢？

生 2：（回答）人们在加工信息的过程中，经过选择、重组、分析等处理方式，可以获得更多的信息，使原有信息增值。

师：商场上某种产品供不应求，而厂家知道信息后他们会大量生产该产品，说明信息可以促进物质、能量的生产和使用。

师：台风“维达”给我们带来的伤痕依然存在，有关台风“维达”的天气预报当时对我们十分有用，但是现在对我们还有用吗？

生：（讨论）信息的价值会随时间的变化而变化。例如，今天来讲，神舟六号载人飞船的圆满成功远比神舟一号给我们带来的兴奋多；今天的报纸总比昨日的报纸好卖，……

生：（疑问）书本中的科学知识会随时间的流失而贬值吗？

师：如果是理论知识，几乎不会贬值，但如果是技术知识，同样会随时间而变化，但所花的时间与技术发展速度有关。

师：（演示课件）

3. 信息的时效性

(1) 信息具有时效性，信息的价值会随着时间的推移而变化；

(2) 信息的时效性必须与信息的价值性联系在一起。

师：（补充）因为信息如果不被人们利用就不会体现出它的价值，那也就谈不上所谓的时效性。也就是说信息的时效性是通过价值性来体现的。

师：老师讲课的声音只是一位同学能听到吗？电视台播出的新闻只会被一位观众知道吗？

生：（齐）不是。

师：大家想一想，我们周围还有哪些信息是能够被大家所共同知道的？

生：（讨论）每位同学的相貌、教学楼的形状、树叶的颜色、汽车的形状……

看来所有的信息都是可以共享的，除非它不为人所知。

师：（演示课件）

4. 信息可以共享

(1) 信息资源共享；

(2) 信息可以被一次、多次、同时利用；

(3) 信息共享不会使信息丢失、改变。

思考：

1. 师：同学们对以上的信息形态分析得很透彻、独特。下面我们一起来思考：信息除了上面的特征之外还有没有其他特征？

（传输性、无色无味、概括性、可以识别、再生等）

2. 信息的众多特征中，相对于物质能源，哪些是信息独有的？

（共享性）

实践题：课本第 5 页，做完后把答案上交到教师机：网上邻居→teacher→所在班级文件夹。

评析：

因为这是初一第一节课，所以是很关键的一节课。如果这节课上好了，对下面课程的学习会起到一个促进的作用。这节课设计的主要目的是让学生参与讨论活动，教师通过引导学生讨论来达到教学目标。从教学的过程来看，学生回答问题很积极、主动，课堂气氛较好。通过分组活动，学生的协作精神得到培养，学习兴趣得到激发。通过实践题学生可以巩固这节课所学过的知识点。

二、任务驱动法教学设计案例及评析

案例

从互联网获取信息

一、教材分析

1. 本节的作用和地位

在信息社会，面对纷繁复杂的信息，高效地获取有用的信息以支撑自己的学习和工作，是 21 世纪青少年学生必须具备的信息素养之一。而信息社会的一个重要特征便是信息的数字化、网络化，从网络上快速高效地获取信息越来越成为人们学习、工作和娱乐必备的技能之一。

本节旨在培养和提升学生获取网络信息的能力，使这种能力成为每位学生在信息社会必须掌握的生存技能，并为学生学会有效组织和处理信息奠定基础，是学生继续学习和不断发展的不竭动力。

本节强调通过体验和感悟网络信息活动中的操作与应用，使学生掌握利用网络获取信息的过程和方法，为学生的学习、生活和发展提供服务。

另外，本节还注意引导学生形成自主学习意识、与他人的合作意识，也为必修模块的其他章节和各选修模块开展多元化交流与合作奠定基础。

2. 本节主要内容介绍

本节设置了两方面的内容：

（1）常用网络信息搜索的方法；

（2）利用搜索引擎进行网络信息检索的策略与技巧。

3. 重点难点分析

教学重点：

掌握搜索引擎的目录类搜索、全文搜索。搜索引擎的出现和应用使得在网络中高效地获取信息成为可能，搜索技巧的娴熟运用可以极大地提高人们获取信息的效率。

教学难点：

掌握关键词搜索的技巧。

二、学情分析

学生已有使用网络搜索信息的感性经验，教师要结合学生原有的认知基础加以归纳提升，使学生形成对网络信息搜索的理性认识，并在实践中不断总结积累利用网络搜索信息的经验，不断提高网络信息搜索水平。但是，学生之间的差异可能比较大，教师要注意营造交流学习的氛围。

三、教学目标

知识与技能：学生了解信息获取的一般过程；掌握对获取的信息进行加工、存储的方法；养成良好的习惯。

过程与方法：学生通过完成任务，体验信息获取的过程、经历、经验，教师在学生完成任务的基础上做一定的总结。

情感、态度与价值观：通过切合实际的亲历，学生深入理解获取信息的相关内容，学生理解信息是日常生活中不可缺少的部分，要做到“君子爱财，取之有到”。

四、教学策略

以任务驱动、小组合作交流探究为主要活动方式，在分组过程中强调优势互补的合作方式。由于目前初中阶段的信息技术课融合在综合实践活动中，学生的信息技术能力水平参差不齐。为了完成本节的活动任务，在组织教学活动时应有意识地实行强弱结合的分组方式，帮助每一位学生在较短时间内提高信息技术水平，从而使学生得到均衡的发展，使这方面的操作技能不再成为学生今后学习和进步的障碍。

在此基础上，教师进一步引导学生学习常用信息搜索方法——使用搜索引擎，掌握搜索引擎的定义和分类，并使学生在参与抢答比赛的过程中体会和总结利用搜索引擎获取网络信息的策略与技巧。

五、教学过程

（一）提问：获取信息的一般方法？（四个阶段）

简单介绍搜索引擎的产生和发展。

（二）讲解

学一学：什么是搜索引擎？搜索引擎有哪些分类？

1. 全文搜索引擎又称为“关键字查询”

代表性的网站：

百度：http：//www.baidu.com/

举例：查找××市××中学

2. 目录索引类搜索引擎

代表性的网站：

搜狐：http：//www.sohu.com/

新浪：http：//www.sina.com/

举例：查看教育频道中与高考相关的最新信息

（三）总结：两种搜索引擎类型比较及趋势

趋势：现在许多搜索引擎朝着两者兼顾的方向发展。

（四）实践一

赛一赛：比赛规则

老师读完题目后，小组成员分别利用不同的网络信息搜索方法查询问题的答案，先查到的，高声喊出自己的组别并举手示意，经老师同意后汇报自己的查询结果。

答对者，给所在小组加 10 分，抢答答错者（包括抢答不遵守规则者）扣 10 分，其他小组继续抢答。整个比赛结束时得分最高的组为优胜组。

老师事先选好能充分体现搜索引擎使用策略与技巧的题目。

想一想：小组成员之间交流比赛过程中自己利用网络搜索信息的体会，想一想如何才能使用搜索引擎准确快速地找到自己需要的信息，并推举小组代表总结发言。

师生共同总结出搜索引擎的使用技巧：

（1）关键词的选择最重要（用好逻辑符号）。

① 与或非，

② and、or、not，

③ +，|，-。

以 Google 为例：

① 不用“+”，只用空格；

② 用“-”表示“非”；

③ OR 用大写。

（2）强制搜索的方法——加英文双引号。

用此方法来查找名言警句或专有名词比较有效。

（3）多个关键词，中间用空格。

（4）不要局限于一个搜索引擎。

（五）实践二

练一练：

内容：请利用本节课所学的网络信息搜索策略与技巧查查有关中秋节的来历、中秋传说、中秋习俗、中秋节诗词等相关内容。

方式：小组活动，给每个小组发一份卷子，小组成员分工合作，共同完成问卷信息查找任务，推举小组代表对相应的中秋专题内容向全班同学做总体介绍。

设计意图：出一些要利用搜索才能找到答案的题目，发给学生做。检查学生完成的情况。答对了就表明掌握了，所用时间长短只是熟练与否的问题。主要是考查他们搜索技巧的掌握情况。让每个小组都汇报一下他们搜索的内容。使全班都对中秋节有一个比较全面的了解。

评析：

采取这种主题活动式教学，对教师的要求很高。要想组织好一堂课，教师必须精心设计课堂，把活动安排得更细致，并要考虑周全，最重要的是要引起学生的极大兴趣。这就需要教师有非常好的引导，并在过程中给予学生帮助与指导。教师要有随机应变、驾驭课堂的能力，能调动气氛。当各小组讨论时，教师要能及时调动学生积极参与；教师巡视时，发现学生的闪光点要及时进行肯定与表扬，进而带动整个课堂的气氛。课堂设定的评价机制要明确，活动要达成的目标要明确。

本章知识结构

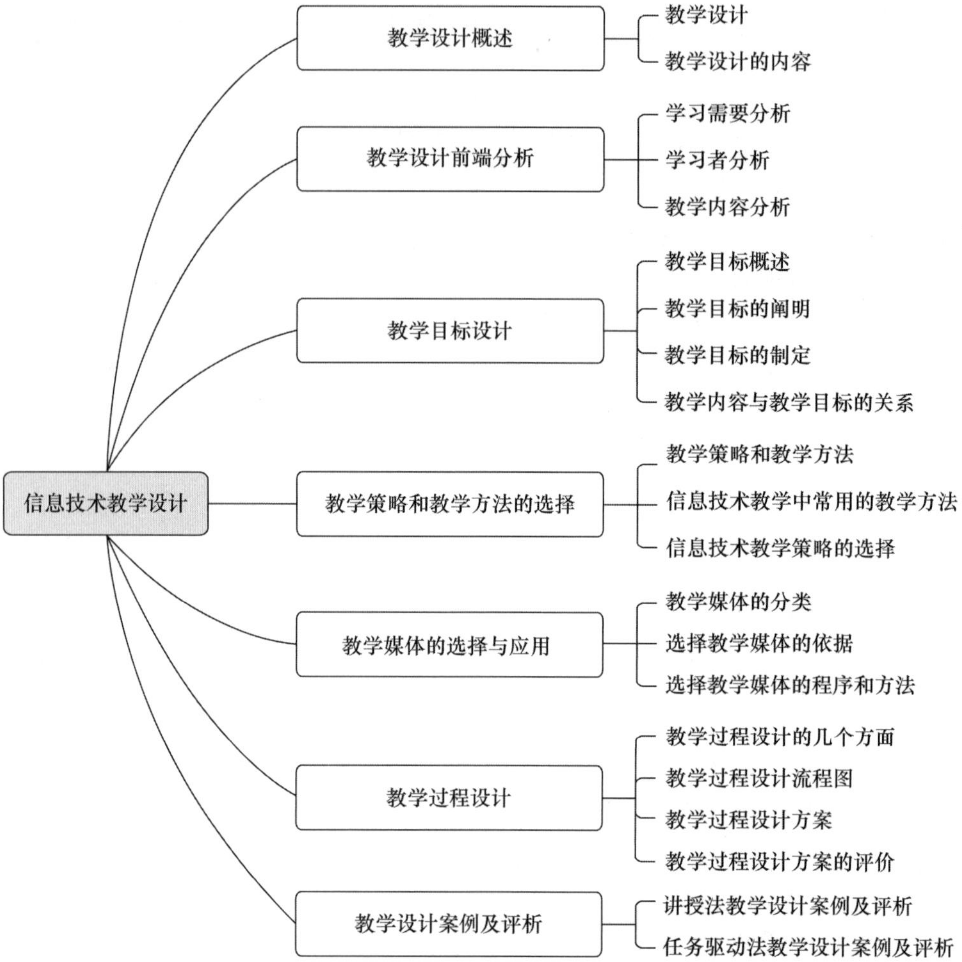

本章小结

（一）本章重难点

本章的重点是根据信息技术学科的特点和学生认知特征，选择合适的教学策略和教学方法；理解信息技术学科教学内容组织的基本形式和策略，能够设计合理的教学流程；通过研究典型的信息技术教学设计案例，掌握教学设计的方法，能评析教学设计案例。本章的难点是能够在规定时间内完成所选教学内容的教学设计，考生需要对教学设计相关内容熟练掌握。

（二）学习时要注意的问题

在学习本章内容时，考生要注意掌握制定教学目标的方法，能够合理选择教学策略和教学方法，合理利用信息技术教学资源，设计多样化的学习活动。本章的学习不能脱离教学实际，要在掌握知识点的同时结合实际教学内容、练习题等提升信息技术教学设计的能力。

备考指南

本章知识不仅是考试的必考点，也是考生容易丢分的考点。本章内容主要出现在历年考试的主观题中，常以简答题、案例分析题和教学设计题的形式进行考查，约占试卷总分的23%，属于必考内容。因此，考生对于教学设计基础知识的掌握和运用尤其重要。在对本章进行复习时，考生需要对初中学生的认知特征、知识水平有清晰的把握，具备根据学生的学习需要选择合适的教学内容并制定具体的教学目标的能力；具备根据教学内容的特点、学生个体差异，确定教学重点和教学难点的能力；具备根据不同课程模块的特点，合理选择教学策略和教学方法的能力；具备合理利用信息技术教学资源，设计多样化的学习活动，引导学生积极参与学习过程的能力。

自测训练

一、简答题

1. 任务驱动教学中，设置任务要考虑哪些因素？

2. 简述教学设计包括哪些内容。

3. 简述教学媒体的选择依据。

二、案例分析题

1. 案例：

张老师在教“Word 自选图形的设置”中，先出示两张对比图形，让学生通过比赛，尽快找到两张图片之间的区别。当学生找出两张图形的不同后，张老师又引导学生思考如何利用自选图形的工具让两张图形变得相同，从而激发了学生的求知欲。接着，张老师让学生自主探究自选图形的旋转和翻转、调整和变形、叠放顺序和组合等工具的功能。

问题：

(1) 什么是学习兴趣？如何激发和培养学生学习信息技术的兴趣？

(2) 简述开展竞赛活动的具体办法。

2. 案例：

在上课前，陈老师对所在的初一(1)班全体学生进行课前调查，想要了解一下学生对于即将学习的“用计算机制作多媒体作品”的了解程度，结果发现有12%的学生从没听说过该知识；27%的学生虽然听说过该知识，但并不会动手操作；同时，还有10%的学生由于小学有过基础，因此对“用计算机制作多媒体作品”非常了解……

问题：

(1) 这一调查结果体现了信息技术课程的什么性质？

(2) 如果你是陈老师，你将采用什么教学策略？

参考答案及解析

一、简答题

1.【参考答案】

在任务驱动教学中，设置的任务要符合教学目标，要注意分散重点和难点，要符合学生的特点，具有可操作性，要有层次。具体还应遵循以下三个原则。

(1) 任务设置的趣味性原则：创设的任务情境应有利于激发学生的求知欲望，要有趣味性。

（2）任务设置的适宜性原则：创设的任务情境要突出学生的主体性，任务的设置要适合学生的原有知识水平和能力，应能增强学生的成功感。

（3）任务实施过程中的互动性原则：创设的任务情境应注重自主学习和合作学习、整体教学和个别化教学相结合，应有助于培养学生的自学能力和合作学习能力，以及创新意识和合作意识。

2.【参考答案】

一般情况下，教学设计包括以下七方面的内容：

（1）学习需要分析；

（2）教学内容分析；

（3）学习者分析；

（4）教学目标的阐明；

（5）教学策略的制定；

（6）教学媒体的选择和应用；

（7）教学设计效果的评价。

3.【参考答案】

教学媒体的选择依据主要包括以下几点：

（1）依据教学目标；

（2）依据教学内容；

（3）依据教学对象；

（4）依据教学条件。

二、案例分析题

1.【参考答案】

（1）学习兴趣是指学习者对学习喜好的情绪。兴趣的起源是人的好奇心，好奇心是唯一的、天然的、本能的学习。但兴趣并不完全等同于好奇心，兴趣可以通过后天的培养和教学方法的改进，进一步被激发或培养。

激发和培养学生信息技术学习兴趣的方法主要有以下几种：

① 让学生体验到学习成功的快乐；

② 让学生在知识的运用中产生兴趣；

③ 为学生树立榜样；

④ 创设问题情境，引起学生的好奇心和求知欲；

⑤ 利用学生的自尊心和好胜心，适当地开展竞赛活动；

⑥ 改革评价方法。

（2）开展竞赛活动的具体办法：提供各种机会，开展多样的竞赛活动，可以按照能力或项目分组，使每个学生都能获得成功的体验；竞赛中鼓励学生以往日的自我为竞赛对手，以突破以前的成绩为主要目标，要特别奖励那些以往成绩不良而今成绩显著的学生；同时，竞赛与合作学习应适当结合，应抵制竞赛中可能发生的不良影响。

2.【参考答案】

（1）信息技术课程的性质包括基础性、高速发展性、实践性、综合性，还具有一定的技术性、工具性、层次性等。本题中的调查结果体现的是信息技术课程的层次性。

（2）教学策略：

课前：摸底，补课，备课。

① 课前研究12%和27%对知识掌握较差的学生需要掌握的内容。

② 备好课，准备好助学课件和分层任务。

课中：

A. 设置分层任务。

B. 依靠助学课件。

C. 布置以小组为单位的任务，实行异质分组。

课后：对少数冒尖的学生进行专门辅导。

第十一章　信息技术教学实施

考纲内容

本章内容属于教学实施部分内容，在考纲中要求如下：

1. 课堂学习指导

(1) 了解信息技术教学情境的创设、学习兴趣的激发与培养的方法，掌握指导学生学习的方法和策略，帮助学生有效学习。

(2) 了解学生信息技术学习的基本特点，能够根据信息技术学科特点和学生认知特征引导学生进行自主学习、探究学习和合作学习。

2. 课堂组织调控

(1) 掌握信息技术教学组织的形式和策略，具有初步解决信息技术教学过程中偶发事件的能力。

(2) 了解对信息技术教学目标、教学内容和教学方法等教学活动因素进行调控的方法。

3. 信息技术教学实施的综合应用

(1) 能依据信息技术学科特点和学生的认知特征，恰当地运用教学方法和手段，有效地进行信息技术课堂教学。

(2) 掌握信息技术实践教学的功能、特点和方法，强化科学探究意识，培养学生的创新精神和实践能力。

(3) 能恰当整合多种教学资源，提高信息技术教学的质量和效率。

考纲解读

在学习本章内容时，考生主要应做到以下三点：第一，记忆信息技术学科情境创设和激发、培养学生学习兴趣等信息技术课堂学习指导基础知识，以便引导、帮助学生进行自主学习、探究学习和合作学习等；第二，能够根据给定的教学内容，整合已有教学资源，设计教学活动并实施课堂教学；第三，要知道常用的课堂偶发事件的处理方法，具备在课堂教学中处理各种偶发事件的能力。

第一节　信息技术课堂学习指导

一、有效导入

在信息技术课程的教学中，根据教学的具体内容，在上课之前创设一个好的导入，可以吸引学生的注意力，激发学生的学习兴趣，为整堂课的成功奠定基础。教师在进行课堂导入时，需要掌握一定的技巧和方法。常用的课堂导入方法有：直接导入法、直观导入法、故事导入法、实验导入法、问题导入法、情境导入法、温故导入法、悬念导入法、设疑导入法和活动游戏导入法等，相关内容本书第十章第六节讲述教学过程设计时已介绍过，此处不再赘述。

这里想要强调的是：课堂导入要把握好时间，不可喧宾夺主；要根据具体教学内容和学生的现实情况合理选用导入方法，切忌生搬硬套、千篇一律；导入是课堂教学的一部分，各个教学程序要互相联系，形成统一体，才能形成课堂教学的高潮，才能更有效地完成教学目标。

二、教学情境的创设

在新课改的背景下，情境教学理论在教学实践中占据了越来越重要的地位，在课堂教学中科学合理地创设教学情境是提高课堂教学质量、培养学生信息素养的重要手段之一。在实际教学中，教学情境的创设时间不固定，可以是贯穿在全课中，也可以在课的开始、课的中间或是课的结束。

（一）教学情境的定义

教学情境是课堂教学的基本要素，是指在课堂教学中，根据教学的内容，为落实教学目标所设定的，适合学习主体并作用于学习主体，能使其产生一定情感反应，能使其主动积极建构学习，具有学习背景、景象和学习活动条件的学习环境。

（二）信息技术教学中教学情境的基本类型

信息技术是实践性和操作性很强的学科，在信息技术教学中，根据教学内容创设合适的情境，能够激发学生的学习兴趣，提升学生的学习质量。在信息技术教学中，主要可以创设以下几种教学情境。

1. 故事情境

创设故事情境是在信息技术教学中调动学生兴趣常用的方法，创设故事情境是将知识点融入能够引起学生兴趣的故事中，教师用语言描述或其他形式向学生展现故事情境，以便让学生更好地认识问题，发现故事中的重点内容。这些故事不仅能够吸引学生的注意力，还能够将信息技术的知识点与实际情况联系起来，因此，教师需要结合当时的社会背景、信息技术知识等内容用心收集并精心设计故事情境，为激发学生的学习兴趣、有效提高教学质量打基础。

2. 任务驱动情境

创设任务驱动情境是指教师为学生设置与学生已有的知识和生活经验相联系的任务情境，来激发学生的学习兴趣。由于任务的存在，学生能够在任务的驱动下收敛与学习任务无关的思绪和行为，将注意力集中在学习任务上，更大限度地参与到探究新知识的活动中。任务情境的创设要求教师设计的任务在学生的能力范围内，并且紧密联系学生已有的知识和学生的生活经验。

3. 问题情境

创设问题情境是在信息技术教学中引发学生质疑、探究、发现热情的有效方法。创设问题情境的前提是教师提出的外部问题与学生的内部知识经验发生一定程度的冲突，这种冲突能够激发学生强烈的好奇心和思考动机，能够激起学生强烈的探究欲望，从而能获得更好的教学效果。

4. 交流情境

在信息技术教学中创设交流情境，能够引发学生的讨论、交流、合作学习等活动，能为学生创造一个开放的平台。在信息技术教学中，教师应该精心设计各种交流活动，有意识地为学生创造交流的机会，培养学生的人际交往能力和团队合作能力。

（三）信息技术教学中创设教学情境的基本原则

在信息技术教学中创设教学情境主要应遵循以下几个基本原则。

1. 问题性

在信息技术教学中，好的教学情境一定包含着适合学生的学习水平、能够吸引学生进行学习并具有目的性的问题。这些问题能够有效地引发学生的思考，促进学生的有效学习。教学情境中的问题应该具备目的性、适应性、新颖性三个特点。

2. 生活性

在信息技术教学中，所创设的教学情境要有生活性，要尽量使情境真实或接近真实，让学生在生活化的情境中切实弄明白知识的价值。教师在创设教学情境时应注意联系学生的日常生活，在鲜活的日常生活环境中发现、挖掘资源并且挖掘和利用学生的资源。

3. 互动性

信息技术教育教学中创设的教学情境要遵循互动性原则，教师要从学生的角度和立场出发进行教学情境设计。师生间和生生间良好的互动沟通，不仅可以使教师更加清楚地把握学生的学习状况，而且可以更好地激发学生自主学习和探索的积极性。

4. 层次性

学生的学习活动是一个从简单到复杂、由易到难循序渐进的过程。因此在信息技术教学中创设教学情境时，应尽可能依据学生的实际经验和认知，架设好学习的框架，有层次、有梯度地进行教学情境创设，考虑好问题的衔接与过渡。

三、学习兴趣的激发与培养

从教育心理学的角度来说，兴趣是一个人倾向于认识、研究获得某种知识的心理特征，是推动人们求知的一股内在力量，可以说人的注意力、观察力、思维能力、记忆力乃至想象力都和兴趣有关，而且紧密相连。兴趣能使人的认识、理解、记忆处于最佳状态。在信息技术教学中，可以分别从教师和学生两个角度来激发和培养学生的学习兴趣。

（一）从教师角度激发学习兴趣

1. 让学生在学习中体会到学习的快乐

让学生在学习中体会到学习的快乐，教师可以从两个方面着手：第一是注重教学内容的选择；第二是学习目标的制定。

从教学内容的选择上来看，教师要根据学生各个阶段不同的发展特点来选择合理搭配教学内容。由于信息技术学科存在着很强的实践性，所以教师在教学中要将教学内容与学生实际、生活实际相联系，适当地组织学生参加课外活动或者社会实践活动，为他们提供在实践中运用所学知识的机会，使他们产生学习的成就感，从而在学习中感受快乐。

从学习目标的制定上来看，合适的、具体的、学生能够达成的学习目标更能让学生在学习中建立信心，提高兴趣，体验成功的喜悦。

2. 改进评价方法，调动学生的积极性

教师对学生学习的评价，也会影响学生的学习兴趣。客观、公正、及时的评价会增加学生在课堂上的自信心和上进心。学生了解自己的评价结果，也会影响学生对于学习的兴趣与信心，因此在信息技术教学中，除了传统的评价方式外，教师还可以因“课”制宜，改进评价方式，利用信息技术的一些平台，运用一些评价方法与一些评价工具，对学生开展更加合理的评价。

（二）从学生角度培养学习兴趣

1. 树立榜样作用

在学生中树立榜样，可以通过间接的方式激发学生的学习动力，引发学生的学习兴趣。在信息技术教学中，教师在挑选榜样时应该谨慎。选出榜样后，教师可以采用表扬榜样的方式引导学生关注榜样，也可以组织榜样进行作品展示、学习分享等活动，通过经验的分享交流，激发学生的学习动力，使更多的学生取得更好的学习效果。

2. 适当组织竞赛活动

学生普遍存在自尊心和好胜心，教师可以利用学生争优的好胜心来组织开展比赛活动。教师可以通过活动的形式为学生提供合作学习或竞争交流的机会，给学生带来学习动力，提升学生积极学习、参与课堂的兴趣。

第二节　信息技术课堂组织与调控

为实现预计的教学目标，教师应设置多种教学组织形式与教学组织策略，实现知识的有意义建构。为保障课堂教学的有序开展，教师需要掌握课堂教学调控的相关技能。

一、教学组织形式

（一）什么是教学组织形式

教学组织形式是指为完成特定的教学任务，教师和学生按一定要求组合起来进行活动的结构。从教学组织形式的定义中可以看出，教学组织形式是围绕着特定的教学任务而设计的，因此，不同的教学任务所对应的教学组织形式可能不同。同时，随着社会政治、经济、科学、文化的发展和培养人才要求的不断提高，教学组织形式也在不断地发展和改进。

（二）教学组织形式的分类

人们一般将教学组织形式划分为个别教学制、班级上课制和分组教学制。

1. 个别教学制

个别教学制是教师面对个别或少数学生进行教学的一种教学组织形式。在个别教学制中，每位学生所学的内容和进度可以有所不同，教师对每位学生教的方法和要求也有所区别，自然每位学生学习的成效也各不一样，甚至差距极大。

2. 班级上课制

班级上课制是一种集体教学形式。它把一定数量的学生按年龄与知识程度编成固定的班级，根据周课表和作息时间表，安排教师有计划地向全班学生集体上课，组织学生分别学习所设置的各门课程。在班级上课制中，同一个班的每个学生的学习内容与进度基本一致，开设的各门课程，特别是在高年级，通常由具有不同专业知识的教师分别担任。

3. 分组教学制

知识拓展 11.1

分组教学制是按学生的能力、学习成绩或其他特点把他们分为水平不同的组进行教学。分组教学制的类型主要有能力分组和作业分组。能力分组根据学生的能力发展水平来分组教学，各组课程相同，学习年限则各不相同。作业分组根据学生的特点和意愿来分组教学，各组学习年限相同，课程则各有不同。

（三）选择教学组织形式的原则

在实际的教学工作中，教师不能盲目地选择教学组织形式，教学组织形式是教学实施的前提，也是有效发挥教学组织功能的保证。选择教学组织形式时主要应遵循以下几个原则。

1. 根据学习者的能力水平和个性差异幅度选择教学组织形式

不同年龄、不同性格的学生，其认识程度、阅历经验、自我学习能力等是不同的。因此，教师在选择教学组织形式时必须考虑到学生的因素，根据学生的特点选择适当的教学组织形式。

2. 根据教学的物质资源选择教学组织形式

教学的实施离不开物质资源，如教学场所、设备、用具等。因此，教师要根据物质资源的现实条件选择适当的教学组织形式，以保证教学的实施。

3. 根据教师的水平和数量选择教学组织形式

教学组织形式是教师和学生按一定要求组合起来进行活动的结构。因此，教学组织形式的选择不仅要考虑学生方面的因素，教师的水平与数量也是需要考虑的重要因素。

4. 根据教学目标选择教学组织形式

教学目标不同，教学组织形式也相应不同。例如，若想要学生在短时间内掌握系统、科学的知识体系，形成基本的技能，并培养学生的集体意识，就应选择以班级为单位的集体教学；若想培养学生的自主学习能力，促进其个性发展，则应选择个别化的教学组织形式。

二、教学过程中的偶发事件及处理

每位教师，在自己的课堂教学过程中，都会或多或少地遇到一些偶发事件。在信息技术课堂教学中，由于教学媒体容易出现问题，如设备死机、不能上网等，所以就更容易发生偶发事件。这就要求教师要具备一定的预见能力和应变能力。能否处理好教学中的偶发事件，这关系到教师的教学艺术、师德师风、人格魅力等，也关系到学生的学习效果和心灵震撼程度。一名合格的教育工作者，不仅要会教书，还要会育人；作为一名合格的教师，要想处理好教学偶发事件，保证教与学始终在师生的最佳情绪与最佳状态中进行，达到教学效果的高境界，就必须充分地利用和发挥好自己的教育机智，运用一定的策略应对这些偶发事件。

（一）课堂偶发事件的类型

根据课堂偶发事件的特点，我们可以将其分为三类：来自外部环境的课堂偶发事件，来自学生的课堂偶发事件和来自教师的课堂偶发事件。

1. 来自外部环境的课堂偶发事件（外扰型）

课堂教学不是封闭的，它与外部环境有着千丝万缕的联系。因此，课堂教学不可能完全隔断外部环境的干扰。比如，教室内正在上课，忽然室外一辆汽车奔驰而过或者一只小鸟突然飞进教室等。

2. 来自学生的课堂偶发事件

来自学生的课堂偶发事件又可以具体分为三种类型：分心型课堂偶发事件、纠纷型课堂偶发事件和恶作剧型课堂偶发事件。

(1) 分心型课堂偶发事件。

分心型课堂偶发事件主要是指由于一些学生不注意听讲或者教师讲的时间过长，导致学生听得倦怠了或者由于学生自制能力差，出现在课堂上睡觉、做小动作等情况。这时教师若对他们进行提问，学生往往会答不上来或答非所问，这必然会引起哄堂大笑。

(2) 纠纷型课堂偶发事件。

课堂教学中常常会出现这样的情形：教师正在认真上课，同学们也在专心听讲，突然同座位或相邻座位的两个学生大声争执起来，甚至大打出手。这就属于纠纷型课堂偶发事件。

(3) 恶作剧型课堂偶发事件。

有的学生对教师的一些做法不满，会在课堂上伺机发难；有的学生爱出风头，故意为难教师，扰乱课堂秩序；也有个别学生的品质极差，故意在课堂上捣乱。由上述情况导致的课堂偶发事件就是恶作剧型课堂偶发事件。

3. 来自教师的课堂偶发事件

来自教师的课堂偶发事件又可以具体分为两种类型：失误型课堂偶发事件和困扰型课堂偶发事件。

(1) 失误型课堂偶发事件。

课堂教学中，教师难免会出现讲解错误、板书错误或实验操作失误等，教师的这些失误难免会引起课堂的骚动，这时就会出现失误型课堂偶发事件。

(2) 困扰型课堂偶发事件。

课堂教学中常常会出现这样的情形，有的教师普通话不够标准、表达能力不强，有的教师对某些教学内容准备不充分，导致讲解不清楚，学生听不明白，于是学生互相观望或小声议论。这些都属于困扰型课堂偶发事件。

（二）课堂偶发事件的处理

处理课堂偶发事件，常用的方法有借题发挥法、将错就错法、因势利导法和停顿休整法。

1. 借题发挥法

借题发挥法指教师把课堂教学中的偶发事件巧妙地融进自己的教学中，利用课堂教学中出现的意外情况，借题发挥，既解决了偶发事件可能给课堂教学带来的困扰，又借助偶发事件增强了课堂教学效果。

2. 将错就错法

在教学过程中，教师也难免会犯错。但错误已经犯下，不妨采用将错就错法，如教师可引导学生对比正确与错误的做法，以加深学生的理解。

3. 因势利导法

“势”，是指事情发展所表现出来的趋向。处理偶发事件时，教师要注意发现和挖掘事件本身的积极意义。当课堂中有偶发事件出现，并已经激起了学生的好奇心，吸引了学生的注意力时，教师想要学生回到原定教学内容是很困难的。此时，教师可以转而发掘事件中的积极因素，顺应学生的好奇心，满足学生的求知欲，因势利导地开展教育或教学活动。

4. 停顿休整法

当学生精神疲劳，无法集中精力学习时，教师可暂时停下来，让学生闭目养神休息几分钟，或做做小游戏或讲个幽默风趣的小故事，给学生放松的时间，等学生的注意力集中时，再继续讲课，这样效率会大大提高。

三、课堂教学调控

课堂教学调控指的是在教学过程中，教师为更好地完成教学目标，依据学生在教学中所提供的反馈，有意识、有目的地调节和控制教学活动。很多教师把课堂教学调控等同于纪律控制，这是对课堂教学调控的误解。课堂教学调控应是一项多元组合的教学保障策略，主要包括教学目标调控、教学内容调控和教学方法调控三个方面。

（一）教学目标调控

1. 促进三维目标的实现

新课程强调三维目标的有机统一，只有实现三维目标融合的教学才能促进学生的和谐发展。当然，这并不意味着任何教学内容的三维目标对学生的发展都是等值的，所以，教师要根据具体情况灵活地整合三维目标。知识与技能维度的目标让学生“学会”，过程与方法维度的教学目标让学生“会学”，情感、态度与价值观维度的目标让学生“想学”。学习者在积极反思、大胆批判和实践运用的过程中，才能实现知识与技能的目标；通过对学科知识技能的反思、批判与运用，才能提升其情感态度和价值观；以积极的情感、态度和动力去学习，以知识和技能目标为适用对象，才能体现过程与方法本身存在的价值。

2. 协调基础性目标与发展性目标的关系

基础性目标应该是学生在每个阶段或者每节课要掌握的一些知识性内容。发展性目标是针对学生所应具备的基本素养或能力而提出的，它需要经过较长时间的课堂教学才能实现。教师在具体教学过程中要处理好基础性目标和发展性目标的关系，根据具体的课堂教学内容，确定发展性目标实施的可能性，并可有选择地组织学生对一些教学内容进行探究活动。

3. 在达到课程目标基本要求的基础上设立多级目标

教师应该让全体学生在三维目标上获得全面的发展，达到课程标准的基本要求。同时，也要根据学生具体的信息技术水平、能力上的差异、地区差异等设立多级教学目标。对于层次较低的学生，可适当降低目标，多鼓励、多帮助，并可提供有针对性的个别指导；对于水平较高的学生，可以提出更高的要求，少限制、多支持，鼓励其更上一层楼。

（二）教学内容调控

传统的课堂教学追求教学结果与教学目标的高度一致，教学过程必须严格按照预先设定的程序进行。教学过程就是追求预设的教学目标的实现过程。然而，课堂动态生成资源观强调，教学不是教师教学生学、教师传授学生接受的过程，而是教与学交往、互动的过程，师生双方相互交流、相互沟通、相互启发、相互补充，在这个过程中教师与学生分享彼此的思考、经验和知识，交流彼此的情感、体验与观念，丰富教学内容，求得新的发现，教学是一个发展的、增值的、生成的过程。

因此，课堂教学内容需要适时进行调控。教师通常会提前做一些课程备课，并预计学生的反应。但随着教学的进行，学生的知识水平不断改变，接受程度也不尽相同。例如，教师预计是难点的知识，学生接受效果良好、预计较容易的知识，个别学生却没能跟上。因此，教师需要根据学生的课堂反映对教学内容讲解的时间等因素进行调整。

此外，课堂的生成是动态的，很有可能出现预设以外的情况，这时教师不必严格按照预设程序进行，要根据出现的问题及时对课堂教学内容进行调控。

（三）教学方法调控

1. 教师角色的转换

传统教学片面强调教师的教，形成了以教师为本位的教学关系。如今，要将整个过程中教师的角色进行转换，课堂不再以教师为主体，而是以学生为主体。教师的作用不断转化，教师发挥的不仅仅是"教"的作用，还发挥着引导者、辅助者、答疑者等作用。

2. 选择教学方法要有针对性

教师运用的教学方法要针对学生的准备状态、教学内容的特点、集体的教学目标、教学方法的适用范围、已有的软硬件条件和教师自身的素养条件等，教师要综合权衡，选择和使用合适的教学方法，不能凭借个人好恶或因循守旧，盲目地选择和使用教学方法。

3. 教学方法应灵活多样

教师要根据教学过程中的各种条件变化灵活选用教学方法，并可选择和使用多样化的教学方法，以丰富教学过程，实现教学效果最大化。

第三节　信息技术教学实施的综合应用

一、信息技术课堂教学

（一）信息技术课堂教学的基本环节

信息技术课堂教学的方式多种多样，图 11.1 所示是信息技术课堂教学的基本环节。

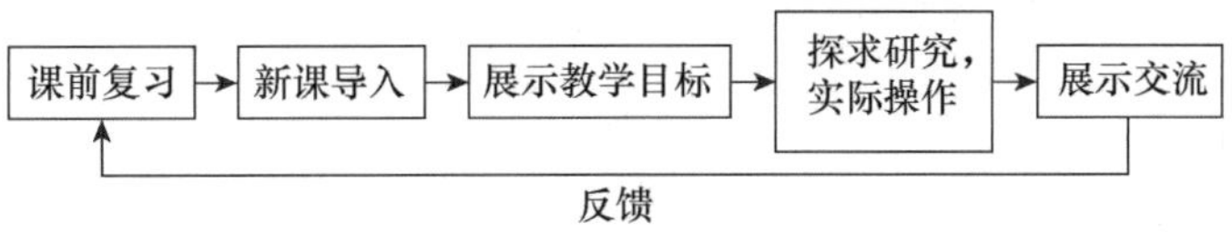

图 11.1　信息技术课堂教学的基本环节

不同教学方式的教学环节也不尽相同，但基本环节基本为以下几点。一般情况下，在每节课的开始，会进行课前复习，复习巩固上一次课堂所学习的内容。然后通过问题导入法、情境导入法等方法导入新课，其目的在于激发学生的学习兴趣，导入本节课的学习内容。接着进行教学目标的展示，此环节是为了让学生了解本次教学的目的，也可以使学生对于接下来的学习有更加清晰的认识。接下来学生针对教师提出的任务进行探索研究，在实际操作中学会信息技术的应用。最后进行展示交流，学生在互动中提高自我能力。

（二）信息技术课堂教学的技能

一般来说，课堂教学技能主要包括导入技能、归纳总结技能、说明技能、提问技能、强化技能、变化技能等。

1. 导入技能

导入是教师在教学内容的开始处引导学生进入学习状态的方式。巧妙地运用导入技能可以激发学生的学习兴趣和求知欲望，从而产生一种有利于学生学习的教学情境，促进课堂教学达到预设的效果。

2. 归纳总结技能

归纳总结是在完成一部分或一个教学内容后，教师引导或组织带领学生对所学的知识进行梳理，找出脉络和规律性的东西，并进行引申的一种活动。归纳总结一般有以下几种形式。

(1) 对知识的结构与主线进行梳理，强化重难点，明确关键问题，常用的方法有图示、列表等。

(2) 将新学的知识与原有知识进行比较，找出异同点，如本质特征、内在联系，以便学生能更深入地理解知识；也可以系统地总结所学知识，使学生将前后知识串联起来，促进知识系统化的形成。

(3) 开展与教学内容相关的小组或班级活动，如竞赛、讨论等，通过活动应用对知识进行归纳和总结。

(4) 通过练习(如提问或测验)，使学生用口头或笔答等形式对所学内容进行巩固。

(5) 引导学生将所学内容与其他学科或生活相联系，拓宽学生的视野，激发学生的研究兴趣。

3. 说明技能

说明是通过对知识的分析，揭示事物的构成要素和发展过程，使学生把握事物的内在联系和规律的一种活动。常用的说明方式一般有以下三种。

(1) 事实性说明。

教学中有许多重要的事实需要学生了解和理解，对这些事实进行的说明称为事实性说明。事实性说明又可具体分为叙述性说明和描绘性说明。

① 叙述性说明主要是有条理地向学生叙述科学的原理和事实，如计算机的硬件结构、工作原理及网络设备的功能等，这些都需要教师进行系统的叙述性说明。

② 描绘性说明是在叙述性说明的基础上增加许多修饰的成分，增强语言的感染力，唤起学生的情感和想象，使他们更好地感知教材内容。这种说明语言丰富且带有感情色彩，语调、语速常随着内容的变化而变化，能紧扣学生心弦。

(2) 论证性说明。

信息技术学科在讲授基本原理时常需要采用论证性说明，比如在讲算法分析、程序设计的过程中，就离不开论证性说明。教师在使用这种方法时，应该处处设疑、步步深入，不仅教给学生知识，而且要指示认识事物的途径；语言的逻辑性要强，应能充分说明各种事物、现象和结论之间的关系；结论要简明扼要、准确，具有高度概括性。

(3) 启发性说明。

教师通过使用启发性的语言，引导学生对已有知识或生活经验进行回忆，提供启发性的材料来帮助学生理解各种事实和现象的说明称为启发性说明。启发性说明要求教师的语言通俗易懂，不失科学性，形象直观，比喻恰当。

4. 提问技能

提问技能是教师以提出问题的形式，通过师生的相互作用检查学习、促进思维，帮助学生巩固知识、运用知识，促进学生学习的一种技能。提问技能一般有以下几种类型。

(1) 回忆提问。

回忆提问一般用于开始上课时教师带领学生回忆上一次课程内容或即将论证某一问题的时候。回忆提问有两种类型：一是教师描述某个知识点，让学生回答是否；二是教师要求学生自己描述已经学过的知识点。

回忆提问大多考查的是学生对知识的记忆情况，没有让学生表达自己想法的计划。所以，回忆提问一定程度上限制了学生思维的发展，不宜过多采用。

(2) 理解提问。

理解提问一般用在教师对某个概念、原理讲解之后或课程结束的时候，用于检查学生对所学知识的掌握情况。理解提问有助于深化学生对知识的理解，发展学生的思维能力。

(3) 运用提问。

运用提问是指教师为学生创设一个问题情境，根据情境向学生提问，要求他们运用刚刚学习的知识和已经掌握的知识解决问题。在运用提问中，教师应注意及时给予提示或引导。

(4) 分析提问。

分析提问指教师让学生自己识别条件与原因，找出之间的关系，并根据自己的想法找到能够解释或鉴别的根据。分析提问包括三种类型：要素分析提问、关系分析提问和组织原理分析提问。

(5) 综合提问。

综合提问的作用是激发学生的想象力和创造力。它主要包括两种类型：一是要求学生通过对已有材料的分析进行综合概括，进而得出结论，可称为分析综合；二是要求学生根据已有的事实进行推理，想象其可能的结论，可称为推理想象。综合提问适用于笔答作业或者课堂讨论。

(6) 评价提问。

评价提问要求学生对相关事物进行价值判断。在进行这种提问前，教师应先引导学生建立正确的思想观念，也可以提出评价的标准。可用于评价提问的内容一般有：软件的性能、方法的优劣、作品制作效果等。

5. 强化技能

在美国心理学家斯金纳的强化理论中，强化是行为发生变化的主要因素，对强化的控制就是对行为的控制。教师可以通过一些强化技能促进和帮助学生的某一行为发生变化，朝更好的方向发展。

强化一般包括以下几种类型。

(1) 语言强化。

语言强化指当学生出现了所期望的行为后，教师及时给予学生口头表扬、书面表扬或者鼓励等，以加强学生对这些行为的印象，将来出现更多的这类行为。

(2) 符号强化。

符号强化指教师运用一些比较醒目的符号强化学生的学习活动的行为，如作业上红色的对钩、星星、笑脸或 PPT 中用彩色或特殊符号标记的内容等。

(3) 动作强化。

动作强化指教师用肢体语言(包括动作或表情)强化学生的学习的行为，如点头、鼓掌、微笑、竖大拇指等。

(4) 活动强化。

活动强化把活动本身当作学习的强化物，即教师常常把容易引起学生兴趣的活动放在难度较大的学习活动之后的行为。例如，在课堂上积极回答问题的学生可以参加课外小组活动；这次实验做得好的学生可以参加附加实验等。

教师在运用强化技能时，应注意明确目的，做到恰如其分，还要注意强化方式的多样化和灵活性，要根据教学对象的特点进行有效的强化，这样才能达到较好的效果。

6. 变化技能

变化技能是教师运用不同的方式引起学生注意，引导学生学习，促进知识传递和情感交流的一种教学技能。变化技能可以为课堂教学方法带来变化并赋予教学多样性。变化技能包括教师教态的变化、教学媒体的变化以及师生间相互作用的变化等。

（1）教师教态的变化。

教师教态的变化一般包括教师的身体动作、言语表达和面部表情等方面的变化。

① 身体动作变化。

身体动作的变化主要是指教师在教室里身体位置的移动和身体局部动作的变化。

身体位置的移动是指教师在讲课时位置的变化。教师应注意不要总是站在讲台或黑板的前面，应该适当地走动，以便于观察和组织学生的学习，及时为学生提供指导。此外，这也有利于师生情感的交流。

身体局部动作变化是指除去教师全身的动作外，教师的手、头部动作等的变化。身体局部动作变化也是教师在教学过程中传达思想或辅助语言教学的一种方式。教师可以以手势助说话，手势的运用可以吸引学生的注意力，帮助学生把注意力迅速地集中到教学重点上；还可以进行模仿，表示物体的形状、大小及动作行为等信息。同样，教师也可以借助头部的动作向学生传递信息，如通过点头或摇头传递肯定或否定的态度等。

② 言语表达的变化。

言语表达的变化指教师讲课时语言（如语速、语调、音量、停顿等）的变化，语言的变化不仅可以使课堂更加生动，还可以适时、方便地强调重点，提醒学生集中注意力听课等。

③ 面部表情的变化。

面部表情对于人与人之间的情感交流非常重要。教师不同的表情会传递给学生不同的信息，学生会感受到教师的情绪以及对于学生的态度，进而做出强化、保持或调整等行为。

（2）教学媒体的变化。

在实际的教学中，学生容易在长时间使用同一种教学媒体时产生疲惫，注意力随之下降。因此，在教学过程中，教师要注意综合运用多种教学媒体，调动学生不同的感觉器官，全面有效地向学生传递教学信息。

（3）师生间相互作用的变化。

教学活动是在师生的相互作用之中开展的。在教学过程中，教师应该积极地变换师生互动方式，使师生互动方式尽可能多样化。

师生间相互作用的变化主要体现在两个方面：第一是师生之间的交流方式的变化，这关系到师生之间、生生之间、学生与教学内容之间的相互作用；第二是教学组织形式的变化，教师应结合教学内容，合理安排个别学习、集体学习和小组学习形式之间的变化，以激发学生的学习兴趣，排除消极影响。

二、信息技术实践教学

（一）信息技术实践教学的作用

首先，信息技术实践教学是信息技术理论到应用的桥梁。在课堂上，学生首先习得信息技术理论，通过上机实践，学生可以形成直观、具体的感性材料和例证，从而克服认知困难，提高动手实践能力。

其次，信息技术实践教学是培养学生基本技能和信息素养的重要手段。基本技能的形成离不开实践。在实践过程中，学生通过观察、思维、实践操作等活动，观察能力、思维能力、实践操作能力都会进一步得到发展。

最后，信息技术实践教学能够引起学生学习信息技术的浓厚兴趣。强大的多媒体功能，使得信息技术实践非常真实、形象、生动，从而能更好地激发学生学习信息技术的浓厚兴趣。

（二）信息技术实践教学的原则

信息技术实践教学主要应遵循以下几个原则。

1. 明确课程教学目标

信息技术学科教学的总目标是培养学生的信息素养，实践是培养学生信息素养的有效途径。其一，培养学生重视实践学习的态度，让学生在实践中获取学习的乐趣；其二，培养学生积极主动的学习习惯，全面调动学生的内在学习动机，使之转变为学习行动；其三，培养情感，唤起学生对信息技术价值特性的主观反映，包括评价、爱好和情绪反应等。

2. 以学生为实践主体

信息技术课程的学习方式与计算机课程的学习方式有所不同，信息技术课程更注重培养学生自主学习、探究学习和合作学习的习惯，培养学生主动发现问题、乐于探索未知事物、大胆解决问题的精神。主体性教育认为，学生是教育活动的主体，只有通过学生积极思考、独立活动，才能把人类认识世界的成果，转化为学生的知识财富和能力。只有通过实践活动，在操作实践中发现问题、研究问题，才能激发学生对学习的兴趣和积极性，从而培养学生的创造、创新能力。教师要切实确立学生主体的意识，发挥学生的主体性，逐步培养学生的实践能力和创新意识。

3. 注重培养学生的创新意识和创新能力

实践是创新之源泉，创新是实践之结果，只有经过自己亲身实践的知识，才是活的、有用的知识。实践活动是一种具有现实问题性、实践探索性和综合应用性的活动，对于改变我国学生强于基础弱于应用、强于答卷弱于动手、强于考试弱于创新的现实状况，培养学生的创新意识和实践能力，具有重要的现实意义。

4. 注重与其他学科的整合

信息技术课程的目的之一就是培养学生获取信息、处理信息的能力，而相应的信息应是与中小学生各科的学习内容相关的知识，这就产生了信息技术课程如何与其他学科课程整合的问题。课程整合是指将不同课程的素材和能力整合在一起，使学习的目标处于一个具体的、现实的情况，要求用到多种知识和能力。现代教育引入了以计算机为主的信息技术教学手段，提出了以多媒体方式组织教学信息的思想，这就为信息技术课程与其他学科课程的整合提供了理论基础和技术手段。

三、信息技术教学资源的整合运用

（一）教学资源整合运用的原则

教学资源的整合运用一般应遵循以下原则。

1. 要增强教学资源的针对性

教学资源的运用一定要符合课程标准要求完成的教学任务，多余的资源只会加重学生的学习负担。教学资源一定要能够有效促进教学目标的实现，与实现教学目标无关的资源不予考虑。要整合教学资源与学生情况的关系，要难易得当、多少合适，与学生的水平相得益彰，脱离了学生实际的资源运用是盲目的、无效的。

2. 要增强教学资源的关联性

要把参差不齐、分散无序的各种资源分类、梳理，进行系统分析，找出规律，再与教学设计进行关联，优化组合，才能发挥出教学资源的最大功能。

3. 要注意教学资源的典型性

我们不可能把所有的教学资源都用于教学中。由于教学实践的有限性和不同资源在说明同一问题力度上的差异性，因此，整合出的教学资源应具有典型性。

（二）教学资源整合的内容

教学资源的整合运用一般包括以下几个方面的内容。

1. 教材内部资源的整合运用

教材是教学的基本要素，是首先要运用的最重要、最基础的教学资源。对教材的整合运用主要体现在两个方面：其一，要不断地把教材之前讲解过的概念、观点和原理加以整合，运用到教材后续的教学过程中。其二，把教材中的实例、插图、下载的素材资料等加以整合，运用到教材其他能够说明问题的地方去。

2. 学科内部资源的整合运用

《中小学信息技术课程指导纲要（试行）》提出初中信息技术课程有七个模块。整合运用学科内部资源指的就是将七个模块视为一个有机整体，不断地将已学习的部分整合到要学习的部分中。

3. 跨学科资源整合运用

学科与学科之间是有关联的。跨学科资源的整合运用可以开阔学生的视野，使学生对知识的理解更系统、更深刻，同时也可以提高学生的综合素质。

4. 教师资源的整合运用

教师资源的整合运用是指将各科教师的经验、教训进行总结，加以整合、提炼并进行借鉴与学习，从而使教师在教学中扬长避短，提高课堂教学效率。此外，同科组的教师共同备课、分工合作、交流沟通、资源共享也是教师资源整合的重要形式。

5. 校际资源的整合运用

校际资源的整合运用主要是指把各兄弟学校教师的经验与教训、学生中蕴藏的资源、图书资料、硬件设施等借鉴拿来，为我所用。这种资源共享方式可大大提高资源的利用效率，帮助各校实现更好的教学效果。

6. 教材内外资源的整合运用

教材承载的信息毕竟是有限的，所以，需要将教材内外资源进行整合，主要是根据教材内容的需要，把教材以外的馆藏资料、课外读物、网上信息等加以收集整理，以形成对教材资源的有效补充，从而达到更好的教学效果。

（三）教学资源整合运用的方法

1. 利用替换思想，提高教学的适应性

(1) 加减：即添加与删减。

添加是指补充更多的材料，其基本方法有两种——延伸和拓展。所谓延伸，是指提供更多同类型的材料，因此它主要是量的变化。拓展则是指增加不同的材料，重在挖掘对学生有价值的学习内容，因此它主要是质的变化。同样道理，删减也包括材料数量和质量的缩减。在质量上对教学资源进行增减时，还应对教学方法进行调整，即调整教学要求。

(2) 修改：即详写与简写。

可以将教学活动与学生自身的背景和兴趣联系起来，引入贴近学生实际的真实的语言，可以设计更多解决问题的任务，也可以将远离学生生活实际的学习内容进行适当的简化。

2. 利用重组思想，提高教学的逻辑性。

可以根据教学的需要将教学资源（特别是教材）中的各部分内容进行重新排序，如调整章节内知识呈现的先后顺序或重新安排章节的教学顺序。

本章知识结构

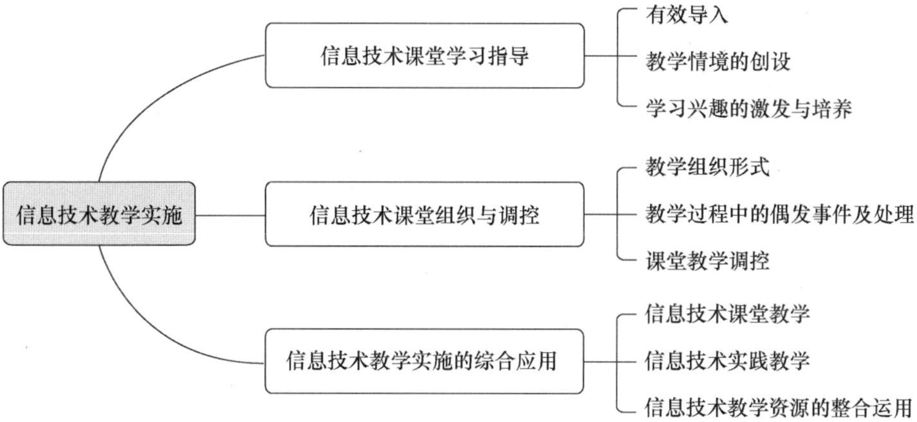

本章小结

（一）本章重难点

本章的重点是教学组织形式、信息技术课堂教学调控。本章的难点是课堂偶发事件及处理、信息技术教学实施的综合应用，尤其是一些非常灵活的题目，需要考生在运用理论的情况下，根据实际情况，巧妙地解决课堂调控问题。

（二）学习时要注意的问题

本章的知识内容较多，但是难度并不大，教学知识、教学理论、教学方法较多，需要考生在复习的时候多一些耐心，将知识结构理顺，理解清楚每个知识点，要达到对知识点灵活运用的程度。

备考指南

信息技术教学实施这一章由信息技术课堂学习指导、信息技术课堂组织与调控和信息技术教学实施的综合应用三部分组成。考试时这部分内容的分值约占试卷总分的21%。考试题型多为简答题、教学设计题和案例分析题。备考本章内容时，考生主要应做到：能依据信息技术教学需要，恰当选用相关的教学资源；能够创设教学情境，有效地将学生引入学习活动；能够运用信息技术教学策略，有效地组织教学活动；能够根据学生的学习反馈，优化教学环节；能够恰当地处理信息技术教学中的偶发事件。

自测训练

一、简答题

1. 请简述信息技术实践教学的作用。
2. 请简述信息技术实践教学的原则。
3. 应对信息技术教学中偶发事件的方法主要有哪些？

参考答案及解析

一、简答题

1.【参考答案】

首先，信息技术实践教学是信息技术理论到应用的桥梁。其次，信息技术实践教学是培养学生基本技能和信息素养的重要手段。最后，信息技术实践教学能够引起学生学习信息技术的浓厚兴趣。

2.【参考答案】

信息技术实践教学主要应遵循以下几个原则：

（1）明确课程教学目标；

（2）以学生为实践主体；

（3）注重培养学生的创新意识和创新能力；

（4）注重与其他学科的整合。

3.【参考答案】

处理课堂偶发事件，常用的方法有借题发挥法、将错就错法、因势利导法和停顿休整法。

（1）借题发挥法。

借题发挥法指教师把课堂教学中的偶发事件巧妙地融进自己的教学中，利用课堂教学中出现的意外情况，借题发挥，既解决了偶发事件可能给课堂教学带来的困扰，又借助偶发事件增强了课堂教学效果。

（2）将错就错法。

在教学过程中，教师也难免会犯错。但错误已经犯下，不妨采用将错就错法，如教师可引导学生对比正确与错误的做法，以加深学生的理解。

（3）因势利导法。

“势”，是指事情发展所表现出来的趋向。处理偶发事件时，教师要注意发现和挖掘事件本身的积极意义。当课堂中有偶发事件出现，并已经激起了学生的好奇心，吸引了学生的注意力时，教师想要学生回到原定教学内容是很困难的。此时，教师可以转而发掘事件中的积极因素，顺应学生的好奇心，满足学生的求知欲，因势利导地开展教育或教学活动。

（4）停顿休整法。

当学生精神疲劳，无法集中精力学习时，教师可暂时停下来，让学生闭目养神休息几分钟，或做做小游戏或讲个幽默风趣的小故事，给学生放松的时间，等学生的注意力集中时，再继续讲课，这样效率会大大提高。

第十二章　信息技术教学评价

考纲内容

本章内容属于信息技术教学评价内容，在考纲中要求如下：

1. 信息技术学习评价

（1）了解信息技术教学评价的知识和方法，具有科学的评价观，能够对学生的学习活动进行有效评价，促进学生的全面发展。

（2）能够结合学生自我评价、学生相互评价、教师评价，帮助学生了解自身信息技术学习的状况，调整学习策略和方法。

2. 信息技术教学评价

（1）能够依据《中小学信息技术课程指导纲要（试行）》倡导的评价理念，发挥教学评价的诊断、反馈、激励等功能。

（2）了解教学反思的基本方法和策略，能够针对教学中存在的问题进行反思和评价，提出改进的思路。

考纲解读

学习本章内容时，考生主要应做到：掌握教学评价的基本知识与方法，并能将其恰当地运用于信息技术学科教学之中；积极倡导评价目标的多元化和评价方式的多样化，发挥教学评价促进学生发展的功能；能够通过教学反思改进教学。

第一节　教学评价的概念与类型

一、教学评价的概念

一般认为，教学评价是根据教学目标的要求，按照一定的规则对教学效果做出描述和评定的活动，也可以简单地理解为确定教学和学习是否合格的过程。它是教学各环节中必不可少的一环，也是教学设计中极为重要的一个组成部分，其目的是检查和促进教与学。这说明教学效果是教学评价的对象，而教学目标则是制定评价标准的主要依据，评价者按照这个标准来判断教学的价值大小。[①]

二、教学评价的类型

根据不同的标准，教学评价可分为不同的类型。常见的教学评价分类标准及其具体分类有以下几种。

（一）依据评价作用进行分类

依据在教学活动中发挥的作用，教学评价可分为三种类型：诊断性评价、形成性评价和总结性评价。

1. 诊断性评价

诊断性评价一般被运用于教学活动开始前，用于鉴定评价对象的学习准备程度，并据此采取相应措施，以使教学计划顺利、有效进行，是一种测定性评价。

2. 形成性评价

形成性评价一般在教学过程中实施，用于调整和完善教学活动，确保实现教学目标，是一种对计划、方案的执行情况和结果进行监控的评价。其目的主要在于改善教学过程。形成性评价侧重在过程中进行指导，揭示学习中存在的问题，并提出相应的调整措施。它是教学的重要组成部分和推动因素。

3. 总结性评价

总结性评价通常在学期中或学期末实施，指的是在预先设定的教学目标的基础上，对评价对象完成目标的情况（教学效果）做出评价。它侧重考查学生在整体上对某门学科的掌握程度，具有概括水平高、测试范围大等特点。

（二）依据评价基准进行分类

依据评价基准，教学评价可分为相对评价和绝对评价。

1. 相对评价

相对评价是以被评价对象中的某个或若干个个体为基准，将基准与其他评价对象一一比较，从而确定其他评价对象在集合中的相对位置的一种评价方式。相对评价通常用来了解学生的总体表现和学生之间的差异，也可比较不同群体间学习成绩的优劣。相对评价的不足是基准会根据群体的不同而产生变化，从而造成评价标准与教学目标偏离，不能全面地呈现教学上的优点和不足，也就不能为改善教学提出依据。

2. 绝对评价

绝对评价是在被评价对象的集合之外确定一个被称为客观标准的标准，在评价时，用客观标准与评价对象一一比较，从而判断评价对象的优劣。在实际教学中，评价标准是根据教学大纲来确定的评判细则。人们通常将绝对评价中进行的测验称为标准参照测验。绝对评价的优点是，它的标准比较客观，在准确的评价下，评价对象能够明确自己与客观标准的差距，以达到激励评价对象的目的。绝对评价的缺点是客观标准难以做到完全客观，它容易受评价者的原有经验和主观意愿的影响。

（三）依据评价目的进行分类

依据评价目的，教学评价可分为激励性评价、甄别性评价和发展性评价。

---

① 张剑平.现代教育技术——理论与应用[M].北京：高等教育出版社，2003：246.

1. 激励性评价

为激励学生学习进步而进行的评价统称为激励性评价。激励性评价的评价对象是学生。它的基本目的是激发学生建立或进一步强化学习欲望，增强学习斗志。激励性评价不仅重视学生的学习情况，也重视学生的其他各个方面，如学习方法、学习态度、学习意志、学习自觉性、参与教学的勇气与积极性、表达的勇气与水平等。激励性评价需要关注全体学生，更需要关注"学习困难"的学生。

2. 甄别性评价

甄别性评价属于终结性评价。它的主要目的是鉴别或选拔。甄别性评价一般是通过考试完成的。甄别性评价往往是综合性的，既是对学生学习的评价，又是对教师教学结果的评价；既是对学生学习结果的评价，又是对学生学习能力的评价。甄别性评价的评价结果是对评价对象进行等级区分。

3. 发展性评价

发展性评价是一种以学生为主体，以促进学生的发展为目的的教学评价。发展性评价主要具有以下几个特征。

(1) 发展性评价强调发展的连续性，重视对学生过去学习状况的考查，以期促进学生未来的发展。

(2) 发展性评价注重学生的个体价值，提倡教师与学生共同协商，确定评价目标。

(3) 发展性评价关注个体差异，重视学生学习的过程，强调对学生多方面能力的评价。

(4) 发展性评价的根本目的是促进学生达到教学目标，而不是检查和评比，注重学生本人在评价中的作用。

（四）依据评价表述方式进行分类

依据表述方式，教学评价可分为定性评价和定量评价。

1. 定性评价

定性评价是对评价资料做"质"的分析，采用分析与综合、比较与分类、归纳与演绎等逻辑分析的方法对评价所获得的数据、资料进行思维加工。定性评价可以将分析的结果分为两种：第一种是描述性材料，数量化水平值较低，甚至没有一点数量概念；第二种以描述性为主，但包含数量化的材料。

2. 定量评价

定量评价是对评价资料做"量"的分析，采用统计分析、多元分析等数学分析方法，从复杂的评价数据中得出规律性的结论。

定性评价和定量评价是息息相关的，它们互相补充、相得益彰。在实际应用中不能单方面重视定性评价而弱化定量评价，反之亦然。

第二节　教学评价的功能和信息技术教学评价的原则

一、教学评价的功能

教学评价主要具有诊断、激励、反馈、教学和导向五方面的功能。

（一）诊断功能

教学评价如同体格检查，是对教学现状进行的严谨的科学诊断。教学评价是对教学结果及其成因的分析过程，人们借此可以了解教学各方面的情况，从而判断它的成效和缺陷、矛盾和问题。全面的教学评价工作不仅能估计学生的成绩在多大程度上实现了教学目标，而且能解释成绩不良的原因。例如，学校、家庭、社会和个人中哪方面的因素是主要的；就学生个人来说，主要是由于智力因素，还是由于学习动机等其他非智力因素导致成绩不良，抑或是两者兼而有之。

（二）激励功能

教学评价对教学过程有监督和控制作用，对教师和学生则是一种促进和强化。教学评价能反映出教师的教学效果和学生的学习成绩。经验和研究都表明，在一定限度内，经常进行记录成绩的测验对学生的学习动机具有很大的激发作用，这是因为较高的评价能给教师、学生以心理上的满足和精神上的鼓舞，可激发他们向更高目标努力的积极性；即使评价较低，也能催人深思，激起师生奋进的情绪，起到推动和督促作用。

（三）反馈功能

教学评价的结果必然是一种反馈信息，这种信息可以使教师及时知道自己的教学情况，也可以使学生得到学习成功或失败的体验，从而为师生调整教与学的行为提供客观依据。教师据此修订教学计划、改进教学方法、完善教学指导；学生据此变更学习策略、改进学习方法、增强学习的自觉性。教学评价可以使教学过程成为一个随时得到反馈调节的可控系统，使教学效果越来越接近预期的目标。

（四）教学功能

教学评价本身也是一种教学活动。在这种活动中，学生的知识、技能将获得长进，甚至产生飞跃。如测验就是一种重要的学习经验，它要求学生事先对教材进行复习，巩固和整合已学到的知识技能，事后对试题进行分析，又可以确认、澄清和纠正一些观念。另外，教师可以在估计学生水平的前提下，将有关学习内容用测试题的形式呈现，使题目包含某些有意义的启示，让学生自己探索、领悟，获得学习经验或达到更高的教学目标。

真题测试
12.1

（五）导向功能

教学是有目的、有计划的活动，而教学评价是检测教学目标的实现成效，并做出相应价值判断以求改进的一种工作过程。从某种意义上说，教学评价也体现着“指挥棒”作用。通过持续的教学评价，可使教学活动朝着特定的教学目标迈进。

二、信息技术教学评价的原则

信息技术教学评价应遵循以下原则。

（一）强调评价对教学的激励、诊断和促进作用，弱化评价的选拔与甄别功能

在信息技术教学过程中，应通过灵活多样的评价方式激励和引导学生学习，促进学生信息素养的全面发展。不能将评价单纯作为测量学生学习情况或者给学生排名的工具，切忌将评价作为惩罚学生的手段；应在教学设计阶段，就对教学评价进行系统的规划和准备，全面提高评价的规划、评价方式的选择和准备、施测、计分或等级评定、结果解释和呈现等各个环节的规范性、科学性，利用高质量的评价激发学生的学习动机，引导学生的学习活动指向预期教学目标。评价结果的呈现要尽量避免给学生贴标签或排名次，弱化评价对学生的选拔与甄别功能，减轻评价对学生造成的压力。教师在了解学生的学习和发展状况的同时，也要利用评价结果反思和改善自己的教学过程，发挥评价与教学的相互促进作用。

（二）发挥教师在评价中的主导作用，创造条件实现评价主体的多元化

教师应注意发挥在信息技术教学评价中的主导作用，同时充分利用学生的评价能力，在教学过程中引导学生通过自我反思和自我评价了解自己的优势与不足，以评价促进学习；组织学生开展互评，引导学生在互评中相互学习、相互促进、共同提高；组织学生参与评价标准的制定，并针对测验题目、学生的作答情况等方面展开班级讨论，共同探讨与评价有关的教学和学习问题，提高学生利用评价分析并改进自己学习行为的能力。

（三）评价要关注学生的个别差异，鼓励学生的创造实践

中小学学生学习和应用信息技术的能力水平、学习风格和发展需求等方面的差异很大，学生进行信息技术创造的欲望也更为强烈，信息技术课程的评价要正视这种个别差异，要充分尊重学生的个性和创造性。信息技术课程的评价标准和评价方式的确定和选用，要在保证达到最低教学要求的基础上，允许学生通过不同的方式展示自己。一方面，不同起点学生在已有基础上取得的进步都应该得到认可，使每一个学生都能获得成功的体验；另一方面，要尊重学生在学习和应用信息技术过程中表现出的个性和创造性，对同一信息技术作品的不同设计思路和不同设计风格、对同一问题的不同技术解决方案等，都应给予恰当的认可与鼓励。

第三节 教学评价的组织实施与信息技术教学评价的两个方面

一、教学评价的组织实施

教学评价的组织实施主要应做到以下三点。

（一）选用评价方式时要结合实际情况和具体评价目标，体现针对性和效益性

学校、教师在分析有关评价方法的优劣、选用具体的评价方式时，既要考虑评价方式是否适合具体的教学目标、评价内容、评价主体和客体的具体特点；又要讲究效益，充分考虑各种评价方式对学校的信息基础设施、设备以及对教师、学生的时间和精力等方面的要求。在此基础上，结合班级规模、时间和经费及其他现有条件，选择有针对性、高效益的评价方式。如果采用成本较低、省时、省力的评价方式就能达到相同的评价目的，则无须选用高成本的评价方式。要注意综合运用多种评价方式，相互补充。

（二）合理应用信息技术进行教学评价，提高评价效率

信息技术在编制评价题目、实施和管理评价过程、汇总分析评价结果等方面都具有很大的应用潜力，合理利用信息技术辅助信息技术课程评价，可以提高评价的效率和效果。信息技术教师应发挥自身的技术优势，合理利用信息技术支持评价活动。可借助合适的信息技术搜集、管理评价素材，辅助评价题目的编制和评价标准的制定等；可借助测验管理软件，针对不同学生实施分层次评价或者对评价实施的时间、评价时限等进行控制和管理；可利用电子表格、数据库软件或其他统计软件准确、迅速地统计、分析评价结果或者对测试题目进行难度、区分度等方面的分析；可利用信息技术记录和收集学生学习过程的信息，帮助实现过程性评价。

（三）提高信息技术教师教学评价的专业技能，加强团队合作

应通过各个层面的信息技术教师培养和教师自我发展，使教师在深入理解信息技术课程内容、内容标准和教学方法的基础上，不断反思和提高自己的评价理念，熟悉有关评价方

法，分析这些方法的优点、局限和适用的内容及目标，逐步提高运用有关评价方法的信心和操作技能。有条件的地区和学校可以建立信息技术教学评价的咨询和支持系统，为教师提供有关评价服务和帮助。应鼓励教师之间、学校之间开展信息技术教学评价方面的研讨和经验交流，鼓励教师积极参与评价方案的合作设计，不断提高教师教学评价的水平。学校与家长、社区之间要加强信息技术教学评价方面的沟通，引导家长和社会理解信息技术教学的评价理念和评价方式。同时，应积极争取行政人员对学校和教师评价工作的支持。

二、信息技术教学评价的两个方面

信息技术教学评价主要包括两个方面：一是对学生学习的评价，二是对教师教学的评价。

（一）对学生学习的评价

1. 评价方法

在信息技术教学中，对学生学习的评价方法主要有以下几种。

（1）上机操作考试。

在信息技术教学中，上机操作考试是一种总结性评价。上机操作考试一方面可以用客观题（如单项选择题、多项选择题、判断题等）的形式考查学生理论知识（如计算机的网络拓扑结构、信息技术相关的伦理道德与法律法规等）的掌握情况，另一方面可以用操作题的形式考查学生常用计算机软件的操作使用情况（如 Word 的排版设置、Excel 的公式计算、幻灯片的制作、数据库的查询应用、图像的处理以及 Flash 动画制作等）。教师通过学生上机操作考试的成绩，可以得到学生相关知识学习情况的反馈，进一步了解每个学生存在的问题，以便有针对性地对学生进行个别指导。学生通过上机操作考试，可以检验自己一段时间以来学科知识的掌握情况，发现问题（如哪里操作还不熟练、哪部分知识掌握还不到位等），并及时地进行复习和巩固。

（2）电子作品档案袋评价。

电子作品档案袋评价是依托现代网络技术而对教育教学过程进行真实性评价，关注评价的发展性、反思性功能的一种有效的质性评价方式。在信息技术课程教学中，电子作品档案袋主要用来存放学生平时在信息技术课程中根据所学知识完成的作品，如 Word 制作成的电子作业、PowerPoint 制作的演示文稿、Dreamweaver 制作的网页、Authorware 制作的多媒体报告、Photoshop 处理的图像、VB 设计的小软件等。教师通过电子作品档案袋可以了解学生在课堂教学中的学习情况，发现学生学习的不足之处，在下节课的教学中就可以对本节课中学生学习的不足之处进行补充复习或进行有针对性的指导，以帮助学生更好地掌握所学知识，进而使学生更好地学习后面的内容。

（3）学习平台记录表。

学习平台记录表是一种由网络平台通过数据记录和数据分析生成的对学生学习情况的评价表。该平台可以对学生在平台上的学习过程以及学习情况进行实时记录。记录的内容主要包括学习者登录学习平台的次数、观看视频课程的时间、参与小组讨论的次数、讨论中发表帖子的数量和质量、小组成员的协作情况（如交流的时间、个人贡献等）、学习笔记记录情况、作品完成数量和质量等。然后平台会对这些数据进行整理和分析，并将分析结果以记录表的形式呈现给教师和学生本人。学习平台记录表是一种过程性评价，教师通过学习平台记录表的评价结果，可以了解每个学生的学习情况（如学习时间、学习方式、学习频率，以及知识应用情况、信息处理能力等）。学生通过学习平台记录表的评价结果，可以不断地对自己的学习活动进行反思，及时地进行自我调控和自我完善等。

2. 评价方式

在信息技术教学中,对学生学习的评价一般包括三种方式:学生自评、同学互评和教师对学生的评价。

(1) 学生自评。

学生自评就是学生自己对自己的学习状态、知识理解和掌握情况进行评价。学生自评的评价方式充分体现了信息技术教学评价以学生为主体,尊重学生个体特征的评价理念。学生最了解自己的情况,因此,也最能给出客观、真实的评价。需要注意的是,学生自评一般多用来组织和引导学生分析自己的学习,及时发现问题,进而调整学习状态、查漏补缺等。此外,教师在组织和引导学生进行自评时,应提前制定评价标准,制定评价标准时最好请学生参与。

(2) 同学互评。

同学互评一般多用于小组合作学习。在小组合作学习中,小组成员通过讨论、分工和协作一起完成某项学习任务。每个小组成员都对其他成员的表现(如是否积极参与讨论,是否认真、负责地完成本职工作,协作意识与协作行为如何,为小组做出了哪些贡献等)非常清楚。此外,在小组合作学习中,教师可能会穿插着参与某一个或某几个小组的活动,但不可能了解每个小组的全部活动情况及组内每个成员的具体工作表现。因此,请小组成员为组内其他成员做出评价也是非常有必要和可行的。需要注意的是,制定评价标准时要请学生参与,评价标准同样应在小组活动前就制定好。

(3) 教师对学生的评价。

教师对学生进行评价是最常见的教学评价方式。在信息技术教学中,教师可以通过组织上机操作考试了解和评价学生某一阶段的总体学习情况;通过电子作品档案袋了解和评价学生某节课或某个知识模块的学习情况;通过学习平台记录表了解和评价学生平时的学习习惯、学习技巧和学习过程等。

在实际信息技术教学中,上面三个评价方式往往是组合使用的。教师应结合学生自评、同学互评和教师对学生的评价,帮助学生了解自身信息技术学习的状况,以便学生及时调整学习策略和方法。

(二) 对教师教学的评价

1. 评价内容

在信息技术教学中,对教师教学的评价主要包括以下三个方面。

(1) 教学准备情况。

教学准备情况具体包括知识准备情况(本节课的知识、作为基础的之前所学知识、延伸和知识拓展、与之相关的其他学科知识等)、教学环境准备情况(机房的计算机是否都能正常工作、需要上网时每台计算机是否都能联网、每台计算机上是否都提前安装好需要的软件等)、特殊情境导入准备情况(如果课堂教学需要用某种特殊情境进行导入,需要的材料、人员是否提前准备到位)、偶发事件应对方案准备情况(对教学中可能出现的偶发事件,是否准备了相应的处理方案)。

(2) 课堂教学情况。

课堂教学情况主要包括知识传授情况(知识讲解是否全面、重难点是否突出、相关操作的演示速度是否适当、是否能照顾到绝大多数学生等)、课堂把控情况(是否能充分调动学生的学习积极性、是否能根据教学内容有效发挥主导/引导/指导作用、课堂各种活动的时间安排是否恰当等)和偶发事件应对处理情况(如对机房突然断电、个别计算机不能正常联网、个别计算机软件运行出现问题、有些学生违反课堂纪律等偶发事件,能否灵活有效地应对处理)。

（3）作业布置与评价情况。

信息技术课的作业多为应用型和操作型作业。评价教师的作业布置情况时，主要看所布置的作业是否符合学生的认知水平，是否符合当地的发展情况，是否为程度较好或较弱的学生布置了更有针对性的作业（如对程度较好的学生，提高作业的难度或布置拓展性作业；对程度较弱的学生，降低作业的难度或减少作业的量）。评价教师对学生的评价情况时，主要看是否能坚持科学的评价理念，综合使用多种评价方法，有效发挥教学评价的诊断、反馈和激励等功能。

2. 教学反思

教学反思是指教师对教育教学实践的再认识、再思考，并以此来总结经验教训，进一步提高教育教学水平。教师教学反思的过程，是教师借助行动研究，不断探讨与解决教学目的、教学工具和自身方面的问题，不断提升教学实践的合理性，不断提高教学效益和教科研能力，促进教师专业化的过程。教师教学反思的过程也是教师直接探究和解决教学中的实际问题，不断追求教学实践合理性，全面发展的过程。

教师一般可以通过以下几种形式进行教学反思。

（1）写反思日记。

写反思日记是指教师在一天的教学工作或某项教学工作结束后，以日记的形式写下自己的体会和感受，回顾教学过程，分析所遇到的问题，总结经验和教训，以便在之后的教学中提高和改进。

（2）组内听课评课。

组内听课评课是指某年级或全校所有年级同学科教师相互观摩彼此的教学。课后，听课教师详细描述他们所看到的情景，说出自己认为授课教师做得较好的地方以及不足之处。最后，大家对发现的问题进行讨论分析，给出切实可行的改进方案和建议。组内听课评课是授课教师进行教学反思的好方式，他可以通过大家反映的问题和给出的建议调整和改进自己的教学。同时，听课教师也可以通过观摩同事的课和之后充分的讨论，反观自己的教学行为，从而改进自己的教学。

（3）学生反馈。

教学结束后，教师可以深入到学生当中或者请几位有代表性的学生到办公室，通过特定的问题和学生进行沟通和交流，了解学生的知识结构，把握学生的掌握程度，找出一些实际存在的问题，分析问题产生的原因，并思考恰当的解决方案。

本章知识结构

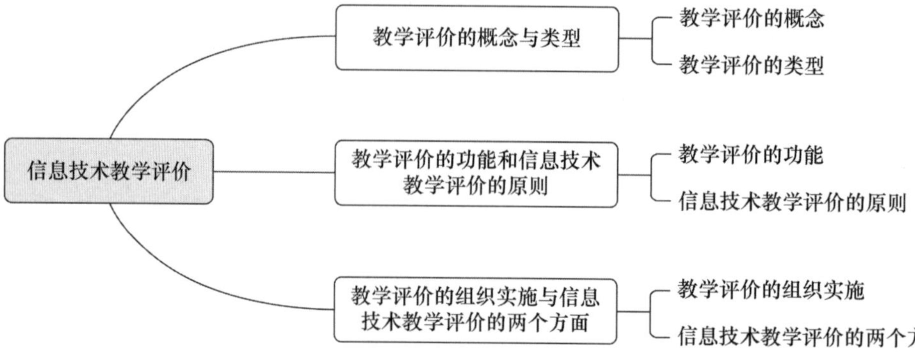

本章小结

（一）本章重难点

本章重点是知道信息技术教学中如何对教学进行评价，能采用恰当的评价方式帮助学生了解自身信息技术学习的状况，帮助教师了解教学效果，以便学生及时调整学习策略和方法，教师及时调整教学行为。本章难点是教学反思，了解教学反思的常用方法，能针对教学中存在的问题及时进行反思，以不断改进教学。

（二）学习时要注意的问题

本章考题的内容设置比较灵活，知识考查注重实际应用。考生要注意熟记概念知识，如教学评价的原则，能运用相关知识解决实际问题。

备考指南

本章内容在考试时约占试卷总分的13%，考查形式多为案例分析题，偶有简答题。学生在备考本章内容时应该着重掌握不同评价类型的特征、评价方法、评价的原则与作用，并能将不同的评价方法恰当地运用于信息技术学科教学之中，能对案例中所给的教学评价进行分析和点评。

自测训练

一、简答题

1. 请简述信息技术教学评价的原则。

2. 请简述教学评价的功能。

二、案例分析题

1. 案例：

在学习完“使用数据库”这节内容后，几位听课教师对王老师的课堂教学进行了点评。其中一位教师说：“这节课充分体现了以学习者为中心的课堂教学理念，学生积极性较高，有效地培养了学生的动手实践能力……”；另一位教师说：“整体来看本节课基本达到了教学目标，学生也积极参与了教学活动，但在个别知识点上讲授不够清楚……”课后，王老师写了教后记，反思了自己的教学。他写道：“有位教师评课的时候说个别知识点讲授不清楚，不知道是哪些知识点？……学生积极性高主要体现在哪些方面？……我这节课的成功与不足之处到底是什么？我该如何改进我的教学？”

问题：

（1）案例中使用了哪些教学评价和教学反思的方式？请分别列举。

（2）从“促进教学发展”的角度看，两位教师的评课是否有效？

参考答案及解析

一、简答题

1.【参考答案】

信息技术教学评价的原则：

（1）强调评价对教学的激励、诊断和促进作用，弱化评价的选拔与甄别功能；

（2）发挥教师在评价中的主导作用，创造条件实现评价主体的多元化；

（3）评价要关注学生的个别差异，鼓励学生的创造实践。

2.【参考答案】

教学评价主要具有如下功能：

（1）诊断功能；

（2）激励功能；

（3）反馈功能；

（4）教学功能；

（5）导向功能。

二、案例分析题

1.【参考答案】

（1）案例中主要使用了课堂观察评价法，采用了教学日志、教学观摩、对话研讨等教学反思方式。

听课教师对王老师课堂教学的点评是基于听课过程中对整体课堂教学的观摩来进行的；王老师课后写的教后记，以及教后记中一系列的反问问题都是王老师对于这节课的反思；其他教师来观摩王老师的教学，课后进行了点评，这也是一种教学反思。

（2）两位教师的评价都太笼统和宏观，没有结合具体教学活动点评，不利于授课教师改进自己的教学。例如，课后王老师写的教后记中的内容："有位教师评课的时候说个别知识点讲授不清楚，不知道是哪些知识点？"如果评课教师评课时将"个别知识点"解释清楚到底是哪些知识点，那么王老师就能清楚地知道自己在讲课过程中哪些知识点没有讲清楚，这就有利于王老师在以后的教学中进行调整和改进，以使学生更好地学习，促进学生的发展。